论语印心

尹建维 著

河北出版传媒集团
花山文艺出版社

图书在版编目（CIP）数据

论语印心 / 尹建维著. —石家庄:花山文艺出版社,
2014.7（2016.5重印）
ISBN 978-7-5511-1962-7

Ⅰ.①论… Ⅱ.①尹… Ⅲ.①儒家②《论语》—
研究 Ⅳ.①B222.25

中国版本图书馆CIP数据核字(2014)第141911号

书　　名：论语印心
著　　者：尹建维

策　　划：张采鑫
责任编辑：刘红哲
特约编辑：龙若飞
责任校对：齐　欣
美术编辑：胡彤亮
装帧设计：棱角视觉
出版发行：花山文艺出版社（邮政编码：050061）
（河北省石家庄市友谊北大街330号）
销售热线：0311-88643221/29/31/32/26
传　　真：0311-88643225
印　　刷：北京画中画印刷有限公司
经　　销：新华书店
开　　本：630×960　1/16
印　　张：24.5
字　　数：250千字
版　　次：2014年8月第1版
2016年5月第2次印刷
书　　号：ISBN 978-7-5511-1962-7
定　　价：45.00元

自序一

《论语》成书至今两千五百年矣。始为一家之言，至于天下通论，进而至天下士人必读，“五四”时期则视为洪水猛兽，然循至今日国人犹以为智慧之书，读之者渐众，西人研究亦多。“易”者，简易、变易、不易。历千年变异、历中外变易而《论语》不变如斯，不有极简易、极平易、动人至深、至人心之根处，难以至此。《论语》非《易》之证耶？

吾自十余岁始读《论语》，初以为不过自然之理，进而好奇，进而敬重，进而讲述，进而有疑，进而钦佩，更进而“喟然而叹”。五十年余，颠扑不破，终至心悦诚服。宋儒朱熹以《四书》为经，令天下人皆读，甚具法眼，有功于千秋。吾今亦以《论语》接人，视《论语》为立身、立世、开慧之善器。

每闻学子不知如何自修《论语》，虽读译文，粗解章句，却不知其所以然，难以持续，终至弃舍。顾己之学，因读明末僧人蕅益大师《四书蕅益解》以经解经，方大悟夫子思想脉络。因是体知，两千余年读《论语》者仅得朱熹《四书集注》之助，虽知章句、义理，然尚缺贯通夫子思想脉络之器。《四书蕅益解》虽善，然大师以《论语》解佛，非学佛者、非于佛旨有所得者，难于理会。毓老师（即爱新觉罗·毓鋆）亦曾再三言，古人学问须“以经解经”方可，仿《蕅益解》作《论语疏》之念由是而起。

庚寅年（2010）作《论语疏》，因有传世之念，故以文言为文。成书之夜，与子相聚，欢言所成，然子漠然，以为无人阅读。吾亦思及倘未能帮助于当世，而曰来世，有盗名、自欺之嫌，尤非圣人益人之教。故再以白话书写一过，谓之“钞”。然《论语》意丰，钞非文言疏之译本，乃独立新篇。夫子之教分内圣及外王，内圣无心不成，外王亦因礼义以正心。夫子曰：“吾道一以贯之。”贯者，心也。贯之者，亦心也。虚心学夫子心法，以夫子之心印证吾人之心，以心传心，故名此书《论语印心疏钞》（出版时更名为《论语印心》）。

人谓夫子有为，老子无为。然吾多年玩味《老子》，知老子甚有为，老子说无为，正欲人之无所不为，正欲有为耳。吾读《老子》，时见《论语》之影，故此疏钞时有孔老会通之言。

儒、释、道三家，同源不同流。同源者，皆指人心。不同流者，乃教化、强调、接引不同耳。吾多年学佛，于儒、释、道会通处，常不自觉而言，欲罢不能。此疏钞虽刻意避谈佛法，然多有不自禁之处。稍留些许，亦作儒、释、道三家同源之证。

毓老师常言，学问未能实用、济世则非真。圣人经教历数千年不坠，已证其实用于千秋万代，此疏钞亦试言今世之用。

要言之，此《论语印心疏钞》宗旨有三：以经解经、孔老会通、时代应用。

虽云以经解经，难免个人心证发挥，如夫子“天命”之说。言及义理，必及个人体悟，倘非如此，则纯为器具，纯则纯矣，难于深入，亦难有味。虽曰吾不揣简陋，然于人世及岁月长河，何陋可藏？若真简陋，则不示人矣。但能益人，直心而已。《乡党》乃夫子生活杂记，少及义理，《疏钞》略而无文。间或有数章未有心得，亦从缺，不做无病呻吟。

此《论语印心疏钞》稿成三年。重读旧作，已见其旧。旧见不错，但无如今见深入。倘若改之，他年亦必再改，无有止期。且先付梓，以为年轻学子之器。抛砖引玉，或得高明方家出现，亦未可知。愿继朱熹后，予世人学《论语》另一器具也！

尹建维　癸未冬

自序二

《论语》是一本很奇妙的书。千年来的中国人都读《论语》，但似乎总读不尽。不同年纪的人读《论语》，有不同的体会，但也总是意味盎然，总读不透，意犹未尽，读了再读。有趣的是，不同时代的人读《论语》却又似乎都体会相近，可以互相交流。现在不仅是中国人读《论语》，外国人也读《论语》，也都读之不尽、取之不竭。这必然要能触动人心最基本的频率，同时具有智能上的深度，才能做到这一点。

我个人从十几岁开始读《论语》，二十几岁开始跟毓老师学《论语》，到三十多岁开始跟人讨论《论语》，一直到现在还跟年轻人讨论《论语》，也是越琢磨，越觉得好。常常发生一件事情，突然之间才体会到，原来那就是孔子在《论语》中所说的意思。又有一层新的体味，一层新的进步。

最近，跟年轻人接触多些、深入些，发现大部分的年轻人只有逻辑，但没有架构。就像是会算数，但不知道该算些什么事情。年轻人经常很苦，心中一团混乱，连问题都搞不清楚，遑论解答了。这么多年下来，我知道是因为现代的教育，只偏重知识传授，另外，除了一些基本的教条，几乎就没有教学生建立一套有系统的“价值观”。本来嘛，要有一套完整、有系统、高明的价值观哪是容易的事情？这，其实就是《四书》的伟大价值。这也就是为什么中国几千年来可以连绵不断，虽然疆域代代不同，朝廷主人族类不同，但一直是一个整体，是同一种文字，是同一个文化，是一个连绵不断的历史，是一个完整的国家，就因为我们有一个统一而协调的价值观。

这些，是孔子划时代的贡献！是孔子深刻的智慧影响着千秋万代！

逻辑是没有对错的，但是价值观有善恶、对错。要有了价值观，逻辑才能帮着分析什么事该做，什么事不该做。因此，需要有了价值观才能开始有智慧。中国古圣先贤讲的都是价值观，都是该怎么做人、做事。这，就是智慧的起点。有了智慧，才开始是个人，才开始能有自己的生命，生命才能有意义、有目的，也才开始多彩多姿。

要学功夫，都是从“套路”开始，一招一式地学。打熟了，师傅再改拳，改了再打，打熟了，再看、再改、再打，一直打到滚瓜烂熟，不需要想就可以出拳，就开始渐渐有功夫了。写毛笔字，也是要一笔一画写。每一笔都有笔法，轻、重、用劲一丝不苟，练着练着，练到纯熟，才开始有自己的风格。即令有了自己的风格，还是要临帖，还是一丝不苟。唱戏，要一句一字的唱。怎么运气，含气、吐字、咬字、用劲等等，一个字一个字学、一句一句学，有无尽的细节，都练到纯熟了，唱起来才有功底。学一个技艺都是如此，人生智慧不也一样吗？我近来深深感悟到，圣人经典章句，一章章、一句句，就是智慧的套路，必须弄得滚瓜烂熟，然后应用起来，才能一句句跳出来，才能有用。必须弄得滚瓜烂熟，然后让老师指点，才能事半功倍，也才能渐渐有智慧。这就是借古人的智慧，作为我们的基础。但是，没有细致的功夫是不行的。

虽然圣人经典这么多，我个人学佛、读老子、学孔子，但还是觉得《四书》最好，《论语》最好。将来若是我有能力创办个佛学院，我会用《四书》作为基础必修。《四书》纯熟了，再往上学道、学佛。

多年来，遇见很多学生、年轻人对我说，虽然他们想读《论语》，但是不知道如何去读。一章一章读，看了解释，知其然不知其所以然。不知道孔子为什么要那么说。因此，读着读着读不下去，就又放下了。

的确，两千多年来，学习《论语》只有一本很好的工具书，就是朱熹的《四书集注》。朱熹花了他一生的大部分时间做这个工作。《四书集注》在章句的集成、考据、解释等方面，做得很好。但是，还缺了一本重要的工具书，就是“以经解经”的书。《论语》章句解释，要用孔子自己的话来解释（包括孔子的思想传承，譬如《四书》、《易经》、《史记》关于孔子记录等），这样才能把孔子的思想整个烘托出来。《论语印心》首先就是以这个为宗旨而写的。

中国传统文化思想是一贯而协调的。儒、释、道三家，其实是并行而不悖，同时互相发明的。因此《论语印心》第二个宗旨就是稍稍在适当之处，做一些与道、佛的互通、发明。

我在企业里工作数十年，深深体会到中国传统文化思想在生活中、在企业里、在管理上（政治）上的实际应用有非常多的优势，一般人因为不熟，因此不会用，就像拳法套路不熟，当然无法技击、对敌。熟了，非常好用。中国几千年来的读书人治理天下都是用这些智慧，怎么说不能用呢？因此《论语印心疏钞》的第三个宗旨，就是讨论许多《论语》章句在实际生活的应用。

因此,《论语印心》有三个重点:以经解经、儒释道同类发挥、现代生活应用。

《论语印心》的“疏”基本是以古文的形式表达,“钞”是用白话发挥“疏”,并且强调《论语》智慧的应用。《论语印心》不作章句解释,因为解释章句的工具书太多了。了解章句是每个要学习《论语》的人的基本功。《论语印心》只以前面说的三个宗旨,专注在经意上发挥。由于《乡党篇》是记录孔子生活细节,在义理上的发挥较少,因此我多年来跟学生讨论《论语》,都省略了这一篇,这《论语印心》也是如此。偶尔有几章,自己没有特别的体会,也就从缺,不为了写几句话而写。

千言万语,还是得进入细节。就请大家试着进入《论语印心》一窥圣人堂奥,看看能不能给自己一个崭新的世界,更进而有一个崭新的生命,有一个真正属于自己的生命!

尹建维 2013 年 12 月 15 日于上海

(写于出版前夕)

黄序

温润如玉，谦健君子

活泼是《论语印心》的特质。《论语》活泼？很多人必然心存质疑，但是尹先生不以句读解经，而是以经解经加上他自己的生命体悟，开卷阅读，如见活泼泼的孔老夫子亲临面前。一般阐释《论语》者有爬梳古人文字，汇集各家所言而成；或纯为个人体悟，与孔子原意多少有些差距。本书则是尹先生数十年的章句琢磨，加之职场的磨炼，与现实环境相结合的体悟，因此读来不会索然无味，反而对章句有豁然开朗的明白乐趣。读者可作为研究《论语》参考，亦可作为寻求人生目标的生命之书展读。

虽然与尹先生同为毓老师的学生，但是到2012年年底才有幸相识。2012上半年我向老天发出祈愿，祈请找到一位儒家思想与奉元书院一脉相承，同时具备佛道涵养的老师，会有此祈请的主要原因在于从这几年的交流中，发现大多数的朋友对于传统文化的了解不但不深刻，甚至于有误解或者似是而非之处，也因此明白了“恶恶紫之夺正朱”的真正含义，以前总觉得孔子太挑剔，现在才确实了解假到乱真的可怕。

至今想到与学长初次见面的情况，仍然不禁失笑，建维学长一见面劈头就问："你最近读哪些书？"我也二话不说直接回答："不读。因为老师总说'书读多少就要做多少，做不到，还不如不读'，我怕自己做不到，所以不读！"用生命历程走出经典含义是我今生的习惯，我是实说，但不知道当时建维学长的感受如何？或许在那刹那间他的脑海已经浮现"子路有闻，未之能行，唯恐有闻"的字句。彼时，他莞尔一笑，开始聊起他的感悟，当然绝对少不了《论语》的章句讨论。

双方邮件往返是从自知之明的讨论开始，而后是"悲智双运"与空性，对于"悲智"的关系，他写道："慈悲永远要有相应的智慧跟着，否则，自己就会被卷进去、跳脱不出来。所谓'悲智双运'，不是对佛的形容词，是人修行的方向和定位。有悲无智是烂慈悲，自己也卷进去。有智无悲非真智，自己也难真提升。"数次下来，真的了解到他就是一个就事论事，执有不执空，不因人废言的"论语迷"。圣人之教就是他个人行为举止的依据，这点不但符合师门"博学、审问、慎思、明辨、笃行"的教诲，也展现他知行合一的人生态度。

建维学长认为生命中最重要的事情之一是成长，而成长最有效的方法就是学习，但是学习的重点完全不在章句，而是在态度、在逻辑、在价值观。章句只是个很有用的工具而已。这些都是学长为了引我入正道，尤其是在邮件中的教导。每次阅读邮件，我都能读到经过深思以后的独立看法，同时在字里行间还能够感受到善意跟担心，当然还有教训。不过这些教训都是苦口婆心，有时循循善诱，有时棒喝针砭。后来读到这本书的"《论语》开宗明义，就是谈学习。这是人之初就该有的态度，也是人到最后一天还应该保持的态度"，我才真明白学习跟成长在他生命中的分量。

2013年1月，我们对某件事情的处理方式有不同的看法，我故意问建维学长还记不记得老师如何解释“人不知而不愠”这句话，他回答：“不记得了，老师如何说？”我写道：“当初老师说的大意如下：就是经过前面两个次第（‘学习思得’、‘有朋来’）进入到‘君子不愠’的第三层。从远地来的朋友一定是志同道合的，因此不会聊琐碎八卦，一定聊彼此的所悟所得，朋友听不懂是自然的，如果你一说别人就懂，那就是你想得太浅，想得太少。所以别人听不懂你说的是正常的，表示自己的思考有点深度，自然不会心中不悦，这就是‘人不知而不愠’的君子。”他再次回我：“我曾写过一本以经解经的《论语印心》，目前放在那里，等因缘成熟的时候再说。关于这第一章，发给你作为参考。”看完后，我满心羞愧地回他：“家有漫漫粮仓，却跟个穷小子借粮。”还记得当时看到“时者，非春夏秋冬，亦非晨昏定课，乃笃行之时也。是故，学忍者，怒时学；学细心者，烦躁不耐时学；学度量，难忍之时学”眼睛一亮的心情。

出书的因缘在2013年9月具足，承蒙建维学长厚爱让我校对他的书。在数月间屡屡前后翻阅印证，越读越佩服学长对《论语》所下的功夫。毓老师生前《论语》读过千遍以上，二十多年前在黉舍上课时，常常听到老师训勉我们书读百遍自通、不要被古人的注解限制死了、要直接看经典以经解经的道理，以及现今还存在的古书都是治世之学，没有空话，书必得会用，所谓做学问就是跑接力……学长完全领悟老师的教诲，所以他在书中写下“孔门学问，乃至中国学问，无形而上之空理虚论，凡有所说，皆可行可证。师父所传，必深习，方能证知，后得师父印证。须有所证，方可传人，斯曾子所谓习之意”。

看完《论语印心》，望尘莫及之心喟然而起，没有数十年在章句间优游琢磨的功力是无法写出这些见解的，同时学长又谨遵以经解经的师训来阐扬《论语》。以经解经的优点在不以今人的情境揣度古人之风貌，毕竟古今有数千年的差距，即使饱读史籍欲返古代，重拾当时风情亦不可得，总还是揣测，唯有以孔子之言解释孔子之语，才能得其旨要。就以《论语》中的“无友不如己者”为例，连孔子的弟子子夏、子张对于“友”属于动词还是名词就已经有所争执，双方各执其理，尘埃难定，何况后代子孙？建维学长直接举出《子罕篇》中一章：子曰：“主忠信。毋友不如己者。过，则勿惮改。”以及《卫灵公篇》子贡问为仁。子曰：“工欲善其事，必先利其器。居是邦也，事其大夫之贤者，友其士之仁者。”从这两章可以清清楚楚地了解到“友”必须当动词解释，这才是孔子的原意，这也就是以经解经的优点。

《论语》是孔门学说的入门书籍，都是孔子教导弟子如何做好人世道理的方法，没有一句虚言，都是实际可以操作的。儒学以孝顺为基础，然后才开展出仁、智、勇、信、礼等德行的修炼。学长提出“孝者，夫子政治纲领、教育之本也。天下人皆孝，则上下和顺、大同而治矣”的见解，来说明孝顺的重要性。

对于孝顺，建维学长就用简简单单的四个字——“心系父母”，将孝顺本意完全烘托出来。读到这句话的时候，心都揪在一块了，是啊，就是心系父母，哪有其他可言？一个人只要心系父母，自然会做让父母高兴引以为荣的事情，那些败德害人的事情就不可能做。人不仅要有孝心，同时必须在行动中落实，因此学长写下：“要让自己从德性上、从灵性上提升，从而兼善天下，这才是真正的孝敬父母。”

每个人的生命运势各有安排，唯有勇气才能活出生命的光彩，但这个勇不是暴虎冯河的匹夫之勇，而是仁智圆满的真勇。书中也举出孔子提到三达德的时候，勇都在仁智之后，从这些即可明白“仁智勇”三者有层次关系，不是单蹦个儿独自存在。

话虽在理，要如何修呢？常言“仁者爱人”，但要如何爱，才是仁者？以前听老师说：“仁就是二人，心里有别人才能仁，我们说桃仁、杏仁，种子里的那个小芽就是仁，万物就从仁长出来。”学长则说：“不要连年征战，能造福老百姓，就是仁！”因此仁者不忧于私。智者不惑，老师说孔子四十而不惑，是不惑于“欲”，学长进一步阐释不惑为“不会因为情绪而左右一个人的判断”，并且提出不惑的方法：“要掌握自己的情欲与情绪，要多在反省、观照上下工夫。”至于如何修智，书中写道：“何以修智？读经看教，学、问、思、辨、行，如《中庸》所说。然读经之智，属‘经智’，尚需行道以修‘权智’。‘权智’力行中思、辨乃得。”

勇气是以负责担当来呈现，是“虽千万人吾往矣”的追求与实践。仁是天生所有，只是被习气所蔽，回归本性就好；智需要靠学习古圣先贤的经典来养；勇则要因时而动，从实践中来获取。仁智从心中而来，勇则从行动中得到。学长不是死守经教不放，而是知经用权。当然他还不是圣贤，无法完全做到圣贤之言，但是，他在实事中实践守经用权的原则，因此也就自然写下“有了灰阶，才知道如何‘笃行’。”以及“人，一定要有立场。做事，一定要选边。这就是智慧的开始”的句子。

学长的言行一致是我打从心底佩服的，有次学生问了一个问题，他不假思索地说“这个我不懂”，听到这句话，心里头就浮现“知之为知之，不知为不知”的句子，书中的“不可解，不可解”以及“这一点，我需要取得大家的原谅。因为我也只是理论派而已”，即可见其真性情。有次他说得过了一些，自己先说“有伤德行”，但是还是为了学生说了，那时候脑海还真浮现孔子说的："知我者，其惟《春秋》乎；罪我者，其惟《春秋》乎！"的画面。在书里，也特别为了对孔子有所批判唯恐年轻学子不辨黑白，因此写下："年轻人若是看轻了孔子，也像我这么批判，就学不到太多东西。这是我的难处，也是我必须郑重地说明、强调的事情。圣人不是不能批判，要等都学得差不多了，再谈切磋琢磨，否则自误误人。在此剖心，祈求天宥！"

然而对于认定的事情，他却是勇往直前，至死不悔，例如对师父重要性的强调，不但上课时耳提面命，在书中也屡屡提及，仅举一二为例："人生首要大事，在得师"、"生我者，父母，成我者，师父也"、"一个人好学，又有师父，前途不可限量"、"设有一丝进益，皆师父之教也。师父之恩，昊天罔极！"除了师父，另外一个再三强调的就是："找到自己的天命。"可是天命是什么呢？孔子到五十才知天命，平庸如我者岂非要到七八十才能窥探一二？学长从孔子的言说及其一生行迹琢磨出天命的定义为："一个人生命的意义和生活的目的。"所谓圣凡的差别，就在是否能知天命、实天命，力行而不辍了。在还没找到天命的时候就努力学习，学习是为了找到自己的天命，也是为了找到天命后，履行天命的准备。天命的探讨请看【2.4】以及【9.1】的"疏、钞"。或许有人会觉得建维学长是否完全臣服于命说，不是的，他认为天命的目的从个人而言是让自己进步，从大体来说是让世界朝向善的方面前进。因此有"然命虽由天生，却由我使"之言。

学长一介平民，虽无经国济世之责但秉承读书人要有经国济世之志的师门教训，在书中提出"诚信复礼"作为整治现今社会浮夸紊乱的药方。礼，简单地说就是规矩，让人的行为处事有所遵循，借由规章礼节将人内心深处的优雅带出来。例如"揖让而升，下而饮"，这是多么美的画面啊。他也指出礼胜于法的地方：

“礼，可以正面地造就框框里的和谐，法律不行。礼，可以引导人心悠游自在、优雅自得。”当今的社会以我为出发点，私心自重，自然仁心难现，此时建立诚信最重要，可是如何做到呢？就从言可复开始，社会上不管政府、企业、个人都说话算话，说到做到，没有彼此怀疑，社会自然就和谐。但建维学长紧守不在位不谋政，对于现今社会崇力不崇德的现象，也仅仅提出“‘力’为劣币，‘德’与‘宜’才是良币。劣币驱逐良币，最后就不只是出问题”的警句，仅仅呈现冰山一角，希冀读者自省，盼用文字唤醒国人，继而恢复我华夏泱泱尊荣。

学妹＆学生　惠株

写于 2014 年 01 月

目　录

学而第一

【1.1】子曰："学而时习之，不亦说乎？有朋自远方来，不亦乐乎？人不知而不愠，不亦君子乎？"

【疏】

学者，夫子之所以异于人者，夫子之所以成就，《论语》之所以贵重者也。

夫子所谓学者，非学问而已。故子谓子夏曰："女为君子儒！无为小人儒"（【6.13】）；故夫子慨叹曰："古之学者为己；今之学者为人"（【14.24】）；故夫子再曰："弟子入则孝，出则弟，谨而信，泛爱众而亲仁。行有余力，则以学文"（【1.6】），学文之事，犹为余事；子曰："君子食无求饱，居无求安，敏于事而慎于言，就有道而正焉，可谓好学也已"（【1.14】）；好学者，不在文字记问，在做人、做事也。至此，方可知夫子赞颜回好学，为其"不迁怒、不贰过"（【6.3】），而非若子夏之"日知其所亡，月无忘其所能"（【19.5】）。《中庸》谓"博学、审问、慎思、明辨、笃行"乃夫子所谓之学，凡不能行之知不必学、亦不谓学，未能笃行亦不谓学。

时者，非春夏秋冬、亦非晨昏定课，乃笃行之时也。是故，学忍者，怒时学；学细心者，烦躁不耐时学；学度量，难忍之时学。

进德修业，时习而有所进，斯乃大悦。否则，不时复习，多感烦躁，悦自何来？

同门曰朋，同志曰友。进德修业，自我升进，有不得穿破之苦，有无处下手之恼，有不能定夺之惑。非同门，虽可切磋，路数不同，仍有不易借镜与下手之难。同门师兄弟之切磋琢磨，则有大旱望云霓之乐。此乐，非用功者不知也；此乐，仅师父之点拨去惑可比。然师兄弟切磋之机缘远大于师父，况有师父不在之日。

此朋自远方来，非顺道而来，专程为切磋琢磨而来也。

子曰："可与共学，未可与适道；可与适道，未可与立；可与立，未可与权。"（【9.30】）。同门而可切磋者亦不多矣，况不同门者？有朋自远方来切磋琢磨，可不乐乎？于用功者，少有逾于此乐者。

所谓体会，只可印证，只可印心，知之为知之，不知为不知，未可强以致之。切磋琢磨，人会然于心，故可乐；人不知，不以为然，亦无可愠。求之在己，用力于心，无求于人，斯为君子。子曰："古之学者为己；今之学者为人。"（【14.24】）亦此事也。

学而时习、切磋、不愠乃论学习一事。自学、切磋、教人，层层渐进，非三事也。

【钞】

孔夫子最突出的特质，不是他聪明，也不是他有智慧，是他知天命以后百折不回的努力，以及他的特别好学。

孔夫子所谓"学"、"学问"，不是"知识"，而是"智慧"、是知道"安身立命"之处，是知道"做人做事"的道理。所以夫子会对子夏说:“女为君子儒！无为小人儒！”所以夫子也说:“弟子入则孝，出则弟，谨而信，泛爱众而亲仁。行有余力，则以学文。”“学文”之事，乃是学会了孝顺、友爱、信义等做人、做事的道理以后的事。在另外一章孔子就非常直接地说了:“君子食无求饱，居无求安，敏于事而慎于言，就有道而正焉，可谓好学也已。”好学，不在文字记问，在做人、做事也。了解了这个脉络，才能了解为什么孔子弟子有这么多，但当鲁哀公问他他所有的弟子中有谁好学的时候，孔子回答:只有颜回好学。而颜回的好学不在读书、记诵，而是在“不迁怒、不贰过”。《中庸》里说到“博学、审问、慎思、明辨、笃行”，这才是孔子真正所谓的学问。是学问，就要能用在自己身上。

历来讲这一章的三句话，几乎都是独立的。也就是说，“时习”、“有朋自远方来”与“人不知而不愠”这三句之间毫无关联。《论语》是孔子与弟子之间的对答，是旁边的人记下来的。当时，有个人问孔子某件事情，孔子回答了这三句话。这三句话一口气说出来，回答一个问题。因此，这三句话是有个中心思想贯通的。

“时习”如果解释成“反复练习”，大家就会明白那样在很多时候是很枯燥的，感受不到什么喜悦。我认为最好的解释是“因时而习”。譬如说我们要练习耐性，只有在你不耐烦的时候，才是学习的最佳“时机点”。警觉到自己该学习耐性，然后努力在自己不耐烦的时候警觉、练习、进步，那才是真正的喜悦。其他，练习倾听、容忍、坚强、孝顺……，都有它的时机。这才是“时习”的真正意义，也才是孔子所说的在生活中学习的根本道理。否则，只是反反复复地练习，大部分时间都是很枯燥、很无趣的，不悦的，不是吗?

“朋友”两个字的解释，存在着细微的不同。志同道合的人是“友”，同门师兄弟姐妹是“朋”。一个人若是不认真，那就根本没什么值得与他讨论的。一个人若是认真学习某桩事情、某个技术、某个思想等，就一定会碰到学习上的关卡。这个时候，如果有师父在身边当然最好。但是大部分的时候，师父不在身边，那就只有同门师兄弟姐妹切磋琢磨了。譬如说，学习打陈式太极拳，某个动作或某个招势，你一直抓不到诀窍。如果去跟学杨氏太极的门人讨论，招势不同，很难搔到痒处。甚至问其他学陈氏太极的门人也不行，因为师父不同，拳架子的名称虽然一样，打法不一样。就只有同一个师父、同一个门派的师兄弟姐妹才能切磋琢磨得深入、痛快、搔到痒处。因此，这“有朋自远方来”是说“切磋琢磨”。这远方来的朋友，可不是顺道而来，是专为寻求答案而来的。能够跟自己水平相当的师兄弟姐妹切磋讨论多年来自己跨越不过的关卡，肯定会把自己多年来的心得与同门师兄弟姐妹印证，这可是非常大的快乐。真正用功的人，肯定会有这种体会。

在切磋琢磨或是跟别人讨论的过程中，自己把多年精要的心得和盘托出，人家似乎还不太同意，自己也不会不高兴。这就是“人不知而不愠者，不亦君子乎”的意思。自己满心热忱将自己引以为傲的心得跟人说，却得到一副不以为然的回应，能维持心里不恼，这还真得有君子功夫不可。

因此，这一章三句话，一个脉络，就是“学习”——自己练习，跟人切磋琢磨、教导人家，这三个层次一以贯之。

《论语》开宗明义，就是谈学习。这是人之初就该有的态度，也是人到最后一天还应该保持的态度。

【1.2】有子曰：“其为人也孝弟，而好犯上者，鲜矣；不好

犯上，而好作乱者，未之有也。君子务本，本立而道生。孝弟也者，其为仁之本欤！”

【疏】

《大学》:“物有本末，事有终始，知所先后，则近道矣。”提纲挈领，智之所长，事之所由生也。

子曰:“弟子入则孝，出则弟，谨而信，泛爱众而亲仁。行有余力，则以学文。”(【1.6】)有子心领神会夫子之教，故而和盘托出，直有画龙点睛之妙。《论语》中，有子章句仅四章，虽不多，然皆精品。有子为夫子之入室高足，非浪得也。

孝者，夫子政治纲领、教育之本也。天下人皆孝，则上下和顺、大同而治矣。《孝经·开宗明义》:“夫孝，德之本也，教之所由生也。……夫孝，始于事亲，中于事君，终于立身。”观诸《孝经》，夫子之教得其旨矣。

【钞】

所有的智慧，都在掌握关键。掌握到了关键，提纲挈领，任何事情迎刃而解。抓不到关键，事倍功半还算好的，还恐怕坏了事情。

一般人觉得孔子讲孝顺很拘泥。其实，孝顺，是整个孔子政治思想、教育思想之根本，是孔子认为的整个人类社会提纲挈领的关键。说当今社会混乱，没有信仰等等，要怎样拨乱反治呢？如果只能集中精神做一件事情，会是哪件事情？孔子就提出从人性最自然、最根本之处着手，即孝顺。大家去翻看《孝经》，一层一层，从个人到士大夫、到诸侯、到天子，只要有孝，整个国家社会就串起来了。细细去想，非常有道理。

有子在整个《论语》之中，只有四章，但章章高明，说有子是孔子的高足，是担得起的。

【1.3】子曰："巧言令色，鲜矣仁！"

【疏】

巧言令色，便佞、善柔、便辟（【16.4】）之属，损矣。

讷言拙色未必仁，巧言令色，向外驰求，心中无守可知。

【钞】

光明与黑暗是无法共存的。一个人心往钻营方向跑，就难同时用心在事情本身上。一旦心思在花言巧语、迎合奉承上，心里就难往厚道、沉潜方向走了。

【1.4】曾子曰："吾日三省吾身：为人谋而不忠乎？与朋友交而不信乎？传不习乎？"

【疏】

反省自是独思时。"格物"亦是独思时，有甚于反省者。"慎独"犹有过于"格物"者。"慎"为戒惕，"独"为功夫，乃乐趣。反省，斯为弟子学习入手处。

儒曰"慎独"，佛曰"观照"，道曰"反者"，要之皆在返观内照。

孔门学问，乃至中国学问，无形而上之空理虚论，凡有所说，皆可行可证。师父所传，必深习，方能证知，后得师父印证。须有所证，方可传人，斯曾子所谓习之意。

【钞】

曾子在此说“反省”，是从事情上看自己的用心是否真诚。因此，事情就像一面镜子，自己要从镜子里的行为看到心里去。

《大学》说“格物”、“致知”，朱熹、程氏兄弟、王阳明先生各有各的不同讲法，弄得头都昏了。我个人的体会，“格物”是“从事情的本质来看事情”，而“致知”就是看了事情的本质之后，了解与学习“处理与面对那件事情的方方面面”。因此，“格物”也是独思的功夫，但是比反省要进一层。

《中庸》一开头就说：“天命之谓性，率性之谓道，修道之谓教。道也者，不可须臾离也，可离非道也。是故君子戒慎乎其所不睹，恐惧乎其所不闻。莫见乎隐，莫显乎微，故君子慎其独也。”

这一段文很重要。“道”是无所不在的。很多时候，自己有太多的死角、盲点，看不到、听不到，于是，很可能自己偏离了“道”而不自知。因此，每个人都要注意自己看不到、听不到的地方。

既然是看不到、听不到的地方，自己想努力，还是无法看到、听到自己看不到、听不到之处，那该怎么办？所以要“慎独”。

为什么“慎独”可以看到、听到自己平时看不到、听不到的地方呢？因为“莫见乎隐，莫显乎微”。

为什么“莫见乎隐，莫显乎微”呢？这就是圣人的心法，要深刻体会。圣人们把他们多年深刻的心法和盘托出，可惜我们不读，不去深刻体会，自己按自己的意思乱想，这的确是愚蠢了些。“莫见乎隐，莫显乎微”是什么意思？是只有在隐微之处才显现得最清楚。这又是什么意思呢？譬如说，有台机器有点杂音，平常人来人往听不出来。偶尔某一天什么人都没有，四下寂静，只有这部机器在转，这时候它的杂音就特别清楚了。平常自己心里有些说不出的念头，起了又灭，来来去去，不容易察觉。在夜深人静，自己一人静坐的时候，那些平常不容易察觉到的念头，这时候忽然之间浮现出来，特别清楚。这就是越隐、越微，反而越见、越显。于是，平常自己看不到、听不到的念头，这时候都看到、听到了。这就是体会大道的时候，就是“慎独”。慎独比格物又深一层了。

老子的《道德经》总是从反面看。老子说：“反者，道之动。”也就是说从反面可以看出道理来。这种的返观内照，要体会宇宙生命的道理，也就像“慎独”一样，要能体会大道。

至于佛家讲的“观照”、“参禅”等，要钻进念头开始的地方，那就更是深一层了。

【1.5】子曰：“道千乘之国，敬事而信，节用而爱人，使民以时。”

【疏】

夫子治国之理不多，“信”为贯穿上下、全国、全天下之枢纽。是故子曰：“人而无信，不知其可也。大车无輗，小车无軏，其何以行之哉？”(【2.22】)。子又曰：“自古皆有死，民无信不立。”(【12.7】)。是故夫子之志在“朋友信之”(【5.26】)。《礼记·礼运大同篇》谓“讲信修睦”。在在标“信”为国家、社会之关键、枢纽也。

法家虽刻，然亦以“信”为治国不二法门。《商君书·修权》：“国之所以治者三：一曰法，二曰信，三曰权。”

建立和谐社会，首在重“信”。事事归诸法律，正因无信。

事况不可不敬，遑论人？无不敬也。法、儒信之异，即于“敬”

字辨其异同。差之毫厘，谬之千里。所谓“慎思”、“明辨”方乃真功夫。

【钞】

孔子平日讲治国的道理不多，但是对“信”却是处处强调，认为“信”是整个社会运作的枢纽。在《礼运大同篇》里说道“大道之行也，天下为公，选贤与能，讲信修睦。”试想想看，一个人人说话算话的社会，是不是就是一个和谐的社会？什么事情说了话不算，要立下字据，有律师证明才算数，这是不是反而是个互不信任、不和睦的社会？孔子的志向就是“老者安之，朋友信之，少者怀之”。这老人跟小孩子是无法做事情，是需要人们照顾的，是社会的少数。除此而外的大多数人，孔子就希望都能有“信”。这整个社会能够人人有信，自然就是和谐社会。

对一个社会、国家、团体，以至于个人，“信”是非常重要的。法家虽然刻薄，也非常强调“信”。然而法家之信，与儒家之信，有它们关键上的不同。儒家的信，从个人、从心而生，人人平等。法家的信，从法、从权而生，有上下的差别。一个重人、重情，另一个不重人、不重情。虽然都强调信，但是差之毫厘，谬之千里，不可不知。

【1.6】子曰：“弟子入则孝，出则弟，谨而信，泛爱众而亲仁。行有余力，则以学文。”

【疏】

与前有子“孝弟也者，其为仁之本欤！”（【1.2】）合看。

终日忙碌、镇日工作学习，心中之主不可弃，是故夫子曰“无终食之间违仁”（【4.5】），是故夫子曰“而亲仁”。然此亲仁亦有亲师取友之义，见“工欲善其事”（【15.10】）章。

虽曰“文质彬彬，然后君子”（【6.18】），然须先培本，后参学。

【钞】

前面有子说到“其为人也孝弟”跟此章互相呼应，但孔子在这里说得更清楚。有孝，才能弟。出外跟朋友交往，则需要有信。能跟人以信交往了，还要更进一步爱人。这跟《大学之道》的“明明德”、“新民”、“止于至善”是一个脉络。先把自己整理清楚了，再帮助别人，帮助全天下的人。孔子说“己立立人、己达达人”（【6.30】），说“修己以敬、修己以安人、修己以安百姓”（【14.43】），说“诚者，非诚己而已也，所以诚物也”（《中庸》），也都是一个脉络。

这“文”，可不是文章、文字而已。深一层来说，这“文”，是治国平天下的道理。只有本质善良，不学习，没有深度、没有方法、没有远见，是无法兼善天下的。但是要兼善天下，得先把自己整理清楚了才行。

这些才是圣人们反反复复教我们的，也是我们真正应该努力学习的。否则，只认得几个字，会作几篇文章，会吟几首诗词，那就浪费了圣人的教导，浪费了宝贵的生命。

【1.7】子夏曰：“贤贤易色，事父母能竭其力，事君能致其身，与朋友交言而有信。虽曰未学，吾必谓之学矣。”

【疏】

故知孔门之学，做人、做事为重，知识、技艺之事次之。曾子、子夏不约而同皆曰“言而有信”（【1.4】），是亦夫子当日教学于“信”异常重视之旁证。

子夏虽极言修身之重，然学，更有超乎己身者。否则，个人洁净至极，与人无涉，亦只一不害人之累赘而已。

【钞】

人活着为什么？不就是要完成自我、提升自我吗？怎么完成自我、提升自我？不就是学习。所谓“下学而上达”（【14.36】），不就是从修养自己开始，然后越来越深刻、越来越大度、越来越圆融？最终以救度天下来实践、来完成的吗？

【1.8】子曰：“君子不重则不威，学则不固。主忠信，无友不如己者。过则勿惮改。”

【疏】

人之轻己，因不自重。自重，深刻，方能不怒而威。

“固”作牢固解，甚佳。所学者何？做人做事为首。不自重，圣人之教仅以文章待之，则行为轻浮，终不得圣人之旨，所学无得而牢固。

“固”作固陋解，亦甚佳，因人即令天生质美，仍需学习方能度大、深刻、而不固陋。

“友”者，乃动词，非名词。虽子夏、子张有动、名词之辩（【19.3】），然观“子贡问为仁”章（【15.10】）可知夫子之意在进德修业，必为动词解。再参照“毋友不如己者”（【9.25】），“毋”为副词，此“友”为动词明矣。

虽曰“毋友不如己者”，然必不拒人千里之外，他人以礼求教、求救于我，断无拒人之理，原不在友不友也。“友”为动词，毫无托大之意。

读《论语》须于因中读、行中看，少自果中解、理中会。读圣贤书未能实践，岂非空来一生？“友”作名词解，不犯人，无差谬，四平八稳，当然如此，读若无读，岂非冤枉？

【钞】

生命诚然太珍贵，不容丝毫浪费。生命有其与生俱来的意义和目的。生命在实践自己、完成自己、提升自己，否则白来人世一遭。人生一世数十寒暑，要寻找、发现并完成自己与生俱来的意义和目的，需要花非常大的努力和工夫，哪有闲时间呼朋唤友、吃喝嬉戏？需要尽全力亲师取友、学习进步，当然要去找比自己高明的人请教，当然不主动结交不如自己的朋友。

人为什么要交朋友？绝不是吃喝玩乐。子曰：“君子以文会友，以友辅仁。”（【12.24】）开始的时候，是互相学习，然后是一起成就生命。不论哪一个角度，都不会是随意而不选择地结交朋友。

【1.9】曾子曰：“慎终追远，民德归厚矣。”

【疏】

人知感恩，及于先祖，民德焉得不厚？

儒家于人情根本当然之处立教，终至社会礼法、国家制度皆以此为本，实亦最高明政治手段。儒家之教，深矣、至矣，不可轻忽错过。金玉珠宝本成串，奈何今日散一地？为政者，不知宝山即在足底，直令祖先唏嘘太息。

人能感恩，社会必日渐淳厚、日趋和谐，因人之一生受父母养育、社会帮助、政府保护、朋友提携之处甚多。能感恩，自然和谐。感恩，自孝顺始，至慎终追远而化之。以社会教化而言，欲人人孝顺，除耳提面命、处处强调外，亦须有方法。祭祀，看似繁文缛节，然其慎重其事，追怀先人、感恩知恩、人之真性情于不觉之中提升，非我等下根劣器所能知圣人设教立礼之深智。

历代朝廷，有封诰之典、谥号之礼。官员身后封号乃永世荣辱，令官员重身后令名，则谨于身前操守功勋。此亦“慎终追远”之意。

欲复兴弘扬中华文化，首在正礼法！

【钞】

一个感恩的社会，才是一个和谐的社会。于是，高明的政治智慧就在让人民能够感恩。要使人能长久感恩，且世世代代如此，不从人心最根本处下功夫，只凭宣传是不可能达到的。这“慎终追远”就是最合乎人性、最高明的政治智慧。

祭祀，看似繁文缛节，但对过世人的尊重、对生命的重视、对先人的追思，看在后人眼里，自自然然在不知不觉中对无限生命承认与慎重。中国古人有最高的智慧，不借宗教，可以达成无限生命的体认与圆融。佛法传入中国，历代祖师亦可从宗教转化为哲学的深刻与圆融。

中国古圣先贤如此高明，我们后世子孙怎可不努力学习、传承并发扬光大之？要建立一个和谐社会，要弘扬中国传统文化，首先就需要恢复礼法！

【1.10】子禽问于子贡曰：“夫子至于是邦也，必闻其政；

求之与？抑与之与？”子贡曰：“夫子温、良、恭、俭、让以得之；夫子之求之也，其诸异乎人之求之与！”

【疏】

夫子风尘仆仆于道，欲寻良机，然少助手。惜乎子贡过于年少，去孔子太远，难助其大业。虽曰“温、良、恭、俭、让以得之”，思之心酸矣。

【钞】

子贡善于辞令，说是“温、良、恭、俭、让以得之”，但还是孔子求之。孔子若有像“狡兔三窟”故事中的冯谖这种人帮孟尝君恢复相位，有可能在当世就能得到他想要的平台。子贡应该有这个才干，可惜他小孔子四十四岁，当时年纪太轻，无法帮上大忙。

固然孔子在五十岁以前，没有想出来做官，因此没有培养可以帮着他的弟子助手，没有培养他的团队，这也是天意，无法强求。

【1.11】子曰：“父在观其志，父没观其行，三年无改于父之道，可谓孝矣。”

【疏】

子曰：“君子笃于亲，则民兴于仁；故旧不遗，则民不偷。”（【8.2】）遗故旧，已不智，更无视父之苦心与成法，亦不孝。

此以父有道而言；否则，速改之也。

周公谓鲁公曰：“君子不施其亲，不使大臣怨乎不以。故旧无

大故，则不弃也。无求备于一人。”（【18.10】）

曾子曰：“吾闻诸夫子：‘孟庄子之孝也，其他可能也；其不改父之臣与父之政，是难能也。’”（【19.18】）

皆同一脉络。

【钞】

和谐社会不是僵化，但是一定尊重人。老臣、老人、祖先成法轻易丢弃，丧失人心，除了不孝以外，更是不智。

念旧的人都忠厚，不念旧的人反之。跟翻脸不认人的人长期工作，不安全，是不是？

【1.12】有子曰：“礼之用，和为贵，先王之道斯为美，小大由之。有所不行，知和而和，不以礼节之，亦不可行也。”

【疏】

譬若诗词。不有平仄韵律，虽亦有佳作，然属个人天赋。知平仄韵律，虽中人之资，其作亦可吟之有味。不有平仄韵律，尤难诗词酬作应对，恰所谓“不以‘韵’节之，亦不可行也”。无礼，则少优雅和谐，难于酬对。

礼者，夫子念兹在兹所欲行于天下者也，中国所异于他国者。西欧列国非不有礼仪，然未有以礼治国者。中国之礼及于生活全部，亦为政治教化之仪轨，心灵纯正之凭借。现今以刑法治国，何以至此？差之远矣。子曰：“道之以政，齐之以刑，民免而无耻；道之以德，齐之以礼，有耻且格。”（【2.3】）惜乎子孙不肖，不知恪守祖先优秀教化。如今礼坏乐崩，斲伤殆尽，惜乎！痛乎！设礼立教乃今日为政者之首要课题也。

【钞】

中国一向以“情”、“理”、“法”的优先次序治国。许多人以为不好，认为外国以“法”、“理”、“情”的次序治国才好。这真是太肤浅了。治国重情，不代表不重法，而是在法之上，有比法更重要的东西。这在后面还会发挥讨论。

以法治国，就如孔子所说的“民免而无耻”，要能够以礼治国，社会才能优雅而和谐。中国的礼教是如此地高明，让人事事物物有所遵循，同时借由礼法的行动与规范，而可以让人打从心里就已和谐优雅。这是多高明的智慧！就像运动，用器械做操是运动，打拳、跳舞也是运动。但是打拳、跳舞的同时，也怡养了人的性情，这就更高明一层了。

希望在不久的将来，中国能够设立一个“礼部”，不是引领外交礼仪的“礼仪司”，而是切切实实规范国人生活方方面面的礼仪、礼教。

【1.13】有子曰：“信近于义，言可复也；恭近于礼，远耻辱也；因不失其亲，亦可宗也。”

【疏】

一解：信而不近于义，必难践其言；恭而不近于礼，亦有取辱之时；凡事不失其所当亲近之正，则亦可有所把持、归依矣。

所谓“言必信，行必果，硁硁然小人哉”（【13.19】）者，不知大义所在也。

二解：人不知义之旨为何，能信、言可复则近义矣。人不知礼之恰当，能恭、能远耻辱，斯近礼矣。有子此“不失其亲，亦可宗也”，为其前“君子务本、本立道生”（【1.2】）之应用。能自相近处、简单处入手，道自生矣！

若取第一解，谓恭而无礼而取辱，非通理。子曰“恭而无礼则劳”（【8.2】）为是。且“因不失其亲亦可宗也”句，与前二句不相类比，窃私善第二解。

【钞】

这一章，传统的解释都不能说服我。《疏》里面的第二解，是我个人的悟处与体会：

学问，在实践。实践，由易简、由相近之处入手。通篇《论语》，孔子说“义”，但从未有明确之定义。义不义，须有智慧才能抓住重点。在还没有深刻智慧之前，先就守信。能守信，就接近义了。同样的道理，我们经常不知道什么是合适的礼节，但能抓住恭敬，大约也就不会错太多了。这由易简、由相近之处入手的原则就是有子说的“因不失其亲，亦可宗也”。

【1.14】子曰：“君子食无求饱，居无求安，敏于事而慎于言，就有道而正焉，可谓好学也已。”

【疏】

夫子好学，原不在闭门读书。观此章，明矣。

人生首要大事，在得师。父母者，肉身出处；师父者，法身慧命之再生父母。亲师取友，乃人生不可或有稍懈之功课。

至不知之地，寻向导，人以为当然。我等今日不知明日事，未来皆为未至之地，何不寻向导师父？身有疾病，不寻医用药，人以为愚。我等皆浑噩度日，若有恶疾，不知速寻明师妥为指点，岂非更愚？

“食无求饱、居无求安”者，心系道上。“敏”者，“勤快”之意，非才思敏捷之谓，可自“我非生而知之者，好古，敏以求之者也”（【7.20】）、“回虽不敏，请事斯语矣”（【12.1】）、“雍虽不敏，请事斯语矣！”（【12.2】）证知。

亲师取友之道正在此章。

【钞】

一个人若是不认真，那就没什么好谈了。若是一个人认真了，他成就的高低决定在他所遇见的师父。学习技艺如此，学问如此，生命更是如此。因此，人生最重要的第一件事，就是寻找自己的师父。

很多人问，师父在哪儿？怎么找？

首先，要真正体会师父的重要，要把师父看得比自己生命还重要。不是吗？没有师父的教导，没有自己的法身慧命，有个会呼吸、会吃饭的躯壳，跟行尸走肉差不多。师父，就是自己的生命，就是比自己生命还重要。

有了这个重要的认识，然后做好弟子该做的事情，虚心、诚恳请教，师父会来的。这一章，就是做好弟子、寻找师父的做法。

天下有功夫的师父，最大的痛苦就是找不到传人。从孟子说“得天下英才而教育之”为人生一大乐，也可间接证知。任何时代，都有好师父，但是好弟子难寻。真有好弟子，是师父法身慧命的传人，哪有不耐心等候、不耐心培养、不倾心以教的？

【1.15】子贡曰：“贫而无谄，富而无骄，何如？”子曰：“可也。未若贫而乐，富而好礼者也。”子贡曰：“《诗》云：‘如切如磋，如琢如磨。’其斯之谓与？”子曰：“赐也，始可与言《诗》

已矣！告诸往而知来者。”

【疏】

此章论上下两境界、一体两面。贫仅能无谄，未能乐，富则未能好礼，仅止无骄而已。贫而乐，富则能好礼。观人贫，知其富之态。“人焉廋哉，人焉廋哉”，此一体之两面。

贫而无谄，富而无骄，其人自知己贫、己富。至贫而乐道，富而好礼，则贫富两忘，入圣流矣。此上下两境界。

【钞】

贫、富，是在任何不同境界之下，都可能遇到的环境。不同境界对相同的环境，反应也是有高下的。

“贫而无谄，富而无骄”是子贡认为不错的境界。“贫而乐，富而好礼”是孔子在同样环境之下更高的境界。

贫，只能做到无谄，等哪天他富了，他也只能做到无骄，做不到好礼。两者境界截然不同。

所以，看人不发达的时候，可以知道他发达的时候是什么样子。我们的努力，就是在不发达的时候，修到某个境界，等到发达的时候，才能承受得住。

“贫而无谄”跟“贫而乐道”境界的差别在于：一个知道自己贫，认为自己贫；一个不认为自己贫，因此也就不认为自己富。

子曰：“贤哉，回也！一箪食，一瓢饮，在陋巷，人不堪其忧，回也不改其乐。贤哉，回也！”（【6.11】）颜回能做到这一点，是因为颜回根本不觉得自己穷，因此心里还总是乐呵呵的。

【1.16】子曰：“不患人之不己知，患不知人也。”

【疏】

人各有天命，求之在我，人知与不知，毫无交涉，故“不患人之不己知”，故“古之学者为己”（【14.24】）。不知人则无能以成天命，自立且不能，遑论立人，故患不知人也。

【钞】

子曰：“古之学者为己，今之学者为人。”（【14.24】）学问是自己完成自己天命的学习、准备和努力，跟别人无关。不把握住这一点，学习只求找个工作，让人知道自己，那也就太作贱自己的生命了。自己的生命，难道就只值那点吃饭、买房的钱？人活着，就只为吃饭、买房而努力，不太没意思了吗？如果只是那样，有什么好活的？

为政第二

【2.1】子曰："为政以德，譬如北辰，居其所而众星共之。"

【疏】

子曰："无为而治者，其舜也与！夫何为哉？恭己正南面而已矣。"（【15.5】）又曰："故远人不服，则修文德以来之。"（【16.1】）皆此章注脚。

《礼记·礼运大同篇》："选贤与能。"贤者在位，能者在职。

《道德经》："太上，不知有之；其次，亲而誉之；其次，畏之；其次，侮之。信不足焉，有不信焉。"

《道德经》："江海之所以能为百谷王者，以其善下之，故能为百谷王。是以圣人欲上民，必以言下之；欲先民，必以身后之。是以圣人处上而民不重，处前而民不害。是以天下乐推而不厌。以其不争，故天下莫能与之争。"

是皆"为政以德"之旨。

《易·坤卦·象传》："地势坤，君子以厚德载物。"

坤，牝马之能，须以德为依，否则乱矣。

有能无德，成也急，败也速，后患无穷。以能使能，难于久安。

须以德役能，方能长治久安。

【钞】

任何人，都希望有能力。任何事，都需要有能力来完成。然而，没有智慧的能力，成事不足，败事有余；没有德行的能力，必然害人。

没有德行的慧黠，不是智慧，是狂慧。虽能预知人意，预判未来，但终究是坏事的张本。

历史上，有许多对人才的评论，有许多德、才的讨论。总结起来，没有德行的人，最多只能暂时利用，不可长久相信。

政治是一个长治久安、影响许多人的事情，德行尤其重要。所有的能力，都是在德行的指导下作用的，否则必然生事。

【2.2】子曰："《诗》三百，一言以蔽之，曰：'思无邪。'"

【疏】

民有感，发之于声，一任自然，原非为人而作，何邪之有？

又，夫子删千余至三百有五首，有夫子之印证，何得而邪？

【钞】

任何真性自然流露的事情，都是真的性情，也都是美的事情。欲求爱情，欲求自由，欲求自在，欲求富足，也都是美好的事情。只是也都需要循着真性、天道去追求，则一切平衡、自然、美丽。这样的"思求"都是真，都是无邪。

【2.3】子曰："道之以政，齐之以刑，民免而无耻；道之以

德，齐之以礼，有耻且格。”

【疏】

政以利导，法以刑吓，皆消极。何似德以暖人，礼能雅人、提升之积极？此为中国自古礼教之优美，惜乎今亡之矣！

【钞】

霸道政治，讲究秩序；王道政治，讲究和谐。讲究秩序，以上位为重；讲究和谐，以全体为重。以上位为重，难以尊重个人；以全体为重，则必然注重人心教化。霸道政治，治以政刑；王道政治，治以德礼。

德礼政治，必然需要以教育为根本。所以，孔子非常重视教育。

【2.4】子曰："吾十有五而志于学，三十而立，四十而不惑，五十而知天命，六十而耳顺，七十而从心所欲，不踰矩。"

【疏】

子曰："可与适道，未可与立。"（【9.30】）又曰："己欲立，而立人。"（【6.30】）再曰："不患无位，患所以立。"（【4.14】）可知所谓"立"者，立于道，能知道而起行也。

子曰："爱之欲其生，恶之欲其死；既欲其生又欲其死，是惑也！"（【12.10】）又曰："一朝之忿，忘其身以及其亲，非惑与？"（【12.21】）可知，"不惑"者，不因情欲而乱其理、乱其心、乱其行也。

夫子五十之前自修、教学，原无意仕途，观"子奚不为政"

（【2.21】）可知。五十知天命而后，乃出而为官用事，继而周游列国十四年。夫子生命，五十而始；夫子生命精华，五十以后也；故“知天命”者，知人生之意义与目的也。

“耳顺”者，听音知止。无论人声、天籁，皆有所以，一闻便知，是为耳顺。

【钞】

任何看得起自己的人都应该志向远大。年轻的时候，不容易有明确的目标，就应该先以学习、进步为最重要的目标，这也就是孔子少年时候的志向。

学习，若是能根据一个统一的价值观来学习，建立起整个体系了，再学其他系统就容易了。否则，支离破碎，难有体系，也就难有“所立”。孔子三十而立，他到三十岁，所学就有了系统了，也知道他那辈子该做什么事情。

孔子是到了四十岁才有不被情欲左右的自制力，能公平地就事论事。有不少人聪明、也有智慧，甚至也有能力，但是不能掌握自己的情欲，因此仍然会经常做错事情。智慧、能力虽然重要，一个人的性格与纪律，更是他成就功业最重要的条件。要掌握自己的情欲与情绪，要多在反省、观照上下功夫。

“天命”这两个字，孔子从来只有感叹，没有讲清楚过。但是从孔子一生的行迹，从他的感叹，我认为“天命”可以看成是一个人生命的意义和生活的目的。

我认为，每个人要找到自己生命的意义和目的，应该是他生命中最重要的事。不能违逆社会，但是也不能全盘地接受社会教育而不审查。生命的意义绝不会是只为了个人的生存与富贵。只是为了个人的生存，人生是不值得活的。如果能生存了，就为了更多的荣耀与富贵奋斗，也是浪费生命，因为“广厦千间，只宿一床；金银满堂，黄土一抔”。争得了个人富贵，却赔上了生命，十分不智。“天命”就是要找到自己生命的意义和目的。

在未找到自己生命的意义和目的之前，所有的生命，只是为这个答案做准备。找到了这个答案以后，所有的生命就是在实践这个天命。因此，每个人的生命就是在寻找、发现、实践、完满自己生命的意义和目的。

每个人生命的意义大致差不多，但是每个人实践其意义的方式都不一样。一旦知天命、行天命、圆天命了，个人境界会层层进升，“耳顺”与“从心所欲不逾矩”不会是难事，还会有各式各样其他的体会与境界。

【2.5】孟懿子问孝。子曰：“无违。”樊迟御，子告之曰：“孟孙问孝于我，我对曰：‘无违。’”樊迟曰：“何谓也？”子曰：“生，事之以礼；死，葬之以礼，祭之以礼。”

【疏】

有善心，无善行，虽有还无。有善心，动之以行为，行为不当，不可谓真善。有孝心，有孝行，方可谓孝。孝行不当，亦非真孝。礼也者，行为准则也，惜乎丧之今日。

【钞】

有心的人多，能有行动的少。有行动的也有，能有效的少。孝顺，是心意，也是行动。要行动恰当，才完善、完美。否则，粗鲁的言行，不恰当的对待，甚至不合宜的礼仪，虽心里想孝顺，可能适得其反。

像葬礼，事关死后灵魂的对待。我们可能不相信死后的灵魂等等，但生命不因为我们的不相信而改变，父母的灵魂可能因为我们的不相信而不安。依据圣人所制作的礼仪，比我们一厢情愿的做法会恰当很多。

【2.6】孟武伯问孝。子曰："父母唯其疾之忧。"

【疏】

幼时，忧身有疾；长时，忧心有疾。父母无时不忧其子，唯达天知命，俯仰无愧于天地，心无疾，庶几可谓孝矣。

【钞】

能做个顶天立地、救度天下的人才能真正完全免除父母的忧虑，也才能让父母觉得光荣。

【2.7】子游问孝。子曰："今之孝者，是谓能养。至于犬马，皆能有养。不敬，何以别乎？"

【疏】

人不知命，不知为何存活天地之间，何异犬马？

【钞】

人之异于禽兽，在于有本能，还能提升。除了提升自己的理性，更要提升自己的灵性。知道道理只是理性，要能够让自己、让父母、让世界更和谐、更道德、更完美，这才是灵性的提升。

在这里，孔子只用最基本的人与禽兽对父母的差别来告诫我们，只是从理性上告诉我们要尊敬父母。更进一步来说，要让自己从德性上、从灵性上提升，从而兼善天下，这才是真正的孝敬父母。

【2.8】子夏问孝。子曰："色难。有事，弟子服其劳；有酒食，先生馔；曾是以为孝乎？"

【疏】

《华严经》云："忘失菩提心，所行诸善，是诸魔业。"无心之善，若梦游之行，殊无意义也。

子夏问孝，夫子答以弟子，故知师亦父也。

【钞】

从这一章可以看出，对待师父，也是"孝行"。也就是说，对待朋友要信，对待上司要忠，对待下属、晚辈要慈，对待父母、师父要孝。

父母生我肉身生命，师父生我法身生命，都是大恩人，都该孝顺。老师和师父是不同的。韩愈说的"传道、授业、解惑"比较偏属于教导的老师的功能。老师教了，做是学生自己做，老师对学生发展的后果没有承诺的责任。师父，则像医生一样要矫正自己生命的偏差，要让自己能活在道业里，跟只讲讲道理的老师是不一样的。

【2.9】子曰："吾与回言终日，不违如愚。退而省其私，亦足以发，回也不愚。"

【疏】

弟子是难得弟子，师是旷世人师。学习不在经典、文字，在笃行。教育亦在弟子行为、气质得受用。师父暗中观察弟子行为，是真关心、真教育。弟子心领神会，于行动中且更能举一反三而发挥，乃真学习。

夫子不喜巧言可知，夫子亦不喜多言之人。不在言多必失，在言多则行难顾。未能言行兼顾，宁可寡言敏事，可成大事。今日所谓自我推销时代，难怪浅薄、轻浮，难托以大事。

【钞】

目前这个时代讲究自我推销。不会说，似乎会丧失很多机会。但是生命不是以会不会说来决定的，生命是做出来的。会说不是问题，好说是问题。但是会说而能不好说，这是不容易的境界。好说，就如孟子所说的“放心”，整个人的心是在外面，功夫难于累积，更难得深刻。

颜渊不多话，只专心听师长的教导，然后努力去实践。这是他好学之处，也是孔子称赞他、希望所有学生做到之处。孔子至圣先师，不是道理讲完就下课了，看到弟子直点头，从不问问题，不知道是真懂还是装懂，于是暗中注意学生的行动。看到颜渊可以把他说的道理做出来，孔子称赞颜渊不是傻子、不是装懂。这也就可以看出真正的师父是怎么带弟子的。这才是“至圣先师”的行迹。

【2.10】子曰：“视其所以，观其所由，察其所安。人焉叟哉？人焉叟哉？”

【疏】

所安者，非心安之谓，乃平日安心之处也。

【钞】

与人交往，可以蒙蔽别人几个月，难骗人几年。有人被蒙蔽几年，那就是自己的不是了，是自己不能善于观察人，是自己惑于情而根本没有去观察。

【2.11】子曰："温故而知新，可以为师矣。"

【疏】

知新需温故，方可成体系。

【钞】

学问成了体系，旧事也有了新意。

不成体系的学问，只是知识的堆砌而已。

【2.12】子曰："君子不器。"

【疏】

古人儒将，因缘际会，书生带兵，多胜武夫。近世毛泽东非军校毕业，千古兵圣，岂非君子不器？凡事由器而入，由不器而出。若未能知器外之理事，终是庸器！

【钞】

时下"专才"、"通才"的讨论，似乎都有点跑题了。

所谓“专才”是说专业技术。人拥有技术能力，并不就因此能成大事，仍然需要有洞烛机先的智慧、与人共事的能力、善良的品格、坚毅性格等，才能统领大众，成就大事。这些智慧、能力、品格、性格等不到一定境界，任何人都只是“器”。而这些品质都需要从“器”的使用与练习、磨炼才能学到、深入与优化。

任何能力，任何造福众人的事情，都需要有施展与实践的载体，这就是“器”。任何人的学习，就是要从器的使用与实践中，去学习到“非器”的品质，才能成大事，所以“君子不器”。

【2.13】子贡问君子。子曰：“先行其言，而后从之。”

【疏】

人之所长，适亦其短。所长愈长，所短愈显，障己亦愈重。子贡言语科高足，师父特于其所长投药，真明师也。

【钞】

话说多了伤德，因为凡是自己做不到的事情说了，就让自己短了一点。

苍天之眼，是看行为、看结果，不是看人的讲话、看他说的道理。

【2.14】子曰：“君子周而不比，小人比而不周。”

【疏】

君子量大，愿与天下同，故周。小人私我，结党以自肥。

可与“君子和而不同，小人同而不和”（【13.22】）、“君子矜而不争，群而不党”（【15.22】）合参。

【钞】

君子照顾大众，但不代表没有他的骨干力量。这在后面“群而不党”章有所阐述。

【2.15】子曰：“学而不思则罔，思而不学则殆。”

【疏】

有轮不用，欲自发明，失败可期。古圣先贤现成智慧不学，欲自发明，危矣殆矣。当今之世混乱危殆因不读书、不学习、思而不学之故。

【钞】

学而不思，学了也惘然，但那只是浪费了时间，还没什么大伤害。思而不学，乱作一气，伤了自己，也可能伤了别人，这是很危险的事。

【2.16】子曰：“攻乎异端，斯害也已。”

【疏】

异者，此之对。由此视彼，彼则为异端。专心致力所学尚惧不及成办，有何暇治其异端乎？需“慎思”、“明辨”，需由反向而思、而辨，然非戮力治其异端之学。

“为政以德”（【2.1】）、“恭己正南面而已”（【15.5】）、“故远人不服，则修文德以来之”（【16.1】）皆言功夫在正己。己身不治，

“攻乎异端，斯害也已”。亦此章之发挥。

【钞】

所谓“辩证法”，说穿了，就是个逻辑分析，从正反两面来看。能分析，能辩证，只是掌握了一个工具。重要的是分析什么？辩证什么？题目不对，整篇文章写得再美，都没意义。只喜欢辩论，只喜欢跟人抬杠，只喜欢从另外一头辩证事情是没多大意义的。需要找到自己生命的意义和目的，需要自己的思想成一体系，所有的工具才都变得有用、有意义。

【2.17】子曰：“由，诲女知之乎！知之为知之，不知为不知，是知也。”

【疏】

人能自承其所不知，非仅智者，亦为勇者。

另一解，虽非夫子之意，然亦甚有深意：知其所当知，所不当知，付之阙如可也，斯为智者。

【钞】

我个人喜欢利用这句话，思索我认为并非孔子原意的一个道理：人生有限，需要集中精力实践、完成自己的天命。自己该学习、该知道的，就努力学习。但是，有许多无关紧要的知识、学问，不需要知道，就任它不知道。否则，生命就失去了焦点，也无法完成自己的天命。

【2.18】子张学干禄。子曰：“多闻阙疑，慎言其余，则寡尤；

多见阙殆，慎行其余，则寡悔。言寡尤，行寡悔，禄在其中矣。”

【疏】

非但禄在一“慎”字，人生岂非皆在此一字？

然而，做事有用胆识、有出格之时，做官则似以稳妥、慎重为善。

【钞】

官场、商场都是利益汇集的地方，比其他场合更需要谨慎。等到自己有点地位、有点资源了，那就更是别人的焦点或靶子，需要格外注意。

【2.19】哀公问曰：“何为则民服？”孔子对曰：“举直错诸枉，则民服；举枉错诸直，则民不服。”

【疏】

“樊迟问知”章，子曰：“举直错诸枉，能使枉者直。”（【12.22】）用人行政，用一“直”者，全体皆直，一体皆治，“则民服”。反之，用一“枉”者，一体皆乱，“则民不服”。

所谓“直”者，未必知者，尤其未必有德者。斯亦有此大用矣。

此用人治世之道。

【钞】

政治有太多的方方面面。但是，若是要我只能说一项重要的关键，我认为就是用人。“用人”这个题目真说起来又是一大篇，但在这一章讲起来，还不是用什么大不了的特殊人才，只是用些正人君子，就可以让整个政治清明。

这一章也再次体现了“为政以德”(【2.1】)。

【2.20】季康子问：“使民敬，忠以劝，如之何？”子曰：“临之以庄，则敬；孝慈，则忠；举善而教不能，则劝。”

【疏】

中国先圣不言自由，但言平等。平等者，各有其守，各有其行。人心如风，鼓荡而周流。彼来我往，平等自然。孟子告齐宣王曰：“君之视臣如手足，则臣视君如腹心；君之视臣如犬马，则臣视君如国人；君之视臣如土芥，则臣视君如寇雠。”岂非平等、自然？庄敬、慈忠、教劝，亦地位不同之平等对待、自然其行也。

【钞】

天之道，一报还一报，彼来我往，就像空谷回音，也像水中映人，怎么去，怎么回。为政者尤其如此。自己庄重，老百姓就尊重你；自己敬老尊贤，孝顺长者，老百姓就对你忠心；自己扬人之善，教导不会的人，老百姓就会互相劝诫。我认为这一章是从政者、做领导者最实际、最好用的一章。

【2.21】或谓孔子曰：“子奚不为政？”子曰：“《书》云：‘孝乎惟孝，友于兄弟，施于有政。’是亦为政，奚其为为政？”

【疏】

夫子五十知天命而后，出仕鲁国，继而周游列国，知其有不得不发之使命感，非施于有政之闲散可比。以生命作画、浴火凤凰，但知天命，岂能松散？

【钞】

很明显，孔子在五十岁以前教书，就有人劝他出来做官，他都不肯。反而是到了五十岁，他要出来做官了。然后就是一段艰辛的十八年。孔子风尘仆仆于列国之间，可不是现在的高速公路，当时真是颠沛流离。当时，五十四岁，算得上是老人了，但孔子还是干劲十足。尤其难得的是，十四年没找到他想要的平台，他却一直锲而不舍。我们现在半年找不到工作，就丧气得不得了、自卑得不得了，孔子没有，还是精神抖擞地努力。甚至于努力了十八年，没成功，他回到鲁国，还没停：删诗书、订礼乐、赞周易、修春秋。孔子千秋万代的功勋，其实是在最后四五年建立的。孔子怎能迸发出这么大的力量？怎会在五十以前和以后发生这么大的变化？这只有从孔子自己自述“五十而知天命”的痕迹看出来。所以，我认为，“天命”，就是秉之于天，是人生于天地之间的意义和目的。就是“天命”的驱使，使孔子锲而不舍地实践、完善他生命的意义和目的。

讲老实话，如果我们说孔子是“成功的”，我都觉得是对他的污蔑。什么是成功？什么是失败？成功与失败怎么定义？以生的时候定义？还是包括死后的生命来定义？死后，自己又看不到了，怎么定义成不成功？

若是不能掌握到自己生命的意义和目的，生命是浪费掉了。既然不知道自己生命的意义和目的，还谈什么成功、失败？有什么意义吗？

每个人最重要的课题，就是找到他自己生命的意义和目的，找到他自己的“天命”。

讲起来，这正是圣人们，包括孔子、老子、庄子、孟子等，一直在告诉我们的答案，只是我们没有细心听取罢了。

【2.22】子曰：“人而无信，不知其可也。大车无輗，小车无軏，其何以行之哉？”

【疏】

无论事业、爱情、共事、交友、劝诫等任何与人有关之事，信不足，则不可行。有信存焉，始可慎以出之。

无论事业、爱情、共事、交友、劝诫等任何与人有关之事，如若有不顺当、不融洽之处，首自“信”字寻问题与答案。

【钞】

一般人对“信”的重要，认识不够；对“信”的不同，也认识不够。信，有自信、互信、信任、相信、信仰种种不同，但不论是哪一种范畴，都必须先树立“信”，才能够再谈其他。任何事情，都是因信成就。

【2.23】子张问：“十世可知也？”子曰：“殷因于夏礼，所损益可知也；周因于殷礼，所损益可知也。其或继周者，虽百世可知也。”

【疏】

夫子殆得“宿命通”耶？

【钞】

讲老实话，孔子回答子张的这句话非常自信。依我个人功夫，我是无法推论出孔子这句话的依本，除非孔子已经得到所谓的“宿命通”。但是，即使孔子得到宿命通，也不应该会对子张说出这段话的。不可解，不可解。

【2.24】子曰：“非其鬼而祭之，谄也。见义不为，无勇也。”

【疏】

当为不为，懦者；不当为而为，谄也。凡夫之行，无需：察其所安，视其所以，观其所由，知其半矣。

【钞】

很多人做错事情而不自知。其实，大部分的错事，都是不自知造成的。有谁会故意把事情做坏呢？譬如这一章，“非其鬼而祭之”，当事人可能还以为是件好事。可见，该如何恰当地应世，学习古圣先贤的智慧几乎是唯一法门。

八佾第三

【3.1】孔子谓季氏："八佾舞于庭，是可忍也，孰不可忍也？"三家者以《雍》彻。子曰："'相维辟公，天子穆穆。'奚取于三家之堂？"

【疏】

楚王问鼎小大轻重，王孙满对曰："在德不在鼎……德之休明，虽小必重；其奸回昏乱，虽大必轻。"（《史记·楚世家》）善答，尤善知机。夫子亦见季氏僭越而言，何今人之不知礼、不知机、无勇、无谋也。

【钞】

"引颈成一快，不负少年头。"不顾身家、不顾后果直言而谏，并不是孔子给后人的教训。孔子教人们要有善恶、有立场，同时"知以出之"。

孔子在这一章说的话，其实已经很露骨、很直接了。但是，孔子当时是鲁国国老，该讲，他讲出来也不会招祸的。对于不同身份、地位的我们，应该要用不同的智慧，来表达正义。

【3.2】子曰："人而不仁，如礼何？人而不仁，如乐何？"

【疏】

人依礼乐，社会能和。礼乐导仁，友以辅仁。虽曰"人而不仁，如礼、乐何"，然抚今追昔，叹乎礼坏乐崩，虽有仁心，难启仁德。圣人之教，有不可知之高明也。

【钞】

最高明的思想与境界，是无法以文字叙述出来的。即使用文字，也会是许多比喻的文字，或是像诗的文章，来表达一些感受与意象。音乐也是最好的工具。可惜我们现在连平铺直叙的文字道理都没读、不懂，就更难谈到比喻性、诗歌性的文字表达了。

如果说要补足今日社会浅薄，那么弘扬中国传统文化思想是重要的。弘扬中国传统文化思想不能仅止于上课、节日追思、电视节目制作，以国家而言，成立"礼部"、"乐部"是最应该做的事情。

人才呢？

胡林翼说得好："天下事，患不思耳，何患不可为；天下才，患不求耳，何患世无人。"为什么历史上一有明君出，人才就辈出？不是没人才，就看当政者有没有远见、胸襟与气魄。

【3.3】林放问礼之本。子曰："大哉问！礼，与其奢也，宁俭；丧，与其易也，宁戚。"

【疏】

礼之本在诚、在真、在有。不能中道，俭戚得其真诚可久，奢易外求难长。政治、管理、规矩皆以此为衡。

【钞】

真正的功夫与学问，不在道理圆融，而在有步骤与方法。真正的智慧，不在“经”，而在“权”。真正的学习，不在“黑白”，而在“灰阶”。所以《中庸》教我们要“审问”、“慎思”、“明辨”。有了灰阶，才知道如何“笃行”。我们不可能听了道理就马上像圣人一样，做到圆圆融融，因此，要抓重点。不能中道而行的时候，你抓哪一边？

人，一定要有立场。做事，一定要选边。这就是智慧的开始。

【3.4】子曰：“夷狄之有君，不如诸夏之亡也。”

【疏】

此章之解自古众说纷纭，殊无定论。《易·乾卦·用九》：“见群龙无首，吉。”自古亦难有服人之说。窃以为，此正夫子为政最终理想。

试观《易·乾卦·彖传》之文：“大哉乾元，万物资始，乃统天。云行雨施，品物流形。大明始终，六位时成，时乘六龙以御天。乾道变化，各正性命，保合大和，乃利贞。首出庶物，万国咸宁。”何以：群龙无首“吉”？因“大明终始，六位时成”，“乾道变化，各正性命”。何以言之？六位者，自下而上、自始至终，各居其位、各安其位、各行其时，则上下和睦、周旋有礼，不须治而自治矣。此正“各正性命”之谓，自下而上，各正其位、各行其位，此所以“君子不出其位”之深意。

何以至此？则在“自天子以至于庶人，壹是皆以修身为本”

(《大学》)，在“为政以德，居其所而众星共之”(【2.1】)。此所谓王道之治，异乎夷狄霸道之治。霸道之治，以力为重。所谓君者，力至大者也。君无力则乱矣。此章所谓“霸道之有君，不如王道之各正性命也”。

于今之势，全然王道未至其时，须有君，须有圣君，然须戮力德治、德化、德教，方能长治久安。

【钞】

这一章，从来就没有一个说法让我信服过。就像《易经·乾卦·用九》说的：“见群龙无首，吉。”我以前总不知道为什么，也总得不到让我服气的说法。这一次来来回回倒孔子的思想，认为孔子这一章表达的，正是“见群龙无首，吉”的最高政治理想。

在这一个政治理想上，老子也是一样，希望每个人都能回归朴素，于是不需要治理，自自然然就和谐。孔子是强调政治与教育上的引导，让人民归于朴素、归于和谐。在这一点上，孔子提出方法，老子就松散些，重心在个人的体悟跟运用了。

无论是我们现在这个时代，还是在孔子时，要完全归于“王道之治”是不现实的，而是需要有圣君带领国家。虽然如此，能够在现实政治之下，孔子的理想与方法应用得越多，国家与社会就越稳固。当今中国社会有许多人忧虑道德沦丧、人心沉沦等，不是没有道理的，这是中国传统文化思想从民国以来的断层所造成的。要真正达到“和谐社会”、“和谐世界”，的确，弘扬中国传统文化思想是个好药方。只是，要恢复实质内容，政府需要加大力度。是有方法，也做得到的。

【3.5】季氏旅于泰山。子谓冉有曰："女弗能救与？"对曰："不能。"子曰："呜呼！曾谓泰山不如林放乎？"

【疏】

观"季氏有事于颛臾"章（【16.1】），知冉有不得夫子之旨。虽不能救，仍需试之。子谓子路事君之道"勿欺也，而犯之。"（【14.22】）。交友尚且"忠告而善道之"（【12.23】），何况事君？"不可则止"，但不可不告。所谓力不足者，中道而废。否则，为具臣矣（【11.21】）。

【钞】

读这一章，可以体会到千秋万代以来，老师对弟子们的无奈。冉有还算是孔子不错的弟子，也就是这么个程度，又能怎么样呢？很多人说找不到好老师。其实，找好弟子要比找好老师要难上更多倍。

【3.6】子曰："君子无所争，必也射乎！揖让而升，下而饮，其争也君子。"

【疏】

《孔子世家》云："夫子步亦步，夫子趋亦趋；夫子奔逸绝尘，则回瞠乎后矣！"是颜回与夫子争。观颜渊喟然叹章（【9.11】），亦可知颜回努力与夫子争。再观"回也非助我"章（【11.4】），可知夫子无时无地不学，亦自弟子处学习。师父弟子道业相助、相扶、相持、相争，其争也欣喜，其争也和谐。是争，犹若不争，争胜不争。射也者，切磋琢磨，进退上下以礼、和谐，争若不争，争胜不争。礼也者，其美如此。

【钞】

这一章，年轻的时候读不懂，现在读起来，觉得特别地美。

颜渊是孔子最好的弟子。我认为，颜回在心里，一直想跟老师比赛，一直想要追上老师。这从《孔子世家》“亦步亦趋”这句话，可以体会出来。也可以从“颜渊喟然叹曰”这一章体会出来。颜渊一直想跟老师比赛，比呀比的，最后发现无论怎么努力，自己还是差了老师一大截，于是心悦诚服，喟然而叹。“颜渊喟然叹曰”这一章，是我所见过最美的称赞文章。这是发自肺腑，心悦诚服地赞美，这是老师也一直希望弟子能跟上他，倾囊以授之后，弟子心悦诚服地认输。颜渊跟老师比赛，老师何尝不是随时随地注意自己的进步，因此孔子也希望从弟子身上学到一些东西。老子曰：“故善人者，不善人之师；不善人者，善人之资。”坏学生，正是好老师的进步机会。颜渊太好，孔子因此从他身上进步不多，他也竟然感叹：“回也，非助我者也，于吾言，无所不悦。”（【11.4】）

孔子跟颜渊之间的比赛，是竞争，抑或不是竞争？

君子有什么好争的呢？若是要争，就在进德修业上竞争，就在切磋琢磨上竞争，互相礼让，又互相切磋希望能比对方好。说是竞争，也是君子之争。

这是多美的境界！只有不断学习、切磋、提升，才能有这种开放的胸怀、优雅的境界。

【3.7】子夏问曰：“‘巧笑倩兮，美目盼兮，素以为绚兮。’何谓也？”子曰：“绘事后素。”曰：“礼后乎？”子曰：“起予

者商也！始可与言《诗》已矣。”

【疏】

绘事后素，即“行有余力，则以学文”（【1.6】）之意。

明末僧人蕅益大师于此章，有超人意表之见：“素以为绚，谓倩盼是天成之美，不假脂粉，自称绝色也。人巧终逊天工，故曰绘事后素。后者，落在第二义之谓，非素质后加五采之解。礼后乎者，直斥后进之礼为不足贵，亦非先后之后。”

谓“素”为天真之意，“后”者，落后之意，意谓雕琢永不胜天真。

此注甚美，然恐非夫子本意。

无倩笑不巧，不盼目不美，是为蕅益大师之意，然“素以为绚”则道尽夫子“文质彬彬”（【6.18】）学习之旨。

【钞】

明朝末年的蕅益大师注解这一章非常美。但是，我从整个孔子《论语》脉络，和孔子对弟子而言的境界来判断，应该还是传统的解释对。也就是说，要画画，在报纸上画，是永远不可能画得好的。画画，只能在白纸上画。因此，“绘”画这回“事”，是要先有“白”纸之“后”的事情。也就是说，人要先培养出纯正的人格、道德，然后再谈学问。也就是“行有余力，则以学文”的意思。“礼后乎”也就是“礼云礼云，玉帛云乎哉！乐云乐云，钟鼓云乎哉！”（【17.11】）的意思。

【3.8】子曰：“夏礼，吾能言之，杞不足征也；殷礼，吾能言之，宋不足征也。文献不足故也。足，则吾能征之矣。”

【疏】

弯弓射箭，落点可期。事必有理，理必有事。因果事理，凡夫昏昧不见，智者若观掌。

【钞】

有事，必有理。有智慧的人，可以说出这个道理。一般人，虽然说不出道理，但只要按着古圣先贤的话去做，也就不会出什么大错。这就是为什么“子孙虽愚，经书不可不读”。

【3.9】子曰：“禘，自既灌而往者，吾不欲观之矣。”

【疏】

以嬉闹为幽默，且自以为风雅者，实不堪入耳。此夫子不堪禘礼自灌而往者之心情也。

【钞】

跟俗气的人在一起，的确很难过。但是，自认清高的人，更让人受不了。俗也罢，自认清高也罢，让人受不了之处，都在于“自以为是”。因此，可以这么说，“自以为是”是最大的丑陋。

读书人最让人，或者说，最让我受不了的是议论是非，但是自己不去承担自己所议论的事。

孔子这一章，对礼的失真，非常伤心，但是孔子一直努力设法找机会建立一个“礼”的邦国。即使找不到这个机会，他还是删订《礼经》以待来者。这才是一个负责、有担当的态度。

【3.10】或问禘之说。子曰：“不知也。知其说者之于天下

也，其如示诸斯乎！”指其掌。

【疏】

身教胜于言教，不言之教更胜于言教。

【钞】

《孟子·滕文公下》子曰：“知我者，其惟《春秋》乎！罪我者，其惟《春秋》乎！”

孔子一生的政治理念都包含在《春秋》这部经里，所以说“知我者，其惟春秋乎！”但是，“贬诸侯、讨大夫”则是天子之事，不是孔子的身份该说、该做的。甚至在《春秋》里，孔子还“讥天子”。对于提倡“尊王”道统的孔子，这是大逆不道的。尤其孔子自己在《春秋》里，提出“为尊者讳、为贤者讳、为亲者讳”的道理，但是他自己又犯了他自己说的话，因此“罪我者，其惟春秋乎！”另外，《春秋》笔法，以爵位升降来品评人事。爵位升降，乃天子之权，孔子虽然只是写书，但是他这样做，仍然是“僭越”，仍然是不对。

有许多话，因为身份的缘故，只能不讲，然而不讲，也是不言之教。这就是中国人对身份、定位的慎重与深刻。然而孔子春秋时代，所有关系都混乱了，为了“拨乱反正”，《春秋》是划时代的“正名”，孔子又不得不隐晦地说。因此才有所谓“春秋笔法”，才需要《公羊传》来说明。这是孔子不得已的苦心，也是智慧与深刻的现身说法。

【3.11】祭如在。祭神如神在。子曰：“吾不与祭，如不祭。”

【疏】

夫子若不信神，必不诓人弄怪而曰“祭神如神在”。夫子笃信世间有鬼神明矣。观夫《中庸》，子曰：“鬼神之为德，其盛矣乎！视之而弗见，听之而弗闻，体物而不可遗。使天下之人齐明盛服，以承祭祀。洋洋乎！如在其上，如在其左右。”直言鬼神之在左右，断非比喻之语。《中庸》又言：“国家将兴，必有祯祥；国家将亡，必有妖孽；见乎蓍龟，动乎四体。”所谓贞祥、妖孽，非仅凡夫可见之人物而已，必有若如鬼神之凡夫不可见、而圣人可见者。而蓍龟者也，亦有其真实。文王、周公、夫子借卜筮之《易》，赋以其理。若不信卜筮之事，圣人们必不引以为器。《易》中处处鬼神之言，可知鬼神之实有也。然，鬼神之事，未入境界，则易弄玄虚，亦易失己根本。夫子之教“未知生，焉知死；未能事人，焉能事鬼”（【11.12】）最为扎实、恰当，然亦不必确辩鬼神之不存也。

【钞】

鬼神这种事情古圣先贤们是相信祂们的存在，而且非常重视对鬼神的祭祀等。当今科学世界与唯物论刻意否认其存在，这也过头了。科学是哲学的一部分，但今日似乎淩驾于哲学之上。西方哲学一谈到“形而上”的神秘之处，就把握不住了，到最后只能交给上帝去处理，而无法圆融包涵。所以西方的人与神是截然二分的。中国传统文化思想从人到神，从生到死，整个说得非常圆融，不是二分法。人可以成圣，也可以成神。所以关公、岳飞、孔子等都供在庙里。所以生是为死，死也荣生。“祭祀”是其中一个重要的关键。

【3.12】王孙贾问曰：“‘与其媚于奥，宁媚于灶’，何谓

也？”子曰：“不然。获罪于天，无所祷也。”

【疏】

用一“媚”字，已落下乘。

媚则外，外其心则失神。身无神，祷之无主、无位，何所听之？媚，不在所媚之对。“君子自重”（【1.8】），媚，则轻己也。若奥、灶神可媚，则彼亦不当其天神之位。

要之，敛神不媚。

古人示意，甚为有智，亦甚是优美。

【钞】

跟“夫子为卫君乎”（【7.15】】）一样。古人真有智慧，谈一件事情，用比喻，要言不烦，整个境界烘然而出，让人品味无穷。

每个人顶天立地，何须媚人？上下各有其位，在下位的对在上位的要尊重、要忠诚，但绝不能“媚”。一落入“媚”的境界，那就如孔子所说的“难养也，近之则不逊，远之则怨”（【17.25】）。

【3.13】子曰：“周监于二代，郁郁乎文哉！吾从周。”

【疏】

改进，则后后胜于前前；庸俗，则子孙不肖，每况愈下。

【钞】

在这件事情上，老子与孔子的用药主张是有些不同的。老子主张尽量返璞归真，但是他只留下五千字的《道德经》，没有讲出太多的做法。孔子则用礼乐教化尽量维系与提升人心。

中医有句话："药补不如食补，食补不如气补，气补不如神补。"我认为，永远要努力于让人有精神，但是，生病了，还是要用药。孔、老需要同时学习，也要同时应用。

【3.14】子入大庙，每事问。或曰："孰谓鄹人之子知礼乎？入大庙，每事问。"子闻之，曰："是礼也。"

【疏】

夫子每事问，乃精益求精，验证己所知，非明知故问乃合礼。不知而问、确认而问，以期合礼适度，故曰："是礼也。"

有以大庙之礼不合度，夫子明知故问释之。窃以为不妥，彼时夫子年少，若取此心，则自视甚重，非谦虚、学习之位。夫子必不如是。

【钞】

一个人要站好自己的位子，比讲对话更重要。事实上，若是一个人不能站好自己的位子，那无论说什么、做什么，都不会是对的。因为心态不对，什么事情都错了。这就是"阙党童子将命"章里（【14.45】），孔子不以为然的理由。要把自己的位子站对了，然后才能谈其他。这就是为什么《大学》里讲"定、静、安、虑、得"，一开始就讲要"知止"。

【3.15】子曰："射不主皮，为力不同科，古之道也。"

【疏】

尺有所短，寸有所长。重则拙，轻则巧。旨在中的，不在霸重。

古之道，王道。今日霸道，因无巧智。无巧智，因外心。孟子曰："学问之道无他，求其放心而已矣。"

【钞】

现在是一个霸道的社会，因此讲究"力"。讲究"力"，就少了"巧"，也少了"雅"。少了"雅"，就越来越不适合人的居住，也就越来越没耐性，最终败亡得也快。

"力"为劣币，"德"与"宜"才是良币。劣币驱逐良币，最后就不只是出问题。

【3.16】子贡欲去告朔之饩羊。子曰："赐也！尔爱其羊，我爱其礼。"

【疏】

留无尽之希望。

虽然名存实亡，形似神不似，然仍可留给后人一丝希望。后日当有圣者，循形而复神。

【钞】

像今天，要复兴、弘扬中国传统文化思想，就先恢复形式，例如，恢复黄帝与孔庙大典的祭祀等。另外在传统节日如清明、端午都放假，让人民在清明——回乡祭祖，在端午看龙舟竞赛等，日后渐渐可以从形式而渐渐恢复精神。像传统经典还流传到今天，将来必然会有圣人出世，循着经典而渐渐恢复原来的精神。若是连形迹都没有了，恢复就非常难了。

【3.17】子曰："事君尽礼，人以为谄也。"

【疏】

进德修业，人以为迂腐，故老子有《道德经》。《四书》、《道德经》传诸数千年而不坠，孰非孰是、孰深孰浅，不辩自明。

【钞】

同样是礼，有人变成"谄"，不是礼的问题，是人的问题。所以孔子也说："礼云礼云，玉帛云乎哉？乐云乐云，钟鼓云乎哉？"（【17.11】）形式重要，但是还是需要持久不断地教育，才能维持精神。形式是精神的载体，要用载体来强调精神、发挥精神。

【3.18】定公问："君使臣，臣事君，如之何？"孔子对曰："君使臣以礼，臣事君以忠。"

【疏】

参照"使民敬忠以劝"章释（【2.20】）。

毓老曰："君使臣不礼，臣事君则不忠。"非报复，乃人性自然。

问：设若"君使臣不礼，臣事君忠贞不贰"，何如？

【钞】

以人性而言，上位者不能尊重在下位的人，在下位的人自然不会尊重在上位的人。这教训当然是告诉在上位的人要以礼遇下位的人。

但是，历史上有不少在下位的人，无论在上位的人多昏庸，仍然忠心事之，而且得到许多的尊敬与称赞。这又怎么说呢？

更进一步，如果在上位的人不是昏庸，却不尊重在下位的人，在下位的人仍然忠心不贰，这是否好的、对的？若说是要看状况，哪一种状况是好的、对的？哪一种状况又是不好的、不对的呢？

【3.19】子曰："《关雎》，乐而不淫，哀而不伤。"

【疏】

佛家去情苦修，实为初步。观世音菩萨有情大道生，悯众生而不执，观自在而不淫。孰是道场？人世即道场。若不如是，何来人世一遭？

【钞】

人生智慧，先是黑白，这就是"经"。然后要"审问、慎思、明辨"，在这黑白之间渐渐抓住关键，而有了中间不同的"灰阶"，这才能渐渐地学会"权"。否则，就是"食古不化"，虽然不是坏人，也做不了大事。

以情而言，佛家说要"绝情"，这不跟老子说要"绝圣去智"一样吗？没有智，老子哪能写得出那《道德经》五千言？没有情，佛菩萨何必要度众生？

天下没有坏事，把自己绑住了，就是坏事。

【3.20】哀公问社于宰我。宰我对曰："夏后氏以松；殷人以柏；周人以栗，曰：'使民战栗。'"子闻之，曰："成事不说，遂事不谏，既往不咎。"

【疏】

事君尽忠，焉可不说？然须“可与之言”(【15.8】)。宰我之言，非哀公可受，夫子故有此叹。

【钞】

人要有理想，这方面要罗曼蒂克一点。对人要多照顾点，这方面也最好多罗曼蒂克一点。但是，做事情则需要实际一点，这才能成事。

罗曼蒂克，或实际，乃对一个人的天生才性而言，这部分很难自己调整。这需要有师父的大手眼才能做些改变。生我者，父母；成我者，师父也。

注：师父非师傅；师父亦非老师而已。

【3.21】子曰：“管仲之器小哉！”或曰：“管仲俭乎？”曰：“管氏有三归，官事不摄，焉得俭？”“然则管仲知礼乎？”曰：“邦君树塞门，管氏亦树塞门。邦君为两君之好，有反坫，管氏亦有反坫。管氏而知礼，孰不知礼？”

【疏】

通篇《论语》，许以仁者，唯管仲一人。然病管仲为小器者，亦不可谓不重。管仲专齐国五十年，仅成就一霸主。管仲死，不旋踵而齐国霸业随坠，未能建立千秋万代功业。夫子五十而仕四年，风尘仆仆十四年，欲得一施展机遇而不可，管仲有此天赐良机而仅止成一霸王，仅成此小器之个人荣华功勋，岂非惜乎痛哉？不知夫子，以为汲汲营营。愈知夫子，愈服其艰苦卓绝，愈痛惜管仲之小器也。

【钞】

孔子五十岁以后的努力，就是希望得到像管仲那样的机会。而管仲得到那么好的机会，却只做成那么一个小鼻子、小眼睛的结果，太可惜了。但是，孔子也就只说了这么一句：“管仲之器小哉！”人家误以为孔子是说管仲小气，孔子只说不是小气，就没再说什么了。在其他章，弟子们对管仲的看法不以为然，孔子反而大力称赞管仲。在通篇《论语》中，只有管仲一人，得到孔子许为“仁”，这就是孔子的度量。一个人一辈子的运气，是无法强求的。这么好的一个题目，管仲把它做坏了，孔子也就是这么轻轻一句“管仲之器小哉”。这里面包含了多少惋惜，又包含了孔子自己多少的坚毅。古人的深刻，要慢慢品味、慢慢体会，才能渐渐入味。

【3.22】子语鲁大师乐，曰：“乐其可知也。始作，翕如也；从之，纯如也，皦如也，绎如也，以成。”

【疏】

八股起承转合，若唐诗宋词之韵律，本自不错。匠人运作，则丧尽天真灵气。非工具之失，匠心之过也。天下事，匠则拙矣。

【钞】

在禅宗里，有所谓“禅机”、“印证”。一个人的功夫到了一个境界，三言两语，对方就知道。甚至不说话，就个简单的动作，对方也就知道了。境界这回事，无法骗人，无法装出来的。只有下真功夫，到时候自然知道。

一个人到了境界，花开花谢、鸟语花香、涓涓流水、翠翠青山都是可以对话的，心里的充实与喜乐，全然不是外面的物质来左右的。

【3.23】仪封人请见，曰："君子之至于斯也，吾未尝不得见也。"从者见之。出曰："二三子何患于丧乎？天下之无道也久矣，天将以夫子为木铎。"

【疏】

天果真以夫子为木铎，乃夫子身后事。夫子能为千秋万代木铎，乃归鲁之后，删《诗》《书》、订《礼》《乐》、赞《周易》、修《春秋》有以致之。天命未必当世得成，然不可不戮力至最后一刻。若知天命，未有不戮力至最后一刻者也。

【钞】

许多人讲真话、讲直话，很好，但是很多时候，这些人就是讲。讲完以后，似乎是别人该去改进跟完成的事情。很多人评论政府，那就是更为辛辣，似乎政府全是一帮傻子，没做事。这些人只负责评论而已。

这不行的。这是自以为是，浪费了自己。

既然讲，就设法自己做。说自己没到那个职位，做不到，那就是推脱之词了，起码可以办个基金会什么的，在民间自己做，能做多少，是多少。

孔子就是这么一个起而行的人。他作为天下的木铎，可不是坐在家里评论出来的。他可是身体力行去做，做不到了，回到鲁国，还是不停地写。他写的东西，深刻无比，非常严厉，但是不像泼妇骂街似的侮辱。写完了，还知道自己伤了德行，说："知我者，其惟《春秋》乎！罪我者，其惟《春秋》乎！”

这，是所有讲真话、讲直话的人的典范。

【3.24】子谓《韶》：“尽美矣，又尽善也。”谓《武》：“尽美矣，未尽善也。”

【疏】

武事乃不得已，不得已之事，难为尽善也。曾子曰：“上失其道，民散久矣！如得其情，则哀矜而勿喜。”（【19.19】）此之谓担当。

【钞】

战争是不得已的事情，有它不得不战的时候。虽然不得不战，但仍然不是好事，也不是该大力庆祝的事情。因此，文王之时隐忍不发，厚积实力，渐渐得天下的民心，那是好的。武王伐纣，说是吊民伐罪，但终是“吊”，都不是那么好的事情。

孔子音乐素养必然非常之高。从音乐中可以听出境界、心情、德行。是什么境界，也就只能做出那个境界的事。说文王的《韶》乐尽善尽美，而武王的《武》乐尽美而不尽善，是很可以了解与相信的。

【3.25】子曰：“居上不宽，为礼不敬，临丧不哀，吾何以观之哉？”

【疏】

失其正位，必有大患，有何可观？若夫夫子所谓“不占而已矣”（【13.21】）。

【钞】

基本功都没做，要谈境界，是没得谈头的。

有人喜欢算命预知结果。然而人不认真，不需要算命也知道结果的。人若是认真，但是方法不对、定位不对、心态错了，也不需要算命就可以知道结果的。人要认真，同时要努力地找自己的师父。找到了自己真正的师父，生命才开始。

在佛法里，有这么一桩公案：有一次，阿难尊者静坐后，心有所感，对佛说："要成就自己，一半靠自己，另一半则要靠师父。"佛对阿难说："不是这样的。人要出离生老病死苦海，完全要靠师父（善知识）成就。"

人的生命，是师父成就的。这绝不是夸大其词。我是有了这个体会，后来才看到这一则公案。佛经上只讲"善知识"，一般人就以为是一般的老师。其实不然，人需要很多老师，但是一定要有自己的师父，才可能有点成就。泛泛的老师是不够的。

再说一遍：自己不认真，那就什么都别谈了。自己认真以后，最重要的是找到自己的师父。

里仁第四

【4.1】子曰："里仁为美。择不处仁，焉得知？"

【疏】

老子亦曰："居善地，心善渊，与善仁，言善信，正善治，事善能，动善时。"孰谓老子无为？夫子《论语》之智，正而显，老子之智，则反而隐。老子曰："建德若偷。"以予观之，老子之有为不下夫子。注老子最善本，莫若《四书》；注《四书》最善本，则莫若《道德经》。

【钞】

很多人认为老子"无为"，就是多一事不如少一事，让自己没事就是清静。认为老子"绝圣弃智"，不要用心智。这是天大的错误。如果老子没智慧，怎么可能写出这么充满智慧的《道德经》？坐在那里冥想，能想出来了？像这一段："居善地，心善渊，与善仁，言善信，正善治，事善能，动善时。"对事情没有深刻的认识与完善的处理能力，怎能讲得出来？怎么可能什么都不想、不做？《道德经》的"道德"二字，我认为老子自己说"道生之、德畜之、物形之、势成之”这一段文注解得最好。讲“德畜之”，就是要畜德，是要努力去积蓄，哪是无为？后面就讲得更清楚了：“故道生之，德畜之，长之育之，成之熟之，养之覆之。生而不有，为而不恃，长而不宰，是谓玄德。”说“长之育之，成之熟之，养之覆之”岂是毫不花工夫，坐在那里想就有的了的？这哪是无为？老子说“建德若偷”，我在演讲的时候，经常问大家，这是什么意思？出乎我意料，讲过不下数十场，竟然没有人答对过。这“建德若偷”就是积阴德的意思。建立德行，还别让人知道，就像小偷不让人家知道一样。这岂不是比孔子还积极？

别把自己看得那么伟大。除非到了“成德”的时候，才大概能够“磨而不磷”、“涅而不缁”，不受外面的影响。在那之前，人都会受环境的影响的。因此，要亲师择友，因此要“里仁为美”。

【4.2】子曰：“不仁者，不可以久处约，不可以长处乐。仁者安仁，知者利仁。”

【疏】

子曰：“好仁不好学，其蔽也愚。”（【17.8】）真智者必仁。非但己仁，且能利仁。夫子之最高修养不在仁、在智。

【钞】

有仁德的人，心中自有一股和气，源源不绝，不待外求，因此外面的境界与状况即使不好，也能够自得。要靠外面的环境来支持自己的人，快乐永远是暂时的。

每个人都是圆满具足的，不假外求。孔子这么讲，释迦牟尼这么讲，老子也这么讲。

但是，这还只是初步。除了自己要圆满具足，还要设法让别人也圆满具足，这就需要智慧。所以，“知者利仁”。

【4.3】子曰：“唯仁者，能好人，能恶人。”

【疏】

“雷霆和雨露，一例是春风。”

【钞】

不是真正为对方着想，说什么话，做什么事，都没太大意义。这一章，跟孔子讲“可与言，而不与之言，失人；不可与言，而与之言，失言。知者不失人，亦不失言”（【15.8】）意义是一样的，要以对方受益为依归。

【4.4】子曰：“苟志于仁矣，无恶也。”

【疏】

苟志于仁矣，虽未成德，不为天子，已是太子。菩提心一发，预入圣流，必成正果。

【钞】

一旦一个人努力向上，希望自是无穷。目前的缺失都是暂时的，那还有什么好指责的呢。

【4.5】子曰：“富与贵，是人之所欲也；不以其道得之，不处也。贫与贱，是人之所恶也；不以其道得之，不去也。君子

去仁，恶乎成名？君子无终食之间违仁，造次必于是，颠沛必于是。”

【疏】

贫贱，正是励德磨石，开悟之机，焉可去？富贵，有天命，不以其道，得之必祸，故不处。

《论语》乃弟子与夫子对答录。夫子为弟子而说，意深旨浅。夫子欲人人成圣贤，正答意显。且夫子欲以礼乐治天下，故重名。自修，不可重名。

非惟不可终食之间违仁，念念之间须以仁为度。

【钞】

君子爱财，求之有道。

为什么要当君子？因为当小人不舒服。当小人不合乎天道、自然、人性，当然不会舒服。

为什么要当君子？因为这是人所有存活的理由。一个人真正去找生命的意义和目的的时候，会体会到，君子是过程的一部分，不当君子都不行。

【4.6】子曰：“我未见好仁者，恶不仁者。好仁者，无以尚之；恶不仁者，其为仁矣，不使不仁者加乎其身。有能一日用其力于仁矣乎？我未见力不足者。盖有之矣，我未之见也。”

【疏】

贫富穷通，有赖因缘，故有不逮之叹。进德修业，全由乎己。

所谓力不足者，不欲用力而已。子曰："为仁由己，而由人乎哉？"【12.1】

【钞】

要做件事情，先要说服自己，起码要让自己相信。更进一层，则需要有坚定不移的信心。很多时候，不能坚持，是因为心里对那件事情并没有百分之百的相信和信心。若能坚信，没有什么事情做不成的。

相信一件事，有理性分析的部分，也有接受长辈、师长、圣人教导的非理性部分。对于理性分析部分的信心容易，对于非理性部分的信心就难了。时下一些关于"积极思考"的书籍，虽然说了不少例子，尝试讲些理由，但若是要争辩，也可以找出一样多的反面理由。到头来，还是相信与接受的问题。但是，对于自己无法分析与理解的事情就全盘接受与相信，这不是很不靠谱吗？反过来说，我们每个人不都是很多时候靠直觉反应，甚至灵感做事情，这不是一样不靠谱？所以，师父是非常重要的。刚开始的时候，从师父那儿接受许多不了解的事物，但凭着对师父的信心，就是相信，就照着做。那些不了解的，渐渐地，自己可以理解、体会了，又渐渐增长了智慧，更确定自己路没走错。说到底，这全是师父的恩赐。

人，是思想领导着。人会混乱，是因为思绪混乱、观念混乱、价值观混乱。更进一层，人是信心领导着。没有信念、信仰、信心的人，生命肯定是没有力量的。

【4.7】子曰："人之过也，各于其党。观过，斯知仁矣。"

【疏】

有无穷耐心，无尽悲心，无限希望。

【钞】

也许，一个人最大的过失，就是不认真。一个人若是认真，会有无穷的希望，也就没什么大问题了。这就是前面说的："苟志于仁矣，无恶也。"（【4.4】）一个人认真了，不代表他就成德了，是圣贤了，他还是会犯过失。从他犯的过失，反而可以看出一个人的优点。有的人，心太好，处事也就太软。有的人，要求自己太严，要求别人也严格了些。有的人，表面难于下决定，实际是因为内心不愿意伤人。

首要的是心要好。

【4.8】子曰："朝闻道，夕死可矣。"

【疏】

此盛言"道"之贵。

人不知道，虽生犹死。见道、知道，法身之始。然尚须行道、成道，方可圆满一生。

不可谓闻道、知道即已了此生。此夫子盛言道之尊贵也。

【钞】

找到了路头，正是赶路的时候，怎可轻易就死？一旦找到了路头，也就是时间早晚的问题了，一定会达到目标的。但要找到路头，也真不是容易的事。所以孔子特别强调"闻道"的可贵。

【4.9】子曰：“士志于道，而耻恶衣恶食者，未足与议也。”

【疏】

心向外，即非求道者，有何可议？此夫子“君子食无求饱，居无求安”（【1.14】）之意。

【钞】

“耻恶衣恶食”，还会是真正“志于道”吗？

不是说“志于道”，就一定要贫穷。想要帮助众生，可是需要很多钱的呢。但是说是“志于道”，还在衣着、餐食上计较，这个心，也太小了点吧？

【4.10】子曰：“君子之于天下也，无适也，无莫也，义之与比。”

【疏】

除义外，尚有可比者乎？

【钞】

通篇《论语》谈到“义”的地方很多，但是从来没清楚地说过什么是“义”。朱熹注解里是说：“义者，宜也。”也就是去做适宜的事情。那什么事情才是适宜呢？这就要知道“经”之后各种不同情况的应用。这就是我前面说的各式各样的“灰阶”。

若是要总结什么是适宜，原则上是要照顾到大众的好处，要以对方有益为主。也就是心里完全不能有自私的成分，然后行为举止做到适合自己的身份、地位等。

【4.11】子曰："君子怀德，小人怀土；君子怀刑，小人怀惠。"

【疏】

处世，君子以君子之道处之，小人以小人之道处之。只可处君子，无法成事。

子曰："君子喻于义，小人喻于利。"【4.16】。不知小人之心，何以度化之？

【钞】

真正的君子，不会自以为是君子而置身于所谓"小人"之外的。

跟不同的人，要用他们的语言说话，才能有交流，才能做生意，才能帮助他们。

对小人，要"施惠"才能让他们服气。对君子，也要"施恩"才能得人心。

【4.12】子曰："放于利而行，多怨。"

【疏】

处世、处小人，不施惠，不可行。然虽依利而行，仍须合义，方可久也。君子爱财，取之有道。

【钞】

是要施惠，但不可止于利。须教育、提携，依傍于义，否则多怨、多事、穷于应付。

【4.13】子曰："能以礼让为国乎，何有？不能以礼让为国，如礼何？"

【疏】

不能以礼让为国，因不知礼之大用。

【钞】

固然，国家需要设立"礼部"、"乐部"。有志者也可以在民间设立基金会做小范围的尝试。譬如说，研究中国、日本、韩国过去的礼节是怎样实行的。跟某个教育局合作，尝试订立开学典礼的礼节，并对校长、老师、学生宣讲为什么学生要先对至圣先师孔子像行礼，然后对老师行礼？为什么要对老师呈上教鞭，为什么老师要授以课本，同时拿给学生一把扫把？为什么学生接受课本以后要低头后退，离了数步之遥才能抬头转身等等（这是我个人想象、假设的开学典礼礼节。要让下一代能够念祖、念恩，不只是教知识，更是要在生活上教好习惯，教应对进退的礼节。）由民间做了，有些成效了，让政府教育官员来看，让政府官员看到成效与做法，再由上而下大范围地推动，也许就能够把事情渐渐做成了。

【4.14】子曰："不患无位，患所以立；不患莫己知，求为可知也。"

【疏】

子曰："不患人之不己知，患其不能也。"【14.31】

老子曰："天之道，不争而善胜，不言而善应，不召而自来，绰然而善谋。天网恢恢，疏而不失。”

注孔子最善者为老子，注老子最善者为孔子。何以不争而善胜、不言而善应、不招而自来？能有所立也。何以不患莫己知？苟有所立、苟有所能，不招而自来也。

【钞】

掌握不到事情的关键，整天跑来跑去，没有重点，成天担心结果也没用。一旦掌握到关键了，事情自然会成，到时候，还不见得要人知道自己呢。除非是有意于教化、影响一大片人，要不然，很多人知道自己，没什么用，重要的是关键的人知道自己就可以了。

一个人出名，有他的影响力，也有他的负担。越有名的人，越做不了自己，自由度越小，干扰也越多。除非是有使命，不然出名没什么好。

【4.15】子曰：“参乎！吾道一以贯之。”曾子曰：“唯。”子出，门人问曰：“何谓也？”曾子曰：“夫子之道，忠恕而已矣。”

【疏】

夫子之道，绝非忠恕而已。曾子可谓苦学，惜乎未见道也。

【钞】

自上往下，一目了然。自下望上，总见不真切。每个人只能讲出自己境界的话，骗不了人。曾子一句“夫子之道，忠恕而已矣”，就把他的底全泄出来了。

依我之见，夫子之道，“下学上达，修智弘仁”。

【4.16】子曰：“君子喻于义，小人喻于利。”

【疏】

“喻”为“明白”解，未若“比喻”解，若不知义，何以称君子？君子亦知利害，尤能因势利导而利仁。欲说服人，须以其所好喻之。

【钞】

说话、交流，不是自我的宣泄，也不是为了满足自己，而是要对对方有好处，以对方能接受为主。所以孔子说：“可与之言，而不与之言，失人；不可与之言，而与之言，失言。知者不失人亦不失言。”（【15.8】）又说：“君子怀德，小人怀土；君子怀刑，小人怀惠。”（【4.11】）这一章，也是告诉我们怎样应对不同的人。

别听到小人，就以为是不堪入目的人。一般没有远大志向的人，都是小人。一般以自己柴米油盐为重的人，都是小人。你我在许多方面，不都是小人吗？

【4.17】子曰：“见贤思齐焉，见不贤而内自省也。”

【疏】

亦“三人行，必有我师”（【7.22】）之意。然，见不贤内自省而外，亦应思何以助之。

老子曰：“故善人者，不善人之师；不善人者，善人之资。”

【钞】

功夫有自、有他。先在自己身上下功夫，进而想想如何帮助别人。批评很容易，拿出方法就需要些功夫了。批评实际上是伤自己的德行。常想想怎么做，怎么帮别人忙的时候，就不太敢批评了，因为到时候会发现，自己也做不到、做不好。

【4.18】子曰：“事父母几谏，见志不从，又敬不违，劳而不怨。”

【疏】

事父母与事君不同。事君亦须几谏，见志不从，敬不违、劳不怨，然若大节处不可，则去之、取之可也。事父母，于大节处若不可从，然敬劳不怨终生不渝。

【钞】

不是意见不同，就是大节处不同。只要没有害人的行动与心念，就谈不上什么大节同与不同。年轻人经常有一点点意见不一样，就说是价值观不同。自己的价值观还没搞清楚，怎么说人家的价值观跟自己不一样，会比自己差？人有方方面面，德行不同、性格不同、个性不同、见解不同、习惯不同、知识不同、才气不同、成熟度不同、出身不同、运气不同……林林总总，不能有一点不同，就说是价值观不同、大节不同，就要跟人绝交。

【4.19】子曰：“父母在，不远游，游必有方。”

【疏】

心系父母。

【钞】

经典的道理，要抓住精神，根据时代作不同的应用。总之，就是要让父母放心，要时时跟父母联系，心系父母。

【4.20】子曰："三年无改于父之道，可谓孝矣。"

【疏】

参照"父在观其志"章（【1.11】）。

【4.21】子曰："父母之年，不可不知也。一则以喜，一则以惧。"

【疏】

心系父母，则父母之年、父母之好、父母之体、父母之一切皆知。曰喜曰惧，一切自然，无可做作。

【钞】

人，年纪越老，就越像小孩子。对于年迈的父母就要像对孩子一样，哄着他们、称赞他们、鼓励他们、呵护他们。

人，最重要的学习是保持觉性。很多时候我们犯错，只是因为我们不自觉。我们不自觉事情已经有变化了，环境已经不一样了，而我们仍然照老方法继续。老方法原来有效，环境一变，很可能就不再有效。这就是为什么许多成功的企业，后来被淘汰，就是因为不能跟上变化。

父母也是一样。我们一直以为他们永远都是我们的堡垒，永远在我们后面，永远有办法，我们永远会想："没关系，爸爸妈妈在家。”突然有一天我们会发现，原来爸爸妈妈老了，是他们需要我们的照顾了，他们不但没办法照顾我们，甚至没办法照顾他们自己了。希望我们警觉到这一天的时候，不太晚，还能帮父母做些事情。其实，报答父母，不需要很多，只需要多一点的警觉。

【4.22】子曰："古者言之不出，耻躬之不逮也。"

【疏】

子曰："先行其言，而后从之。"(【2.13】)

此"信"之初步。老子曰："轻诺寡信。"重信必慎言也。

【钞】

这是对平日一般言谈而论。人的信用，是由说话算不算话来衡量的。说了，就一定要做到。但是，不能为了保护自己，什么事情都不承诺，这仍然是没信用。对自己都不相信的人，哪来信用？

【4.23】子曰："以约失之者鲜矣。"

【疏】

故"礼宁俭，丧宁戚。"(【3.3】)

天下事，简约则易从、易行，较能有功。"易"之三义，简易乃用"易"之理，行天下之理。

【钞】

保守一点，不容易失败。

但是，这就是千百年来，许多人对儒家的误会。认为儒家注重德行、要人少说话、要人谦虚等，都是保守心态，都是往后退的。这是天大的错误。毛泽东保不保守？不保守。毛泽东对干部训话，讲在敌后作战，要深入后方，让国民党军队跟着跑。等到时机有利，才迎头痛击。什么才是有利的时机？只有五成把握，当然不打。有八成把握，毛泽东还是说别打，起码要有九成的把握以后再打。毛泽东难道是保守的人吗？毛泽东说过："战略上要藐视敌人，但是战术上要重视敌人。"孔子也说一样。对人生、对生命、对世界，有个远大的目标，大到一般人不敢想。但是在行动上，孔子扎扎实实、步步为营。

儒家不是保守，是战术上谨慎。儒家非常恢宏大度，是战略上远大。

【4.24】子曰："君子欲讷于言而敏于行。"

【疏】

夫子不喜人多言。若"巧言令色，鲜于仁"(【1.3】)、"敏于事而慎于言"(【1.14】)、"仁者，其言也讱"(【12.3】)、"其言之不怍，则为之也难"(【14.20】)，比比皆是也。言行二者，不得其中，则顾行。所谓"以约失之者鲜矣"(【4.23】)，亦此意也。

非惟"观过知仁"(【4.7】)，观拙知仁，观拙知人，观缺知人。老子曰："反者，道之动。"反而观之，人焉廋哉！

【钞】

人，是有局限性的。换而言之，人是有方向性与专注性的，或者说，人只能在一个时间之内把有限的几件事做好。人不是神，不可能什么都会。于是，发展一个人，有其时间、位置、条件等的考虑。一个人要进步，攻他的弱项。一个人要成就，做他的强项。什么时候磨炼自己的弱项，什么时候发挥自己的强项，如何磨炼自己的弱项，往什么方向磨炼，等等，都需要师父的针砭。师父太重要了。

人只能在一定的时间之内把有限的几件事做好，因此心思放在跟人说上，说多了，放在行动上的心思就少了。在说与行动之间，当然是行动重要。人的一辈子，是看你做出多少事情，不是看你说出多少话的。

【4.25】子曰："德不孤，必有邻。"

【疏】

有光热，人必近之。但畏光热不旺也。

老子曰："道生之，德畜之，物形之，势成之。"知与不知，道皆在焉，功夫在聚德。德聚足矣，方能有势、成形。"不患莫己知，求为可知也"（【4.14】）正因"德不孤，必有邻"。

孰谓老子消极？

若深层论之，此"邻"可含天地鬼神。尤其天地鬼神。

【钞】

前面说过孔子是相信有天地鬼神的。事实上，若是没有天地鬼神，就只靠目前人间所了解的程度去做，那就太可怕、太没把握了。若无天理，弱肉强食，这社会上的人能活吗？值得活吗？

【4.26】子游曰："事君数，斯辱矣；朋友数，斯疏矣。"

【疏】

子路问事君。子曰："勿欺也，而犯之。"（【14.22】）子贡问友。子曰："忠告而善道之，不可则止，毋自辱焉。"（【12.23】）事君、待友，不可不忠。君友有失，当谏止之。然忠言、谏言以"可与言"（【15.8】）为度。

药，不论贵贱，在人能受、能愈人为依归。言亦如是。

此以君友而论，然其理则不限君友。与人交接，皆如是也。

【钞】

很多年轻人，或是比较热情的人，常常说，他要对朋友好，要讲真话，不论朋友接不接受，都要讲；即使朋友生气，还是要讲。这个观念是有问题的。朋友若是不接受，讲了有什么意义？只不过是自我满足，满足于自己认为做到了作为朋友该做的事。其实，朋友听了会生气，没关系，只要他能听得进，这才重要。也就是说，药是苦的没关系，重要的是对方愿意吃药，药能治好病。

若是不能确定对方会不会听得进，该怎么办？

我个人会谨慎地尝试去说，说了一点，对方拒绝、不听，那我就不再说。在"失人"与"失言"之间，不能恰到好处，我宁可失点言，也不愿意失人。

公冶长第五

【5.1】子谓公冶长："可妻也。虽在缧绁之中，非其罪也。"以其子妻之。

【疏】

有仁心，仍需修智。何以修智？读经看教，学、问、思、辨、行，如《中庸》所说。然读经之智，属"经智"，尚需行道以修"权智"。"权智"力行中思、辨乃得。"士尚志"，志在造福天下，修智正亦修福，所谓福慧双修是也。累世修福，则无缧绁之事。前此无福之时，心虽善，未必无缧绁之事。

总此等事，不以三世而论，难以透彻。不以三世而论，所有论处，皆嫌勉强。夫子非不知三世，非不知鬼神，对弟子，但不论耳。

【钞】

不能证明、不能了解的事情都不承认它的存在，这是非常愚蠢的、非常不科学的。譬如说，现在的西医，说是科学，其实非常不科学。中医已经在历史上证明它的效用几千年了，现在大家学了西医，中医无法用西医的理论说出来，“气”看不到，突然之间，中医就不被认可，在禽流感之类的事情发生的时候，毫无发言权。历史上发生多少瘟疫事件，不也都是中药治疗的吗？对于禽流感，西医一样有无力感，但是中医就是没有发言权。这是科学吗？这是理性吗？这是科技与唯物论的限制。

同样的道理，鬼神之事，三世之说，我们不容易用仪器证明它们的存在，但是许许多多这一类的故事有人传述。不能说因为没发生在我身上，人家说的，就都不太真实。我们需要留些空间，相信它们存在的可能，尝试接受，去体会。这才是科学、理性。

不谈三世，可以，但是有许多事情就说不圆。人们谈三世，并不会因此就导致这一世不努力。事实上，因为相信有来世，这些人会更努力。

好人得恶报，恶人反而好。不从三世来论，总是牵强，只能不谈。《论语》本来就是孔子跟学生们对答的记录。学生们的程度不高，孔子也就讲得浅。因此不谈过去世，不谈未来世，只扎扎实实把这一世做好。

孔子讲得最浅的，就够几千年来的人学不尽，让人一辈子学不完。孔子的深刻，岂是一般般？许多人批评孔子，他能做到这一点吗？蜡烛要批评太阳，那也是没办法的事情。

【5.2】子谓南容：“邦有道，不废；邦无道，免于刑戮。”以其兄之子妻之。

【疏】

子曰：“君子哉蘧伯玉！邦有道，则仕；邦无道，则可卷而怀之。”（【15.7】）子谓颜渊曰：“用之则行，舍之则藏，唯我与尔有是夫！”（【7.11】）可知夫子甚为赞许南容也。

知所先后，近道。知所进退，亦近道矣。

【钞】

前面说到唯物。唯物论，让人变小；唯心论，则让人不实际。天下本来有此物、有此理；有此理，必有此物，所谓“理事圆融”。要有理想，人才活得有滋味；要实际，人才能成事。我们要改变世界，但是是在我们能改变的范围内尽量努力，要知所进退。

【5.3】子谓子贱：“君子哉若人！鲁无君子者，斯焉取斯？”

【疏】

子曰：“中庸之为德也，其至矣乎，民鲜久矣。”（【6.29】）子曰：“道之不行也，我知之矣，知者过之，愚者不及也；道之不明也，我知之矣，贤者过之，不肖者不及也。人莫不饮食也，鲜能知味也。”（《中庸》）子曰：“不知命，无以为君子也。”（【20.3】）所谓君子，原非名位，本日用平常之德、日用平常之性、日用平常之心自然而发而已。

【钞】

生命是自己的，不在他人论断。德行也是自己的，不在他人毁誉。老子曰：“建德若偷。”行了善，还要偷偷藏起来，无根之名更是要躲，还敢贪得？君子到处都有，俗人不识，唯真人方知，也不在乎人知与不知。

【5.4】子贡问曰："赐也何如？"子曰："女，器也。"曰："何器也？"曰："瑚琏也。"

【疏】

瑚琏，虽器之贵者，仍器也。子贡年少，故有此不当之问。彼何不问："何为方不器？"若夫颜渊，必有此问。

子贡得少为足，不自进取，故"方人"。颜渊进而不止，故夫子曰："惜乎！吾见其进也，未见其止也！"（【9.21】）子贡器，因其自止；颜回不器，因彼进而不止，何器可框颜回？

【钞】

天下没有人可以限制自己，只有自己限制自己。一个人只要不停地努力，就希望无穷。所以孔子说："苟志于仁矣，无恶也。"（【4.4】）一个人不断努力、不断进步，谁可以看到最后的结局呢？又有什么环境可以框得住他呢？

功名利禄，有其不可掌控的因缘，但是境界与贡献，操之在我。孔子自己就是一个最好的例子。

但是，要进而不止，还是需要师父引领。

【5.5】或曰："雍也仁而不佞。"子曰："焉用佞？御人以口给，屡憎于人。不知其仁，焉用佞？"

【疏】

譬若为文，进退行止，须有不得不发、一泻千里之势；倏然而止，亦有无限静谧，有无限回味之余音。此在文气、文势，不在文笔。若无病呻吟、雕琢作态则俗矣。为人、语言，最上者，亦在沛然难御、进退自然，焉用佞。

《论语》言仁，有以资质而言，如本章；有以修德而言，如“苟志于仁矣，无恶也”（【4.4】）；如“好仁不好学，其蔽也愚”（【17.8】）；如“仁者，先难而后获。”（【6.22】）。有以成德而言，如“唯仁者，能好人，能恶人”（【4.3】）。有以功德而言，如“何事于仁？必也圣乎”（【6.30】）；如“如其仁，如其仁”（【14.16】）。不可不知。

【钞】

真，有两种：一是天真，一是返璞归真。天真，是每个人都有的，但不是每个人都能保持得住的。我们能努力的，就是让自己返璞归真。这就是老子所谓“如婴儿之未孩”，也是蕅益大师注解“绘事后素”的意思。只有真才是最美的，只有保持自己本来面目才是最自然的。一旦有求于外，越想表现，就越丑陋。说些巴结的话，说些讨好的话，油腔滑调，不是很看不起自己吗？

【5.6】子使漆雕开仕。对曰：“吾斯之未能信。”子说。

【疏】

天下事，不信则不能行，须坚信方有可成之机。

信，有相信、信心、信任、信用、信仰等不同。以相信而论，亦有不信、邪信、迷信、正信种种层次。然事成与不成，全赖有信。或有一时运气凑成某事情者，然长久事业，未有信，断不可成。漆雕开或不信致仕之事，或无自信，夫子悦其诚实，不因权位而动心也。

【钞】

信，这个概念太重要了。一个人若没有自信，做不了什么事情。一个人不能信任人，就无法当领导。一个人没有信仰，生命的局限性就很大。做任何一件事情之前，先问问自己“信”吗？

【5.7】子曰：“道不行，乘桴浮于海。从我者，其由与？”子路闻之喜。子曰：“由也好勇过我，无所取材。”

【疏】

子路胸无城府，虽少夫子仅九岁，仍天真状若孩童。真，有天真、有返璞归真。然须见性方为实真，否则仅天真终带幼稚。子路未见性，故夫子每针砭之。

【钞】

子路非常直爽可爱，但也带着幼稚。因此他的直没能作太多、太大的贡献，不能帮太多人的忙。所以孔子一直喜欢他，也不停地教育他。可惜子路太浅了，稍一称赞就像孩子一样喜形于色，所以难得深入。

【5.8】孟武伯问子路仁乎？子曰：“不知也。”又问。子曰：“由也，千乘之国，可使治其赋也，不知其仁也。”“求也何如？”子曰：“求也，千室之邑，百乘之家，可使为之宰也，不知其仁也。”“赤也何如？”子曰：“赤也，束带立于朝，可使与宾客言也，不知其仁也。”

【疏】

聪明、能力、才气、德行、智慧皆人不同气质。有天生者，如聪明、才气。有后天学习者，如德行。有先天气质辅以后天学习者，如能力、智慧。然最难者，为性格打造，无师父，难自雕琢。不有坚毅性格，虽聪明、智慧，难成大事。

【钞】

大家都不懂孔子。听说孔子最高境界是“仁”，孟武伯想在孔子弟子中找些助手，就问子路、冉求、公西华是不是达到“仁”的境界了。孔子不好教育孟武伯，只好在介绍每个弟子长处的同时，也委婉地让孟武伯去体会“仁”不是那么容易达到的。

就像李白说的“天生我材必有用”，但是每个人的材质是不同的。要能用人之长、避人之短，就需要有知人之明。

我个人认为，知人比知己容易。我认为老子说的“知人者智，自知者明”颇有道理。

【5.9】子谓子贡曰：“女与回也，孰愈？”对曰：“赐也，何敢望回？回也，闻一以知十；赐也，闻一以知二。”子曰：“弗如也；吾与女，弗如也。”

【疏】

“弗如也”，子贡确差颜渊远矣。颜回愈于子贡之处，于心领神会、于谦虚笃行，然子贡仅在聪明记问之间着眼。

【钞】

“弗如也；吾与女，弗如也。”传统有两个解释：一是“我跟你都不如颜回”，另一个是“不如他，我同意你，你真的不如他。”应该是第二种解释才对。颜回是孔子最好的弟子，是因为颜回谦虚、用心、认真、行动，但是子贡只以为颜回是脑筋好、反应快，闻一知十。子贡的回答差得太远了，孔子真不知道该怎么说才是，所以顺着子贡的话说，“不如他，你真是不如他。”大家把孔子思想脉络弄清楚以后，就会知道这一种解释才是对的。大家也可以好好体会体会孔子对子贡的失望与无可奈何的心境。

【5.10】宰予昼寝。子曰：“朽木不可雕也，粪土之墙不可圬也。于予与何诛？”子曰：“始吾于人也，听其言而信其行；今吾于人也，听其言而观其行。于予与改是。”

【疏】

宰我放荡不羁、天马行空之人，正须对治雕琢。夫子真可谓高明师父。

【钞】

在《论语》里面，孔子对宰我总是不假辞色。看起来，以为孔子非常讨厌宰我似的。但是，孔子说宰我是属于他“言语科”的弟子。如果宰我真像我们感觉的那么不堪，是不可能被列入“言语科”弟子的。

从宰我挑战孔子的一些问题来看，宰我有他的思想，但是个天马行空、狂妄不羁的人。对这种人，特别需要痛下针砭。也只有高明师父，能做慈母、能做严父、能做天使，也能作凶神恶煞，就看需要怎么样对治弟子的毛病。

【5.11】子曰："吾未见刚者。"或对曰："申枨。"子曰："枨也欲，焉得刚？"

【疏】

性格刚强方能成大事。然刚强非刚烈。老子所谓"胜人者力，自胜者强"，同旨也。《中庸》论为学："人一能之，己百之；人十能之，己千之。果能此道矣，虽愚必明，虽柔必强。"是知刚强性格，亦由学、问、思、辨、行而来。

【钞】

刚强跟刚烈，看似接近而实在差很多。刚强的人，不需要刚烈；刚烈的人，也不见得刚强。刚强能带领人、能温暖人；刚烈则经常会伤人。就像火，能温暖人，也会灼人。一强一烈，虽然语义上的定义与了解不同，但这是两个值得好好玩味的观念。

【5.12】子贡曰："我不欲人之加诸我也，吾亦欲无加诸人。"子曰："赐也，非尔所及也。"

【疏】

子贡之言不谬，然夫子教以"先行其言，而后从之。"（【2.13】）明眼师父，层层推进，子贡之言不谬而差矣。

【钞】

药，不在贵，在能治人病才是好。药谱，不在会背，在会用。话也是一样，不在会讲，在对人有用，在自己能做得到。

这又是师父重要之处。人都有看别人清楚、看自己有盲点的毛病。越是聪明、会说的人，越是有盲点。只有师父能针砭自己，引领自己一直向上。子贡到底是个聪明人，知道师父的好，能从师父那儿得到无穷的益处，所以孔子过世以后，其他弟子都像对父母守丧一样，庐墓三年，唯独子贡在墓边守了六年。子贡虽然不是划时代的人物，在当时已经是出类拔萃的人才了。孔子能有这种弟子，也算是有些安慰了吧。

【5.13】子贡曰："夫子之文章，可得而闻也；夫子之言性与天道，不可得而闻也。"

【疏】

初得妙处，乐谈玄说妙。真得妙处，语皆平实。真妙在悟、在行，不在言。言得，行不得，岂不自惭？

此亦窃自惭处。

【钞】

所谓"性与天道"，就是人与生命的本源处，这是人之所以为人，这是人的学习最重要的事情，孔子怎么可能藏私不谈？但是，真正能到这个程度，真正对这些问题有兴趣的人反而不多。程度不到，还是小事，对这个问题没兴趣，这就令人不解了。

我有很多的经验：我每次问人，生命有没有与生俱来的意义和目的？大部分人说有，问为什么？大部分人回答不出来，或是回答得不很好。再问，是什么？大部分人就没有继续追逐这个问题的兴趣，似乎觉得这个问题太不切实际，只是文字、逻辑的思辨，没什么意思，不好玩。我也就只有打住不讨论了。哪天到我也有些境界，不爱说、能见机而说的时候，大约也就是这种"性与天道”不可得而言也。

【5.14】子路有闻，未之能行，唯恐有闻。

【疏】

生命、天机岂待子路？

【钞】

前面的还没做好，不急着听后面的，甚至害怕听到新的。说起来，子路是为了要努力实践，还没实践好，不愿又学新东西，落得“样样通、样样松”，这当然是好事。但是学习要努力，要有“时不我与”的精神与热情，不能是玩票似的慢慢来，以为自己有无限的时间，好整以暇再说的。这样子，就不是真正地用功。所以从这一句话，就可以看出子路是个随着性子做事的人，不是真正用功的人。这，能不让孔子思念颜渊吗？

【5.15】子贡问曰：“孔文子何以谓之‘文’也？”子曰：“敏而好学，不耻下问，是以谓之‘文’也。”

【疏】

隐恶扬善乃个人修养，亦社会教育，予人以无限机会、无穷希望、无尽动力、一片光明。“为尊者讳、为亲者讳、为贤者讳”，《春秋》深意，乃夫子教化人心醇厚之必须手段也。读者其细阐之。

【钞】

孔文子在当时并不是什么特别清高或是高明的人物，因此子贡就很奇怪为什么他死后的谥号似乎还不错，而请教老师。孔子不以偏概全，还是点出孔文子的优点。

这，就是孔子所谓的“不惑”，不会因为情绪而左右一个人的判断。

【5.16】子谓子产：“有君子之道四焉：其行己也恭，其事上也敬，其养民也惠，其使民也义。”

【疏】

子曰：“无为而治者，其舜也欤！夫何为哉？恭己正南面而已矣。”（【15.5】）

子曰：“临之以庄，则敬。”（【2.20】）上对下临之以庄，则下敬。下对上事之以敬，上亦庄然待之。

子又曰：“修己以敬。”（【14.43】）故知，恭敬者，立身之本、应接之道。

夫子论“恭、宽、信、敏、惠”五者行于天下：“惠则足以使人。”（【17.5】）

子曰：“使民以时。”（【1.5】）使民而不违农时，合宜、合义也。非时尚不使民，况使民以不义之举乎？

子产，郑国贤大夫。若居天子之位，亦圣君也。

【钞】

《论语》中有非常多谈“领导”的教训，但是一般都以个人修身来看而忽略了。交友之道、领导之道，就是人我的关系和反映。人与人之间，就像镜子，是个什么人过来，大家就“映”出个同样的东西回去。君臣上下的关系虽然有角度的不同，但还是如实反映。上位的君庄重地站在人群镜子前面，在下位的臣子们就很恭敬地回应。上位的君总让下面的人得到好处，在下位的臣子们就乐为之用。这些，不都是很自然、很简单、很容易做到的“领导力”吗？一般人认为《论语》都是谈个人修身的问题也是有道理的，因为《大学》里说过：“自天子以至于庶人，壹是皆以修身为本。”只是，修身并不是做了让人家去称赞用的，修身是人在社会上待人接物、领导统驭不可或缺的基本功夫。

【5.17】子曰：“晏平仲善与人交，久而敬之。”

【疏】

凡夫畏果，菩萨畏因。见果不见因斯乃凡夫。所谓“仁者无敌”自因果两端见之，力量截然不同。圣人之言，须自因中读，须自行上看。

“仁者无敌”者，无敌念也，故得其无敌之果。因果一如也。

晏平仲善与人交者，在久而不违待友之敬之因，故其亦得朋友久而恒敬之果也。久而敬之，交友之道，因果一如。

【钞】

读《论语》有几个重点，或是诀窍：第一，是要从“因”上读，不能从“果”上会。譬如说，“仁者无敌”，从果上读，有仁德的人没有敌人，这么解释，我们能学到什么东西？没有！那是有仁德的人才做得到的，跟我没关系。若是解释成，有仁德的人没有敌念，那就有力量了，那就可以学习了。因为没有敌念，自然也就没有敌人。后面有一章，子曰：“伯夷、叔齐不念旧恶，怨是用希。”（【5.23】）“怨是用希”固然可以从果上来解释：怨恨他们的人就很少。但不如从因上来看力量大：他们很少有埋怨的念头。他们不埋怨人，别人自然也就不怨恨他们。是不？从因上来读，是不是力量大多了？这一章也是，晏婴因为对朋友从头到尾都很尊重，于是朋友自始至终也都很尊敬他。

第二，要从“行动”上来读，不要只从“理论”上来看。也就是经常问：这一章要怎么应用？前面谈的从“因”上读也有这一层的意思。另外举一章来做例子。前面有一章：有子曰：“信近于义，言可复也；恭近于礼，远耻辱也；因不失其亲，亦可宗也。”（【1.13】）从理论来看，信要合乎义，说的话才容易实践。这个解释很好。问题是如果以这个脉络来解释，第三句“因不失其亲，亦可宗也”，就怎么也说不圆。如果从“怎么做”来悟这句话，那就顺畅了：自己不知道自己做的事，是否合“义”，那就先做到“信”，做到信，就接近义了。同样，第二句：“做到恭，就接近礼了。”第三句也圆了：“用做到跟这件事情接近的道理（不失其亲），就是一个关键（亦可宗也）。”

另外，像“知者不惑”（【9.29】），从果上、从理论上来看，有智慧的人，就不疑惑。这一章读起来，味如嚼蜡，一点力量都没有。那是有智慧的人的境界，可不是我的境界。读了就忘了。问问自己怎么做，答案就在“不惑”，也就是说，不要疑神疑鬼，有智慧的人，知道什么事情可能还不清楚，要去找到答案，但不要在还没有验证以前，老是疑神疑鬼。这么读，整个《论语》，整个圣人的经典都会活起来的。

【5.18】子曰：“臧文仲居蔡，山节藻棁，何如其知也？”

【疏】

祭如在，祭神如神在。子曰："吾不与祭，如不祭。"（【3.11】）故知夫子亦祭神，且虔诚恭敬。夫子确知鬼神之存在。此病臧文仲其"居蔡"事鬼也。譬若虽知黑社会存在，亦敬而远之，然不谄事、敬礼也。藏文仲确乎不智。

子曰："事君尽礼，人以为谄也。"（【3.17】）敬与谄，在存心、在其度、在深刻不同也。

【钞】

许多人烧香拜佛，为了是求保佑。我常想、常说、也常笑：难道佛菩萨就像黑社会老大，拜祂，祂就保佑你；不拜，祂就不理你？如果是这样，佛菩萨还是远离些好，这就太势利了，就不是佛菩萨了。敬畏和畏惧，尊敬和谄媚，看起来差不多，实际上差很多。这就是人的心态问题、程度问题。孔子在《论语》里面，替我们剖析了许多似是而非的概念。

【5.19】子张问曰："令尹子文三仕为令尹，无喜色；三已之，无愠色。旧令尹之政，必以告新令尹。何如？"子曰："忠矣。"曰："仁矣乎？"曰："未知，焉得仁？""崔子弑齐君，陈文子有马十乘，弃而违之。至于他邦，则曰：'犹吾大夫崔子也。'违之。之一邦，则又曰：'犹吾大夫崔子也。'违之。何如？"子曰："清矣。"曰："仁矣乎？"曰："未知，焉得仁？"

【疏】

个人操守、修持，仅个人之事。德行未及他人、不及百姓，皆不得谓仁。

【钞】

孔子不轻许人以“仁”。要能够对人、对世道有实质的帮助，才是所谓“仁德”。

有仁心，不见得有仁德。必须有造福别人的行动与结果，才能称为德行。

【5.20】季文子三思而后行。子闻之，曰：“再，斯可矣。”

【疏】

窃有别解：一思当为与否，二思何以行之。二思而已，不待三。

然此为窃借夫子之言别解，非夫子本意。

【钞】

事前计划绝对是好的，是重要的。这就是《孙子兵法》所说的：“夫未战而庙算胜者，得算多也；未战而庙算不胜者，得算少也。多算胜，少算不胜，而况于无算乎！”

但是孙子又说了：“故兵闻拙速，未睹巧之久也。”动作要快，那岂不是筹划的时间就少了？

我个人认为：如果考虑与行动之间不能得到很好的平衡，宁可行动多些。尤其是刚开始，团队还小的时候。团队越大，影响越大的时候，还是要多动，但是需要慢些。

大家想想，任何有活力的人、企业、城市，是不是都是“动能”十足？不动，就没有生气。是要谋定而后动，但是重点是在动。

【5.21】子曰：“宁武子，邦有道，则知；邦无道，则愚。

其知可及也，其愚不可及也。”

【疏】

朱注：“宁武子，卫大夫，名俞。按《春秋》传，武子仕卫，当文公、成公之时。文公有道，而武子无事可见，此其知之可及也。成公无道，至于失国，而武子周旋其间，尽心竭力，不避艰险。凡其所处，皆智巧之士所深避而不肯为者，而能卒保其身以济其君，此其愚之不可及也。”

夫子赞宁武子之“愚”，我等难及，非坊间“愚不可及”之衍义。

百里奚于虞国灭后，随侍虞君于晋，周旋左右，以护虞君，亦其气节、忠诚异于常人，其愚亦我等不可及之处。百里奚日后为秦穆公相，成其霸业，非仅智术而已。

《中庸》云：“人一能之，己百之；人十能之，己千之。果能此道矣，虽愚必明，虽柔必强。”《朱子治家格言》云：“子孙虽愚，经书不可不读。”读经、读史，学、问、思、辨、行，乃培气节、养正气、学刚毅最佳法门也。

【钞】

一般人说“愚不可及”是非常愚蠢，是不好。但是当初这句话的出处就是这里，孔子说宁武子愚不可及，却是称赞。

我个人认为，男人或领导最重要的品质是“担当”。没有担当的人，是无法让人钦佩的。一个普通的员工喜欢抱怨和指责别人，别人会不以为然；作为领导总是抱怨和指责别人，就是推卸责任，没有担当。担当是一种勇气，是在困难的时候，能够承受一切。担当经常在困难的时候可以看得出来，同时也是练习的时候。宁武子是有担当的人，百里奚也是有担当的人，在后面《尧曰第二十》里面引用《尚书·周书·泰誓》一句话："百姓有过，在予一人。"这就是担当，阳肤为士师，问于曾子，曾子曰："上失其道，民散久矣，如得其情，则哀矜而勿喜。"（【19.19】）这也是担当。说起来，先生不能照顾妻子，在外面有女朋友，让妻子担心、受惊，就是没有担当。

做个男人，做个领导，就是要有担当！

甚至于，做个人就要有担当。这才能真正仰俯不愧于天地之间！

【5.22】子在陈，曰："归与！归与！吾党之小子狂简，斐然成章，不知所以裁之。"

【疏】

夫子叹伯牛"命矣夫"（【6.10】），夫子"归与"之叹亦可谓"命矣夫"。然命虽由天生，却由我使。夫子五十知天命后，以五十四岁高龄，风尘仆仆于道，十四年间，欲觅一平台而不可得，不可谓不努力。"归与"之叹若常人则消沉丧志，夫子不然，删《诗》《书》、订《礼》《乐》、赞《周易》、修《春秋》，教育后学而不辍，终成其千秋万代功勋。体夫子"归与"之叹，不可谓不凄凉，然圣人不以穷通减其志、弱其行。至圣不在天纵英才，在坚忍不拔。性格之锻炼与磨炼，岂浅浅哉？

【钞】

看这句话："回去吧，回去吧。"心中有无限凄凉。但是，虽然有落寞，但只有一下子，就又马上振作，百折不回。真正成大功的人，不在聪明、不在才智，甚至不在智慧、不在能力，在百折不回的坚毅。

另外，人有才气、能力、素质，斐然成章，但若是不知如何剪裁，终不成衣服，还是没用。自己要剪裁自己，非常难，这又一次地让我们体会到师父的重要。

再说一遍，师父，不是师傅，不是老师，是法身慧命的父亲。对师父就像对父亲，毫不怀疑、毫无二心，有完全的信心。师父不轻易收徒弟，徒弟也不能轻易就认师父。

【5.23】子曰："伯夷、叔齐不念旧恶，怨是用希。"

【疏】

不念旧恶，不怨于人，人亦怨希。因果一如。

【钞】

请参考"晏平仲善与人交，久而敬之。"（【5.17】）

【5.24】子曰："孰谓微生高直？或乞醯焉，乞诸其邻而与之。"

【疏】

若微生高直告诸乞醯者彼亦乞诸邻，则美矣。

【钞】

正直的人，不掠人之美，不夺人之功。微生高帮人要了一点醋，这是好事，但是来去没交代得很清楚，因此不够正直。这种事对于明眼人来说，是无法藏奸饰非的。

【5.25】子曰："巧言、令色、足恭，左丘明耻之，丘亦耻之。匿怨而友其人，左丘明耻之，丘亦耻之。"

【疏】

无论怨与不怨，待人一本正道。所谓"友"者，若"毋友不如己者"之友，乃主动、积极之结交也。"匿怨"原无可非议，然失之于"友"。

【钞】

心里怨某个人，还笑里藏刀地让他认为自己是他的朋友，这种人不是正人君子，可以远离这种人。但不是说，心里对某个人有怨气，就一定要跟对方吵架，要让对方知道自己怨恨他，只是不会虚情假意地还跟对方主动交往罢了。

问题是，如果是对自己的主管不满意，心里不免有怨，是否就不跟主管交往、交流了呢？这不可能。但若还是若无其事地跟主管交流是否就是"匿怨而友其人"呢？

这作为一个家庭作业，让大家去想想。

【5.26】颜渊、季路侍。子曰："盍各言尔志？"子路曰："愿车马、衣裘，与朋友共，蔽之而无憾。"颜渊曰："愿无伐善，无施劳。"子路曰："愿闻子之志。"子曰："老者安之，朋友信之，少者怀之。"

【疏】

《论语》中，凡子路在，必率先回答，除"季氏有事于颛臾"章（【16.1】）子路自知其非外。子路之天真、鲁直于此亦可见一斑。

老者、少者，需人照顾，皆非社会中坚工作者。社会工作大众，则需一“信”字贯穿全部（见“敬事而信”章（【1.5】）注）。

【钞】

孔子对“信”的重视，从这一章表达得最明显。孔子的志向，如果他自己不说，在我们想象中应该是“天下大同”、“礼乐之邦”、“社会和乐”之类的。不是的，孔子希望“老有所终”、“幼有所养”，然后中间一大片做事的群众，能够都讲“信用”。一个有信的社会，就是和谐社会，就是和乐社会，就是一个负责的社会。

【5.27】子曰：“已矣乎！吾未见能见其过，而内自讼者也。”

【疏】

惭、愧二字，可好、可坏。不惭不愧，无法进步提升，枉为人。然若惭愧自责而罪恶感深重，则耗神无益。如何惭愧而不伤？须人肯定则伤。诸位细体之。

【钞】

如果事情推到极致，知过能改，就能成圣人，因为只进不退；若是“苟志于仁矣，无恶也”（【4.4】），因为一直努力，只进不退，一定成圣、成德；若是真有智慧，也会一直努力，因为真智慧知道修身是最好的、知道怎么修身，当然成圣、成贤。那为什么我们真的都想做好，却一直无法做得很好呢？一在师父之有无，一在能否持续不断地努力。这样，才能看到自己看不到之处；这样，目前的缺点，假以时日，都会被改正的；这样，一定成圣成贤，成菩萨成佛。

【5.28】子曰："十室之邑，必有忠信如丘者焉，不如丘之好学也。"

【疏】

夫子固天纵之资，然夫子之异于常人者，首属好学。夫子自道："发愤忘食，乐以忘忧，不知老之将至云尔。"(【7.19】) 又云："我非生而知之者，好古，敏以求之者也。"(【7.20】) 又云："默而识之，学而不厌，诲人不倦，何有于我哉？"(【7.2】) 随处可见夫子之好学。

人之聪明才智，天生不同，然人之深刻智慧，则后天学习。人之初，性本善，"性相近也，习相远也"(【17.2】)，人之不同，在学习也。

【钞】

一个人好学，又有师父，前途不可限量。孔子真正异于其他人之处，就在他的好学。

但是，好学，还必须是心性上的学习。若是学习技艺、工艺、琴棋书画等，还不是重点。

雍也第六

【6.1】子曰："雍也，可使南面。"

【疏】

子曰："为政以德，譬如北辰，居其所而众星共之。"（【2.1】）子曰："无为而治者，其舜也与！夫何为哉？恭己正南面而已矣。"（【15.5】）可知冉雍之德。然冉雍之德，无论何如其优，必以修德、智德而论，非成德也，因其早死，一如颜渊，难于有大功于人。以德行而言，孔子许颜渊为最，在仲弓之上。此处夫子曰"雍也，可使南面"而不及其余德行科弟子，必在仲弓之智。观夫子与仲弓论简章（【6.2】），似露其机。在上者，需"明"，需"以简驭繁"。

【钞】

说冉仲弓可以为人君，当然是他的德行一定要不错，但是除了德行以外，参照着下一章来看，必然是他能够"以简驭繁"。这是在上者很重要的一个素质。老子特别强调这个素质。在上位的，本来就是"提纲挈领"，要能够知人善任，不在于自己任事。

但是，今天的管理，经理也都需要能做下面的事情，甚至许多公司要求主管也承担一部分直接的工作。这种管理方式，能够让主管们清楚自己的工作内容，而不会迷迷糊糊。对于中下主管，有它的理由，但是越往上层，定位、用人与策略的功夫越重要。参与太多下面的细节，我认为是弊大于利。

【6.2】仲弓问子桑伯子。子曰："可也简。"仲弓曰："居敬而行简，以临其民，不亦可乎？居简而行简，无乃大简乎？"子曰："雍之言然。"

【疏】

《易·系辞传》云："易则易知，简则易从。易知则有亲，易从则有功。有亲则可久，有功则可大。可久则贤人之德，可大则贤人之业。易简，而天下之理得矣；天下之理得，而成位乎其中矣。"

躬自厚而薄责于人，"居敬而行简"。

原壤之流，放浪形骸，自放于天下，"居简而行简"。

【钞】

《易经》讲"简易"非常好，但是孔子更是点出它的精神在"敬"。看起来若无其事，一切从简，但是心里非常注重事情的发展，心里不敢放松，这才是"居敬而行简"。否则，一副事不关己、随性而行样子，就是"居简而行简"了。

某天，电视上有位教授说，康熙皇帝读了孔子的所有教训，他认为就是一个字——"敬"。康熙皇帝果然不凡。

许多人读《老子》或读《金刚经》，就错失了这个关键。说是"空"、是"无"，不知道要在"有"里面去"空"、"无"，因此弄得死气沉沉。

学功夫，要学“神”，最忌“形似而神不存”。

【6.3】哀公问：“弟子孰为好学？”孔子对曰：“有颜回者好学，不迁怒，不贰过。不幸短命死矣，今也则亡，未闻好学者也。”

【疏】

夫子论好学，不在记诵，在“不迁怒，不贰过”，即在修身、在行动也。

【钞】

很明显，孔子说的“好学”跟我们说的不一样。孔子那么多弟子，竟然只有一个好学。而这个好学的学生的好学行为是“不迁怒，不贰过”。从这一章，也可以看出，孔子教学的重点，正在于心上、行为上的掌控与提升，不在知识。

【6.4】子华使于齐，冉子为其母请粟。子曰：“与之釜。”请益。曰：“与之庾。”冉子与之粟五秉。子曰：“赤之适齐也，乘肥马，衣轻裘。吾闻之也：君子周急不继富。”

【疏】

斯乃真正共产理想：大同世界，各尽所能，各取所需。

【钞】

我看这共产社会的理想，必须是要在一个大家都服气的明君之下，有共同的理想，生活也就是修炼道场才成。否则，就吵翻天了。连孔子这样的老师，弟子都还不听话，可见建立共产社会有多难？

从这一章冉有不听话，还有许多子路顶撞孔子的章句来看，孔子真是德行好、度量大，而且真是循循善诱。冉有明明违逆老师的指示，老师指出冉有不对的地方，但是丝毫不带火气。孔子度量大，并不是懦弱。从他在鲁国从政的“堕三都”看来，他可是真有勇气。从孔子辅佐鲁定公跟齐君“夹谷之会”看来，孔子有勇有谋。从《论语》里面孔子说冉求：“非吾徒也，小子鸣鼓而攻之可也！”（【11.17】）孔子是个坚强、刚毅的人，但是孔子度量真是大。对弟子犯错，只要不是大节有亏，总是能不生气，只是指出错误。光凭这一点，孔子就是圣人。

【6.5】原思为之宰，与之粟九百，辞。子曰：“毋！以与尔邻里乡党乎！”

【疏】

任职薪资异于出差补助。

【钞】

孔子任鲁国司寇的时候，任原思为家宰。任职有薪资是当然的事。有趣的不在孔子说的那句话，而在原思认为孔子给的俸禄太高了这件事。可见，原思是个谨慎自持的人，但也是个放不开的人。再看看（【14.1】）：宪问“耻”。子曰：“邦有道，谷；邦无道，谷；耻也。”

孔子的意思是不论有道无道，只看钱，都有钱，这是耻辱，但是原宪则变得不论有道无道，都不要钱，这就褊狭了。

有钱没钱不重要，器度不大、不能做事才是问题。

【6.6】子谓仲弓，曰："犁牛之子骍且角，虽欲勿用，山川其舍诸？"

【疏】

夫子信有山川之神必矣。

神不重富贵，重心纯、行正。鬼好利，神重德。低于我者皆喻于利，高于我者皆喻于义，孰是孰非、孰轻孰重、孰取孰与，明矣。

【钞】

现在的人，不信鬼、不信神也就罢了，什么都不信，只信钱，这就麻烦。钱，就像兵器，只是工具，本来没有善恶，但因为人的私心，就经常变得是罪恶之源。钱不能是目的。钱本来就是、也只能是工具。

鬼看利，人看势，神看心。何取何舍，这不是明摆着吗？

【6.7】子曰："回也，其心三月不违仁，其余则日月至焉而已矣。"

【疏】

颜回"不违如愚"、"亦足以发"（【2.9】），知颜渊乃心上用功多也，曾子三省（【1.4】），似于事上用力偏多，故有所差。

【钞】

能够警觉已经不容易了，要随时随地警觉可就不是凡人的功夫了。大家自己试试能不能三分钟念头不跑掉。这“心不违仁”虽然还不应该是念念不失的境界要求，但是注意念头的警觉性已经是非常高了。这种警觉的功夫，可不是“反省”能比的。

《庄子》谈到“坐忘”。有人问，颜回三月不违仁，是否就是专心、忘我的境界？这个问题就大了。一个人专心打麻将、专心赌博，是否就是忘我？如果是，是否就是《庄子》所谓的“坐忘”？是否就是“真我”？如果就是，那睡觉啥事不知，是否就是忘我、真我？大概不是吧？那这个“觉知”、“警觉”到底是好事情，还是不好的事情？如果说不是好事情，怎么所有的圣人都谈“觉悟”？

再增加给各位一些混乱，或是挑战。在《楞严经》里，有这么一段话：“性觉必明，妄为明觉。觉非所明，因明立所。所既妄立，生汝妄能。无同异中，炽然成异……”

那“觉”是好，还是不好呢？

点到为止。佛法不是玄学，但若不行动、不修行，只在逻辑上打转，就变成了玄学。若是玄学，佛法就不值钱了。但那天若真修行到那个地步，这些根本上的关键，就非常重要了。这一点，我需要取得大家的原谅。因为我也只是理论派而已。

【6.8】季康子问：“仲由可使从政也与？”子曰：“由也果，于从政乎何有？”曰：“赐也可使从政也与？”曰：“赐也达，于从政乎何有？”曰：“求也可使从政也与？”曰：“求也艺，于从政乎何有？”

【疏】

德可润身，智以养人。须有才智，方能度人。

【钞】

依我看，除了子贡，子路和冉求都不是太高明。在后面的章句里，孔子也说子路与冉求是“具臣”。季康子问孔子的学生能力，孔子也是替他的弟子们做做广告。虽然孔子的弟子也都不是特别成才，但是比起其他人还是好多了。

从政要有德、有智。无德、无智而从政，影响面大，是害人、伤德，最好别做。所以“子使漆雕开仕。对曰：‘吾斯之未能信。’子说”（【5.6】）。

【6.9】季氏使闵子骞为费宰。闵子骞曰：“善为我辞焉！如有复我者，则吾必在汶上矣。”

【疏】

无德无才无能而有权，则伤人伤己伤德大矣。无德无才无能莫若无权，无权尚可自保。是故孙叔敖告其子，若楚王封地，仅可求寝丘之地，以其子无才智，寝丘恶地尚可长保也。

另，良禽择木而栖，贤臣择主而事，季氏，非善主也。

【钞】

找工作，发展、薪资、兴趣、潜力等虽然都很重要，但是，若要能有所发挥，领导是谁，能不能相信、配合更重要。在工作上以发挥自己的能力而论，领导占了决定性的定位。决定跟谁工作其实是职场上一个重要而巨大的决定。

从这点看来，闵子骞不但有德，而且有智。

【6.10】伯牛有疾，子问之，自牖执其手，曰："亡之，命矣夫！斯人也有斯疾也！斯人也有斯疾也！"

【疏】

寿无德，老不死，不如绚丽夭折。然以天命言之，寿不长，亦难成其功。佛家有"命浊"之说。

【钞】

许多人把事情都归之于命，是找借口，但是有才、认真而有潜力的人夭折，留下无限遗憾，此事非人力能掌控，不用命来说，无法说圆。依我看，孔子五十以后政治上的努力不成功，就不应该说是命。

【6.11】子曰："贤哉，回也！一箪食，一瓢饮，在陋巷，人不堪其忧，回也不改其乐。贤哉，回也！"

【疏】

颜回去夫子三十岁，然已破境界对立相。颜回不改其乐，因不以陋巷、箪食、瓢饮为恶也。

【钞】

可惜颜回早死，他的境界的确高。以孔子称赞颜回"唯我与尔有是夫"而论，是把颜回拉到跟他一样的境界。颜回比孔子小三十岁，能有这种境界，其实是比孔子当年高明。从这一章看来，颜回已经破了“相对”，而进入了“绝对”的境界。颜回所以能苦哈哈，苦中作乐，是因为他根本不觉得那些穷苦有什么不好，整个心思完全没放在那上面。如果颜回知道那是穷、是苦，只是不理会那些，他依然无法那么自然，也无法得到孔子认可的。

【6.12】冉求曰：“非不说子之道，力不足也。”子曰：“力不足者，中道而废，今女画。”

【疏】

此为逻辑与智慧、价值观之异。冉有以功利着眼、以逻辑断事，度其不成则不为。以价值观、以智慧论事，虽难，仍义无反顾。

【钞】

我个人非常喜欢这一章。年轻的时候，我读这一章也没什么感觉。现在常常引用这一章来表达能力跟智慧的基本差异。

能力，经常表现在逻辑清楚、算计精明；智慧，则经常表现在有价值观、做对的事情。能力，是知道怎样把事情做好；智慧，则是知道去做对的事情。冉求很有能力，尤其有理财的能力。他对老师说，他不是不喜欢老师讲的道理，只是做不到。问题是，冉求想想做不到，就不做了。孔子整个考虑事情的方式就不一样。他认为对的事情，就是做不到，也要努力去做。譬如说，孝顺父母，是无法跟父母讲：“我能力不行，只好让你们由政府去养、去管了。”自己再怎么差，奉养父母是责无旁贷的。

在 2008 年汶川大地震之后几个月，全中国突然之间变得非常可爱。大家每天晚上回家，总看看电视，看到一些感人事迹，会流眼泪，自己能捐一点，就尽量捐一点。为什么当时整个氛围不一样？因为“不抛弃、不放弃”。这“不抛弃、不放弃”完全不是以逻辑考量。地震七天以后还挖？按照统计、分析等，人几乎是没有存活的可能，为什么还做这件劳民伤财的事？因为生命的珍贵，因为是自己的同胞，因为是自己的亲人，因为人饥己饥、人溺己溺，因为这是该做的事情。“不抛弃、不放弃”是个价值观，是做对的事情，是“智慧”的决定。怎么有效地挖掘、怎样有效地安置受伤人员、怎样有效地使用捐款等，就是能力的属性。

是价值观让人有价值。能力像钱一样，只是工具，不是目的。人要学习智慧，就是要建立起价值观。社会要和谐，就要建立起统一的价值观。一个有智慧的政府，能够在全国有效地建立起统一而和谐的价值观。

前面我个人解释“三思而行”、“再，斯可矣”（【5.20】）就是以这个角度：先用智慧考虑这事情对不对、该不该做，然后再考虑怎么做。

【6.13】子谓子夏曰：“女为君子儒，无为小人儒！”

【疏】

君子学道则爱人，小人学道为求食。“古之学者为己，今之学者为人。”（【14.24】）“仁者以财发身，不仁者以身发财。”（《大学》）

【钞】

很明显，子夏是用功的学生。孔子看子夏用功，就对他说，用功不是学知识，是要学智慧；用功不是学技巧，是学安身立命；用功不是学了为自己找碗饭吃，而是学了为大家服务。

师父，太重要了，不只是老师而已。子夏若是没有孔子这种师父，那就只是个用功的孩子，毕业以后工作不错而已。

【6.14】子游为武城宰。子曰：“女得人焉尔乎？”曰：“有澹台灭明者，行不由径，非公事，未尝至于偃之室也。”

【疏】

君子以义合，不以私合，不以利合。

澹台灭明虽清，仍需有如子游之主方可有所作为也。

【钞】

读书，要读到“言外之意”，要读到书后面去。只看表面，是无法读到书中精髓的。

这一章，若是好好读，除了章句表面、正面的解释以外，有个重点，就是孔子问了一个关键的问题：“你有不错的人才吗？”

政治、管理，以至任何事情要成功，都靠人。没有人或者人不对，都不能成事。整个历史，就是人才上场、下场。没有人才的时代，就是小丑闹场、奸宦当道。有人才的时代，就非常精彩。《三国演义》精彩，因为人才多，上上下下，热闹得很。

绝技，要能传下去，要靠“传人”。这传人，可不是任何人，是能够概括承受、有能、有品的人。办大班授课，很多人来学，热闹一阵子，绝技的精华是传不下去的。

我个人认为，孔子的传人本来只有颜渊可以，但是颜回早死。孔子许多绝艺、许多高明的政治精髓、许多智慧体会，都因为颜回死而失传了。

【6.15】子曰："孟之反不伐，奔而殿，将入门，策其马曰：'非敢后也，马不进也。'"

【疏】

辞寡莫若辞善。辞不善，莫若辞寡。

【钞】

帮人，要让人心里知道，但是面子上，似乎还是对方给了自己好处，毫无施舍、帮人的迹象。这就是胡雪岩成功的一个重点。

【6.16】子曰："不有祝鮀之佞，而有宋朝之美，难乎免于今之世矣。"

【疏】

虽曰世风日下，古犹今也，端赖我等读书人救之。此正夫子之教，所谓"大人之学"也。

【钞】

说今天这个时代变得太快了，不是以前人可以想象的。但是老子在两千五百年前就说："五色令人目盲；五音令人耳聋；五味令人口爽；驰骋畋猎，令人心发狂；难得之货，令人行妨。"是我们鲁钝，要火烧及身了，才觉得有火。有智慧的人，早就知道了。我们觉得现在这个时代逢迎拍马、只看表面，肤浅得不得了，但孔子在两千五百年前，就说了同样的话。秦始皇"焚书坑儒"是野蛮，但是一些"腐儒"以古非今、指手画脚、自命清高也的确让人烦。我建议年轻人，好好读书，看时事，看问题，但是同时也想想解决办法，尤其是实际的练习，别只是理论一大套，都期待别人去做。

【6.17】子曰："谁能出不由户？何莫由斯道也？"

【疏】

出入有户，亦即关键。是以知道为百事之首。欲知道，先知善。

"在下位不获乎上，民不可得而治矣。获乎上有道：不信乎朋友，不获乎上矣。信乎朋友有道：不顺乎亲，不信乎朋友矣。顺乎亲有道：反诸身不诚，不顺乎亲矣。诚身有道：不明乎善，不诚乎身矣。"(《中庸》)

"知所先后，则近道矣。"(《大学》)

惜乎人不由道，偏爱小径。老子亦云："大道甚夷，而人好径。"怪哉！

【钞】

我对这一章有特殊的感情。

三十四年前，第一次到毓老师的"天德黉社"上课。当时，必须先学《论语》，学完《论语》，才能学习其他的课。第一堂《论语》课，老师一开始就讲这一章，因此印象深刻。

大家都是从门进出，没有人会有门不走，硬是要跳窗户进出。人生在世，都有规规矩矩的康庄大道，不走大道，硬是要走后门、走小路、走歪路，这就非常难以理解了。

仔细想想，这一代的年轻人也很可怜，因为他们不知道有门、也不知道门在哪里。弘扬中国传统文化思想的首要工作，是先让大家知道中国传统文化思想是什么，而《论语》是第一部该学习的书。

【6.18】子曰："质胜文则野，文胜质则史。文质彬彬，然后君子。"

【疏】

譬若文章，有质无文，下品；有文无质，俗品；文质彬彬，斯为上品。

有文无质，说食数宝，难以化人；有质无文，未琢之玉，孤芳自赏；文质彬彬，然后自立立人。

【钞】

一个人质朴，很好。但也就是那个样子，是块璞玉，未经雕琢，不能放光，无法帮助人。反过来说，一个人本质不好，读了很多书，很会说话，总会说些很让人开心的话，这也没用，无法有真正的力量来感动人、影响人、帮助人。要有质、有文，才能真正成为有用的人才。

事实上，本质不好，德行不好，又很能干、学了很多东西，更会祸害人，不如不学。我们不能不给大家学习的机会，但是我们需要更加强道德教育。什么是道德教育最好的教科书？不就是中国传统文化思想经典吗？不就是从《论语》开始吗？

【6.19】子曰："人之生也直，罔之生也幸而免。"

【疏】

《中庸》："诚者，天之道也；诚之者，人之道也。"天地间，唯一“诚”，亦即唯一“真”，唯一“直”。人生于世，即在全一“诚”字。能诚之，则返璞归真，“如婴儿之未孩”（《老子》），“明明德”（《大学》），复人佛性矣。是故依直道而行，是行大道，乃“生路”，罔道而行，犹若出入不由道，鲜能平顺。罔道而能生，侥幸也。

【钞】

这一章，不好懂，但是弄清了，儒、释、道讲的都是一件事。佛法讲“佛性”、“本性”、“真性”、“真如”，道家讲“道”、“天真”、“如婴儿之未孩”，儒家讲“明德”、“中庸”、“诚”、“直”，都是一桩事。于是所有的道理，所有的修行，都是想达到这些境界。达到了这些境界，就像呼吸、喝水一样，任何事情都自然而然。越接近这等境界，就像冬天接近了火炉，也就越舒服、越能生出力量；越是远离了这个方向，也就越别扭、越会出事。这一章的意思不外乎此。

【6.20】子曰：“知之者不如好之者，好之者不如乐之者。”

【疏】

知之，理；好之，趣；乐之，命。

譬若创业，知之者，未可也；好之者，未必也；乐之者，创业必矣！

【钞】

我初学佛的时候，妈妈常常要我别太迷。我不说话，也不争，但是心里明白：不迷，怎么可能学得好？任何事物，包括技艺、工程、做生意、做学问，不迷进去钻研，只是知道个表面，是没用的。必须要迷进去，才有可能学到东西。但是，有许多人迷进去了，却出不来。于是就有佛痴、拳痴等。若是能迷进去，也能走出来，那就大概上了某个层次。

迷进去，是好知者；走出来，才能真正得到神髓，才会是乐之者。

有许多人喜欢谈理论，就像喜欢谈做生意一样。对于真正的生意人，一听，就知道是纸上谈兵。轻飘飘一句话："你去做，就知道了。"对于喜欢讲理论的人，几个实际问题一问就瞠目结舌。会做生意的人，有个机会就一头钻进去，学到本事，不会乱投资，会真正赚钱。这就是乐之者的境界。读书好谈、好讲，也只是好之者。等到学到了神髓，反而不谈了，但是乐在其中。

【6.21】子曰："中人以上，可以语上也；中人以下，不可以语上也。"

【疏】

观"可与之言"章（【15.8】），知言语之义，不在言之有理，在人能受之。道理深浅，端视人之可受与否。

【钞】

前面说"好之者"的人，不管人家听不听，自己就是喜欢讲。要到"乐之者"了，才会看人谈事，这才是乐趣。总要自己说，人家有反应、有交流才乐吧。

跟人交流，重要的不是我怎么想，而是对方怎么想。看对方能接受什么，就说什么。太高的东西，对中人以下，是谈不出名堂的。

【6.22】樊迟问知。子曰："务民之义，敬鬼神而远之，可谓知矣。"问仁。曰："仁者先难而后获，可谓仁矣。"

【疏】

所谓智者，务当务之急。务民之所当务，虽不祀鬼神，鬼神亦必佑之。

先难后获，非若朱子所谓"先其事之所难，而后其效之所得"。先难者，先人之难；后获者，后人之乐。即范仲淹所谓"先天下之忧而忧，后天下之乐而乐"者。朱子所论，与仁无交涉。

【钞】

我觉得"敬鬼神而远之"，最好的体会就是领导。有人工作，老喜欢在领导前前后后转，这不聪明。把自己工作做好，这就是"务民之义"，别老在领导前前后后转，稍稍离着领导一点距离。这样子麻烦少些。领导好，自己的业绩他自然知道，偶尔表达一下就够了，这是"敬"。领导不好，在他鞍前马后的，就只做个奴才，自己学不到功夫，跟着他，也没太大的前途。还是把自己的工作做好，该见领导的时候，态度尊尊敬敬、客客气气。平常少见面，少找麻烦。这才能保持自己平静而充实的生活。

【6.23】子曰："知者乐水，仁者乐山。知者动，仁者静。知者乐，仁者寿。"

【疏】

仁者守经，智者知权。

【钞】

许多人说孔子的中心思想是“仁”，这固然没有离题，但我认为孔子真正的理想境界是“智”。“仁”是一定要的，但是要有“智”才能做出事情来，才能真正“立人、达人”、“兼善天下”。“仁”是根本，“智”是应用。所以孔子在后面说道：“好仁不好学，其蔽也愚。”（【17.8】）

因为“仁”有根本的意思，好仁的人就有往根走的趋向。山、静、寿都有根本、不动的味道，而水、动、乐都有应用、变动的味道。

【6.24】子曰：“齐一变，至于鲁；鲁一变，至于道。”

【疏】

霸道，看似刚强胜人，不若王道之柔软长久。

【钞】

一般看起来，在春秋的时候，鲁国弱，而齐国强。但是，从孔子看来，鲁国比齐国更上一层。这一点很多人不懂。看事情、看人，不能以今天一件事情、一个公司、一个国家、一个人的强弱来看，要以长远来看。以《孟子》“天将降大任于斯人也”那一章来看春秋五贤相。开始的时候，管仲、百里奚、孙叔敖等都不惹眼，不但不惹眼，还穷憋得不得了。这就需要有慧眼的人，可以看得出他们的潜力。国家也是一样，当初二战之初的日本、德国不可一世，但是终究不行。鲁国看来弱，但是礼乐制度留下来的比齐国多，不像齐国人那么重商、势利。因此，在孔子眼中，齐国要努力的，就是往鲁国的方向走，鲁国再努力些，就更趋近道了。

要看本质，要看长远，不能只看一时，不能短视。

【6.25】子曰："觚不觚，觚哉！觚哉！"

【疏】

所谓中国礼教之邦，无礼无教，礼教之邦？礼教之邦？

【钞】

"身正为师，学高为范。"身不正、学不高，怎能称为"师范"？"名"是有框人的力量，所以孔子重视"正名"。法家之学，也有人称为"刑名之学"。《春秋》里也说"名器"不能随意。这都是很有深意的。

"名"是一种力量，也可以说是一种福报，但也是一个限制。好名的人得知道自己在要什么。

【6.26】宰我问曰："仁者，虽告之曰：'井有仁焉。'其从之也？"子曰："何为其然也？君子可逝也，不可陷也；可欺也，不可罔也。"

【疏】

所谓吃亏是福。孩子保护太过，不能受欺、不能吃亏，则断其善根矣。

【钞】

宰我挑战老师的问题其实是："好人岂不都容易受人欺骗？"孔子的回答是："君子可欺之以方，但无法陷害。"

一点亏都不吃的人，到头来是吃大亏，这就是“天之道”。这些道理老子说得很多，好好体会，渐渐就会圆融一片，非常自在。

【6.27】子曰：“君子博学于文，约之以礼，亦可以弗畔矣夫！”

【疏】

惜乎礼教丧尽，无物系心，何得不乱？

思而不学，无以广志，焉得不陋？

颜渊喟然叹曰：“夫子博我以文，约我以礼。”（【9.11】）夫子之教，有开有阖。

【钞】

格局大，要能上天，要能入地；要见林，也要能见树；要胆大，也要心细。要不然就失之褊狭。像子张就大而不实，子夏就小而不展。在《子张第十九》篇里，有不少弟子之间互相不以为然，确实不入流。颜渊就绝对不会犯这些过失。

有天生的才气，没有天生的圣人；有天生的聪明，没有天生的深度。想要格局大，需要认真学习，学习古圣先贤的经典；也需要认真行动，实践圣人教训的道理。读书，是学习；行动，也是学习。

【6.28】子见南子，子路不说。夫子矢之曰：“予所否者，天厌之！天厌之！”

【疏】

心中不悦，他人何得而知？何得而记？子路不悦，必至声色俱烈。子路去孔子九岁，虽忠事夫子，然亦质胜文而失其分。观他章子路之言，时有顶撞之语，亦常以夫子之矛，攻夫子之盾。此章，子路必亦如是，夫子一时难与言，竟至发誓。夫子与弟子之自在、无间，于此章跃然纸上。至圣先师建立师道以德，不以杀。今日师道荡然，重建师道，亦须返夫子之德行深厚自然，庶几可行。

【钞】

《论语》是孔子跟弟子、弟子与弟子之间的对答，旁边的弟子记下来的对答录。如果子路只是心里有点不高兴，旁边的人凭什么那么肯定子路心里不高兴？必然是非常明显的表情、非常明显而激烈的言语不同意老师的做法，其他弟子才能真实地记下来。看其他章，子路若是心里不高兴，也不可能不表达就轻轻松松地隐藏在心里。

不但如此，子路还最擅长“以子之矛，攻子之盾”。他一定是用孔子平常说过的话来表述老师不该见南子。这在“子路使子羔为费宰”章（【11.25】）、在“佛肸召，子欲往”章（【17.6】）、在“公山弗扰以费畔”章（【17.4】）中，都表现得很明显。这一次，孔子一时说不出话，不像后面孔子气得只说：“是故恶夫佞者！”（【11.25】）而是急得一时发起誓来了。

这一章，又可以看出孔子对子路是多么的宽容，老师、弟子之间是多么的自在，孔子是多么真性情的人。在章句之外，可以学到的东西太丰富了。

至于“予所否者，天厌之”有几个解释，这就要同学们自己去读注解了。这一基本的功夫自己要做好。基本功夫不做，只想听些玄妙的道理，不可能深入，也不可能入境界，只是糟蹋自己。

【6.29】子曰：“中庸之为德也，其至矣乎！民鲜久矣。”

【疏】

庸者，平常也。能庸即中也。

若谓中庸即平常，何为“至德”？

须知，至德即在平常。《老子》曰：“道之出口，淡乎其无味，视之不足见，听之不足闻。”道在平常，奈何人皆不能？“谁能出不由户？”（【6.17】）奈何人皆乐行小径、出入窗牖？

【钞】

禅宗里面有许多公案，就是说明“道即平常”。《五灯会元》里面有这么一则：有个律师（以修戒律为主的和尚）问大珠和尚：“和尚修道，还用功吗？”大珠和尚说：“用功！”“怎么个用功法？”大珠和尚说：“饿了就吃，困了就睡。”那个律师就不懂了：“大家都这样，岂不是大家都跟师父一样地用功了？”大珠和尚就说了：“平常人吃饭的时候，不肯好好吃饭，百种需索；睡觉的时候，不肯好好睡觉，千般计较。所以不一样。”那位律师听了没话说。

《中庸》里有这么一章：“子曰：‘人莫不饮食也，鲜能知味也。’”大珠和尚的公案几乎就是注解这一章。

《中庸》里还有这么一章：“君子之道费而隐。夫妇之愚，可以与知焉，及其至也，虽圣人亦有所不知焉；夫妇之不肖，可以能行焉，及其至也，虽圣人亦有所不能焉。”所谓“道在平常”，在圣人、愚夫愚妇身上都是一样的，也都是可以知道、做到的。但若是要真正做好，圣人也不敢说他们自己到了那么纯粹的境界。

《论语》里“予欲无言”章里，子曰：“天何言哉，四时行焉，百物生焉。”（【17.19】）看山是山、看水是水，这也有佛家说“直观”的味道。“道不远人，人之为道而远人。”（《中庸》）就是这么自自在在，直心而行，这就是道。

《中庸》以“中庸”为名，许多人读不懂《中庸》，其实它的内容、名字，就是描述人的本性，就是平常，也就是“诚”。

能平常，才是真正的不平常。本来就是平常，现在却要花功夫才能平常。人丧失本心、本性太远、太久了。难怪子曰：“中庸之为德也，其至矣乎！民鲜久矣。”

【6.30】子贡曰：“如有博施于民而能济众，何如？可谓仁乎？”子曰：“何事于仁，必也圣乎！尧舜其犹病诸！夫仁者，己欲立而立人，己欲达而达人。能近取譬，可谓仁之方也已。”

【疏】

可知仁非己修身之自受用，在能令他受用。

夫己立立人、己达达人乃有三阶段：初学未立之时，先立己，方论立人；立己以行，立人以心。已学稍知之时，立己时，亦立人，然以己先。末了近道之时，人先己后。己虽未立，然亦近矣，不虞匮乏，无后顾之忧时，不以人先，难矣真立己也。

夫子言仁，然弟子多不得其旨。子贡问“博施济众”，犹兢兢不敢“可谓仁乎”，神情毕现。

【钞】

问大家一个问题：如果有个人，博施济众，大家也都得到好处，但是这个人修养不很好，也不能确定他的出发点到底是为大家，还是为他自己，这个人算不算圣人？

述而第七

【7.1】子曰："述而不作，信而好古，窃比于我老彭。"

【疏】

"天何言哉，四时行焉，百物生焉。"（【17.19】）圣人智慧已在千年，无须创造，只需学习与发明云耳。所谓"学而时习之"（【1.1】）、所谓"温故而知新"（【2.11】）、所谓"道不远人"（《中庸》）即是此意。"君子多乎哉？不多也！"（【9.6】）

【钞】

轮子已经被发明了，一个人若是要从头开始，自己不参考任何现有的设计，要重新设计轮子，这是非常愚蠢也是事倍功半的事。但是，我们生活上，每天反复发生这种错误。因为，大部分人都不学习，就靠自己去想。没有参考的想法，很容易出错的。所以说："思而不学，则殆。"（【2.15】）登山，先登上小坡，然后再登上高山，所谓"登高以因丘陵"。为什么不读古圣先贤的书，从他们的智慧与经验里先学习，然后再自己更上层楼呢？

存在于世间的生命、生活的道理，已经够我们用了。先学习，再说创新、发明吧。

【7.2】子曰："默而识之，学而不厌，诲人不倦，何有于我哉？"

【疏】

圣人亦从凡夫起。所圣之处，正在稀松平常间。稀松平常处，至死守之，为之不倦，不令污染，即是圣人心法、行法。"君子多乎哉？不多也！"（【9.6】）公西华曰："正唯弟子不能学也。"（【7.34】）

【钞】

真正好学的人，必然乐意教人。真正有功夫的人，也乐意教人。学而不厌，但是不愿意诲人的人，书必然没有读通，心量也必然狭窄。学而不厌，必然诲而不倦。孔子是真正好学的人。

诲人跟好讲是不一样的。一是能不讲，一是止不住、非讲不可。

想想，"默而识之"是不是让我们感觉到这个人非常警觉、非常用心？

【7.3】子曰："德之不修，学之不讲，闻义不能徙，不善不能改，是吾忧也。"

【疏】

正所谓"君子忧道不忧贫"。（【15.32】）"忧道不忧贫"，则君子贫而不贫；"忧贫不忧道"，则小人不贫而贫。

子曰："不患人之不己知，患其不能也。"（【14.31】）功到自

然成。“知所先后，则近道矣。”（《大学》）

【钞】

怕没钱，就真没钱，因为“怕”。不怕没钱，不会让你就有钱，但是，钱就掌握不了你。真正会赚钱的人，从来不怕没钱，因为他知道怎么赚钱。不是钱的问题，是知道赚钱的道理。

“君子爱财，得之有道。”真正说的是，当人知道赚钱的道理、学习那个道理、掌握那个道理后，然后自然有财，自然能用财。

【7.4】子之燕居，申申如也，夭夭如也。

【疏】

“仁者安仁”（【4.2】），自然“申申如也，夭夭如也”。有文自然彬彬，无须而造作。

【钞】

我常问人一个问题：“有没有办法一个人在家一整天，不做任何事情，不打电话、不上网、不看电视、不看书、不听音乐、不做家事，也就是不做任何事情，就这么待着想事情一整天？”大部分人说做不到，少部分人说可以。如果三天呢？就几乎没有了。我只是用这个问题表达一个重点：人要完完全全跟自己在一起，是很难的。一整天什么都不做，就只跟自己在一起，大部分人做不到。大部分的人，都需要外面的事情来占据他的生命。所以说，大部分的人其实是不完整的。

别看一个老和尚在那儿打坐，是浪费时间，这可是要有功夫的。

只有一个人能够完全跟自己在一起，才能从里面产生无穷的力量，才能真正“申申如也，夭夭如也”。

【7.5】子曰：“甚矣吾衰也，久矣吾不复梦见周公。”

【疏】

夫子青出于蓝而不自知，犹以为其衰矣。

【钞】

我认为毓老师说得很对，到了这个时候，其实孔子已经超越了周公。

毓老师也说过，孔庙的大殿称为“大成殿”，孔子被封为“大成至圣文宣王”，这是说孔子乃“集大成”的人。所有过去文、武、周公等，到了孔子的时候，集其大成，所以孔子已经超越了过去圣贤的境界。

【7.6】子曰：“志于道，据于德，依于仁，游于艺。”

【疏】

君子之学有无穷喜乐于胸中，原不待外求。故夫子“三月不知肉味”（【7.14】）、“乐以忘忧”（【7.19】）、“子与人歌而善，必使反之，而后和之。”（【7.32】）夫子知天命，志向高远，亦有无穷艺术生活。

【钞】

老子说：“道生之，德畜之。”孔子就说：“志于道，据于德。”像不像一个脉络说下来的？可见儒、道并行而不悖，是相生相成的。

但是，孔子这里说的道，跟前面引的老子的道，虽然相通，却有宏观与微观的不同。老子是说天地之间的大道，孔子是说从体会天地之间大道以后，自己设定了目标，去实践那个道。老子讲天之道，孔子讲“实（诚）之者，人之道”（《中庸》）。

但是，要真正知道、体会这天道也没那么容易，孔子到了五十岁才明确。在这之前，就先“依于仁”而行，也就是用“仁”作为自己行为的参考坐标。

生活是多彩多姿的。行天命、行大道，无碍于生活的趣味，无碍于生活的艺术，反而是更有趣味、更有品位、更能艺术化，因为自在、健康。

【7.7】子曰：“自行束脩以上，吾未尝无诲焉。”

【疏】

“苟志于仁矣，无恶也。”（【4.4】）真心求道，希望无穷，圣人亦与人无穷机会。

正如（【7.29】）：互乡难与言，童子见，门人惑。子曰：“与其进也，不与其退也，唯何甚？人洁己以进，与其洁也，不保其往也。”

【钞】

这就是圣人之心、菩萨之念。圣人，也是从凡入圣，就在一个认真不已。菩萨，也是一层层修上去的，就在一个慈悲不已，不舍众生，不舍一人。

【7.8】子曰：“不愤不启，不悱不发。举一隅不以三隅反，

则不复也。”

【疏】

幼儿呵护、把手而教。及长，鞭笞而教。登堂弟子，不愤不启、不悱不发，随彼而应。入室弟子，磨炼、逼迫，无所不用其极。

尝自以为认真，注解至此，方知己之鲁钝。师父诱之矇矇然，示之不觉，明指之犹误以为他事。师父严厉要求，方怵然惊心而稍有所觉。驽马如我，鞭方知行，羞愧万分。设有一丝进益，皆师父之教也。师父之恩，昊天罔极！

【钞】

大部分的人怕挨骂，但是，很多时候，师父会训斥自己是好事。老师不训斥，是还没把自己当弟子看，自己也并没有接受他作为自己师父的地位。师父本来训斥，后来不训斥了，那就麻烦了。那就是放弃自己了。师父训斥，大概都是因为自己不开窍。但是，大部分的时候，还是自己不够认真。对于非常认真的人，一般人是不忍心训斥，只会教导。问题经常就出在自己认为已经很认真了，但其实不是真正地认真。说是冤枉，但也不是冤枉。本来就是要敲醒弟子的迷糊。如果不是因为迷糊何需师父？就是因为迷糊才特别需要师父。

弟子能不能接受训斥，这也是功夫。一点气都受不了的人，能做什么大事？能接受多大的训斥而不退的，就能承受多少教导。这是成正比的。

问个问题：若是哪天有个长辈训斥自己，但自己不认为对方有作为师父的资格与程度，该如何应对？

【7.9】子食于有丧者之侧，未尝饱也。

【疏】

“中庸之为德也，其至矣乎！民鲜久矣。”（【6.29】）圣人者，常保中庸之性而已。

【钞】

所谓至情至性，就是本性完全流露，不受污染而已。人有丧，容貌必戚，推人及己，我心也哀，至情流露，同理心而已。

反而推之，若食于有丧者之侧，大快朵颐，旁若无人，岂非无情？

【7.10】子于是日哭，则不歌。

【疏】

喜怒哀乐不可过，《中庸》曰：“发而皆中节。”故“哀而不伤”（【3.19】）。

【钞】

圣人不会长记逝去的感情，或“乐不可遏”，或“悲不可抑”。但是，参与他人丧礼等悲戚之事，转头即变，对生者、死者都不恭敬。“子于是日哭，则不歌”，就是个简单的同理心、恭敬心。

【7.11】子谓颜渊曰：“用之则行，舍之则藏，惟我与尔有是夫！”子路曰：“子行三军，则谁与？”子曰：“暴虎冯河，死而无悔者，吾不与也。必也临事而惧，好谋而成者也。”

【疏】

夫子谓少其三十岁之颜渊与己相若，可知颜渊之高。

虽曰“用之则行，舍之则藏”，不可仅待天时，仍需戮力筑因缘，求在我者也。是故夫子仍周游列国十四年。

勇气非意气。须有勇气，然仍需“临事而惧，好谋而成”。

【钞】

子路虽然只比孔子小九岁，但就像个孩子一样。听到老师称赞其他同学，子路心里不是味道，就故意问个认为老师一定会赞许自己的问题，没想到，还是得了老师一阵教训。子路的表情，我都几乎可以画得出来。是不是很生动？

孔子自己说“用之则行，舍之则藏”，但是他自己没按这句话去做，不知道孔子对颜渊讲这话的时候，是什么时候，我怀疑是五十岁以前还没出来做官的时候说的。当时颜渊只有二十岁不到。二十岁不到能有孔子称赞的这种境界，又不太实际。但是，很明显，孔子五十岁出来做官以后，就不接受“舍之则藏”，所以周游列国，一直想找到他自己的平台。到了六十八岁孔子才自己“舍”了。

“用之则行，舍之则藏”是不逆天时，但是孔子一直努力完成自己的天命。孔子到底是有智慧，还是没智慧？没有人敢说孔子没智慧，那孔子在这件事、这句话的道理，又是个怎么智慧法？孔子到底是完成了自己的天命，还是没完成？

【7.12】子曰：“富而可求也，虽执鞭之士，吾亦为之。如不可求，从吾所好。”

【疏】

诗云："永言配命，自求多福。"（《诗经·大雅·文王》）。孟子曰："求则得之，舍则失之，是求有益于得也，求在我者也。求之有道，得之有命，是求无益于得也，求在外者也。"（《孟子·尽心上》）内外之界，亦因道之深浅而不同。至佛境界，依报随正报而转，外亦内矣。知所以修福之道，外亦内矣。智者，必修福，修福亦修慧。所谓福慧双修，是双事同修，非是两橛。内外之别，端赖人之深浅而不同。

【钞】

很多人说不相信"算命"，但是人一过了四十岁，对生活、生命有点经验了，经常都相信有"命"这回事。也就是说，有些先天存在、人力无法改变的事物。讲个最简单的事实：才气是天生的，个性也是天生的，无法改变、也不需改变，无法强求、也不需强求。人生际遇，因缘际会，个个不同，也无法强求。孔子这么努力，也没得到他希望的平台，何况我们没他那么努力，还能要求什么呢？

"命"是有的，是要被承认的。但是，命也是可以改的。《中庸》里有这么一章：

子曰："舜其大孝也与！德为圣人，尊为天子，富有四海之内。宗庙飨之，子孙保之。故大德必得其位，必得其禄，必得其名，必得其寿。故天之生物，必因其材而笃焉。故栽者培之，倾者覆之，《诗》曰：'嘉乐君子，宪宪令德！宜民宜人，受禄于天。保佑命之，自天申之！'故大德者必受命。"（《中庸》第十七章）

如果说“故大德必得其位，必得其禄，必得其名，必得其寿”，既然必得其禄，那富不是就可求了吗？

就像是小时候读书，天天只准备考试要考的范围，天天去找过去考过的题目，天天去猜题，这种做法是靠不住的。若是每天做好自己的家庭作业，每天预习、每天复习，到时候不管怎么考，成绩都会不错的。孔子说的是，我们每个人好好修德，等到修到了某个程度与境界，自然有自己应该得到的位置，有那个位置该得到的俸禄，有那个位置该得到的名声，有那个位置该得到的寿命。

富贵、长寿等，都是可以改变的，但是要有正确的心态，要知道怎么改。做到正确的过程，自然有结果；为结果去追逐，那就像狗追逐自己的尾巴一样，永远在原地打圈圈。

【7.13】子之所慎：齐、战、疾。

【疏】

通幽冥之事，福祸人大矣，又非人可全知，可不远而慎之？

【钞】

战争、疾病都会影响人的生命，甚至影响一大片人的生命，当然要慎重。在这里要注意的是“齐”。

这“齐”字，一般解释就是“斋”的意思。同学们读《论语》一定要看朱熹的集注。朱熹一辈子的功夫就花在《四书》上，有他无法匹敌的功夫，虽然不是圣经，但是必须参考朱熹的说法以后，才能确认自己的看法是否完整。朱熹在这一章的说法不完全一样，也非常好。但不论是“齐”、是“斋”，都是祭祀神明、祖先的意思。祭祀神明、祖先要慎重，有几层意思。不诚心、不诚意，神明、祖先是不会理的，这是一层意思。另一层意思：神明祖先一般人看不到、摸不到，但可以体会得到，只是有不少人用自己的意思忖度、附会、自我解释神明祖先的意思，那就误了自己、也误了别人。所以，虽然知道有鬼神存在，平常面对的态度则是“敬鬼神而远之”，不可不慎。

【7.14】子在齐闻《韶》，三月不知肉味，曰：“不图为乐之至于斯也。”

【疏】

入世之初，自立重安身、重工作、拓资源，可谓适当。业稍立，应重精神修养。精神修养，一则为道，一则为艺。是夫子所谓“志道、据德、依仁、游艺”(【7.6】)。夫子之精神充实，见此章可感知。

【钞】

说起来，孔子闻《韶》那段期间是走神的时候，是失了他“觉性”的时候。孔子到齐国，他还年轻。我相信后来的孔子再听像《韶》这样的音乐，欣赏、享受照样，肉也会吃得津津有味，也能欣赏、也能享受。

毓老师当年常说，人要过智慧的生活。这是很有道理的。

【7.15】冉有曰：“夫子为卫君乎？”子贡曰：“诺；吾将问之。”入，曰：“伯夷、叔齐何人也？”曰：“古之贤人也。”曰：“怨乎？”曰：“求仁而得仁，又何怨？”出，曰：“夫子不为也。”

【疏】

子贡列言语科弟子，实非虚致。三国刘表之子刘琦于撤梯之阁楼问于诸葛孔明保身之道。孔明慎以出之“申生在内而亡，重耳在外而安”。刘琦无智，虽诚恳求教，然强人所难。差子贡之问远矣。子贡得知夫子心意，夫子尚不知子贡所问之由，毫无难言、尴尬之境，子贡高矣！

既盛赞让国之人事，必不助夺国之人事。子贡高矣！

【钞】

这一章，最能直接表达古人的智慧。

孔子周游列国，到了卫国。正好当时卫国父子争权。这一段故事，大家去查朱熹的《论语集注》，或读《东周列国志》。当时冉求想知道老师会支援哪一方。子贡说他去问去。如果是我们去问，必然就直截了当地问了。这不行。有许多事情是不能问的。尤其是在政治场合，自己需要选边站，在还不明确之前，是不能让人家知道自己心意的。明着问这些问题，是自讨无趣。像以前精明的太监，看来随意问皇帝或者太后一些问题，皇帝或是太后的心意，他们就了然于心了。这些都是智慧。

子贡进去问老师，不直接问，只问：“伯夷、叔齐何人也？”看老师的回答，他可以测知老师的心意。为什么？

子贡转了几圈，套出老师的立场，老师可能还不知道或者装作不知道。子贡真是高明。这些虽然是些小智慧，也够我们好好学习了。

【7.16】子曰：“饭疏食饮水，曲肱而枕之，乐亦在其中矣。不义而富且贵，于我如浮云。”

【疏】

夫子不介意富贵，亦不介意贫困。仅介意道之行否。质实言之，富贵贫困皆是道，但安以行之、乐而受之可也。

【钞】

有个故事很有意思：有个人买了一辆车，非常高兴。开了两天，很满意。第三天，他发现附近有个邻居有辆跟他一样的车子，也是最近买的。一打听之下，价格比他便宜不少。从此之后，他开那辆车子就再也不快乐了。我们大学同学会，有些同学是不来的，因为他们觉得自己工作不行，遇到老同学互相问近况、谈工作，相形之下，他们会难过。本来，生活是很单纯的，需求其实也不多；但是一跟别人比较，压力就来了。

为什么会跟别人比呢？讲穿了，因为自己没有一个确切的生活目标，每天人家怎么样，自己也就怎么样。人家生孩子，自己也就不敢不生孩子。人家升官，自己好歹也要弄个什么经理的头衔，走出去才光彩。这不是很可怜吗？孔子知道自己要做什么，他知道自己的天命。他是对天负责，根本就没跟人在比。人世间的是是非非、上上下下都不会干扰他。这不是非常愉快吗？

要找到自己生命的意义和目的，然后去实践、圆满这个意义和目的，生活才能充实，也才能真正快乐。

【7.17】子曰："加我数年，五十以学《易》，可以无大过矣。"

【疏】

朱注："五十作'卒'。"有理。即不知夫子言此章时已年近七十，知易殊胜，断无至五十方学之理。

【钞】

我个人好几次想读《易经》，参考书也买了不少，但是看不懂。一般讲“易辞”、“易理”，每一单章还可以体会体会，但是看“易变”，就怎么也弄不清楚，问人，也大部分语焉不详，模模糊糊。要钻进五行八卦，又太费事，没那么多时间。因此就放下来。其实对我个人最主要的原因是我认为佛经的道理更成体系、更明确，而且更有层次与有学习的阶梯。从另一个角度而言，也是有没有好师父可以教导的差别。

对于学儒但不学佛的朋友，就需要进入《易经》，否则就不究竟。从孔子这一章就已经表达出来，不学《易经》、不懂“易理”、不会“用《易》”，连孔子都还会犯错，何况其他人？

【7.18】子所雅言，《诗》、《书》、执《礼》，皆雅言也。

【疏】

子所常言，《诗》、《书》、《礼》者，即生活、政事、行为。然夫子言生活、政事、行为，皆有所据，非以己意发挥。易言之，夫子之发挥，皆有所本，非以随意测度也。

【钞】

现在的人不太读书，尤其不读经书。很多事情，依着简单的逻辑，想当然耳。这非常可怕。自误误人，浪费生命。自己能想到的，前人大概也都想过。先学习前人的智慧，然后自己再发挥，才能深刻、有用。不学前人的智慧，自己闷着头想，最多是重新做出个前人发明过的车轮。自己做出来的，还可能不管用、不够好。何不先学习呢？

正如，子曰："吾尝终日不食，终夜不寝，以思，无益，不如学也。"（【15.31】）

【7.19】叶公问孔子于子路，子路不对。子曰："女奚不曰：'其为人也，发愤忘食，乐以忘忧，不知老之将至云尔。'"

【疏】

夫子五十四岁周游列国。五十四岁当时可谓年老，彼时不若今日，风尘仆仆、舟车劳顿，非若今日汽车驶于高速公路。犹为难者，我等若求一职数月不得，则垂头丧气，夫子欲得一施展平台，十四年不得，仍"发愤忘食，乐以忘忧，不知老之将至云尔"，心中有无限自在与充实，非为完成"天命"，孰能至此？

夫子归鲁，仍坚持不懈，删《诗》《书》、订《礼》《乐》、赞《周易》、修《春秋》。卒成其千秋大业。有问，夫子成功乎？以凡夫之功成名就之心而问，斯亦劣矣。以天命而言，以"天行健，君子以自强不息"（《易经·乾卦》）而言，以身后造福千万代而言，岂能以区区"成功"二字论之？

窃每私念，不知夫子达成其天命否？愚意以为，至汉武帝独尊儒术之际，夫子天命可谓完成。无夫子，董仲舒无得而建言。天命即秉之于天，即不可只以当世而论也！

【钞】

大部分的人都希望得到快乐，大部分的人也在大部分的时候不快乐。为什么呢？快乐就那么难抓住？

有不少的调查、研究，何谓快乐的方程式。有不少的建议，不少的方程式，不少的解决方案。似乎有一个因素，若是能掌握住的话，就能快乐，即具有使命感的人，都很快乐。

这似乎跟孔子的生命轨迹很吻合。从这一章看起来，孔子就是非常快乐的。孔子到叶国的时候，大约六十三四岁，周游列国也差不多十年了。若是说打击，十年不得意的打击，也够多、够久、够深的了。但是从这一章孔子的自述看来，孔子还是非常快乐。因为孔子是在全力以赴做一件拯救人们、拯救时代的非常有意义的事情。他不是为自己，他已经跟天地合而为一，他只是在经过原本就该有的冬天。冬天就是冬天，没什么不好，为什么为冬天而不快乐呢？冬天有冬天的美，孔子可是陶醉在其中呢！

【7.20】子曰："我非生而知之者，好古，敏以求之者也。"

【疏】

"敏"者，"父母呼，应毋缓"(《弟子规》)，即时而动之意。"敏而好学"者，知有可学之事、可近之人、可问之道，不消停，即时而动也。

即令生而知之，不"博学、审问、慎思、明辨、笃行"，敏以求之，难以深入，亦无得而用世也。

【钞】

先不论孔子的政治理想、孔子的著述、孔子的教化等对人类的贡献，从孔子个人的行为，也给了我们许多深刻的教育。其中最明显的就是"学习"。没有天生的圣人，只有努力学习的圣人。

孔子给我们另外一个不是那么明显但非常重要的教育，即对天命的追求、努力和实践。

【7.21】子不语怪、力、乱、神。

【疏】

见怪不怪，其怪自败。知理修德，智慧化力。治本道生，无由而乱。不谄鬼神，自修其德，则多福。

“知所先后，则近道矣。”（《大学》）语因不语果，语本不语末，语正不语偏，此之谓善巧多智，泱泱大度。

【钞】

有很多事情，可以知道，但不需要多说。说了，说多了，就偏了。譬如说，人都有欲望，都会对异性有不可告人的幻想。这些事，不能说，说了、说多了，那就真是有病了。我们这个社会，有一个“黑社会”。这也没什么好多说。天天打听、谈论“黑社会”，这个人一定会走偏。社会里，怪、力、乱、神的事情到处都有，知道就是了，没什么好多说的。

【7.22】子曰：“三人行，必有我师焉：择其善者而从之，其不善者而改之。”

【疏】

“夫子焉不学，而亦何常师之有。”（【19.22】）

“天何言哉，四时行焉，百物生焉。”（【17.19】）扬眉瞬目皆是道，言语静默皆是学也。

老子曰：“善人者，不善人之师；不善人者，善人之资。”

【钞】

学习的第一步，是从书上学东西、从老师处学东西；第二步，就是从别人身上学东西；第三步，是从天地自然学东西。我想，第四步，是从自己的本性学东西。

【7.23】子曰："天生德于予，桓魋其如予何？"

【疏】

与"子畏于匡"章（【9.5】）合参。枪斧岂有眼，见夫子而闪避？

老子说："盖闻善摄生者，陆行不遇兕虎，入军不被甲兵；兕无所投其角，虎无所用其爪，兵无所容其刃。"刀箭岂有眼，兕虎岂认人？

《易·谦卦》云："谦，亨，天道下济而光明，地道卑而上行。天道亏盈而益谦，地道变盈而流谦，鬼神害盈而福谦，人道恶盈而好谦。谦尊而光，卑而不可逾，君子之终也。"

人生天地，敬鬼神而远之，然不可谓无鬼神而不知敬慎。"举头三尺有神灵"，知或不知、信或不信，不改事实。圣人之言，屡屡慎而言天、言神，皆自知渺小而努力，我等凡夫焉可放言不慎，自伤己身？

【钞】

孔子这句话，口气非常大。孔子的意思是说，有谁想对他不利，就是跟天作对。孔子的意思是说，他是上天派来的使者。为什么孔子有这么大的自信？

答案从“子畏于匡”（【9.5】）章里透出来端倪。

【7.24】子曰：“二三子以我为隐乎？吾无隐乎尔。吾无行而不与二三子者，是丘也。”

【疏】

与夫子“天何言哉”（【17.19】）合参。

道不远人。师父放身示以大道，弟子不识；放言示以途径，弟子不信；教育以鞭捶，弟子不受。逮弟子哭泣欲学，却以为师父器小而隐。今之师父亦难哉！

【钞】

年轻的时候，毓老师讲《论语》，说：“我说得那么清楚了，你们还听不懂？”当时，我还认为老师没讲清楚，教学方法太老式了。现在，看同一部《论语》，常常感觉奇怪，为什么以前没看到这个意思？现在反反复复跟年轻同学说《论语》的道理，等到同学们问问题的时候，我很惊讶似乎同学们完全没体会到我所表达的。刚开始跟同学们讲《论语》的时候，有朋友对我说，我讲的“干货”很多，别一次讲完了，以后就没得说了。我笑笑，依然如故。很多道理，需要反反复复说，需要以不同的方式、不同的脉络来说，经过一段时间以后，同学们才能突然之间开窍。

孔子的学生也是一样，听不懂，反而认为老师有些道理藏着没说。孔子都说了，只是他们听不懂、记不得而已。

难怪老子要说：“二三子以我为隐乎？吾无隐乎尔。吾无行而不与二三子者，是丘也。”

【7.25】子以四教：文，行，忠，信。

【疏】

夫子教人以文、行，所谓“博我以文，约我以礼”(【9.11】)，可知矣。此当措意者，在忠、信。夫子重信，曾明言之，如“大车无輗，小车无軏”章(【2.22】)所示。此尤当措意者，则为忠矣。

夫子言“忠”章句亦甚多，仅无“人而无忠，不知其可也”之文。然观其忠信屡屡并言，观其待友、事君皆重忠之文，可知“人而无忠，不知其可也”之意在焉。待友、事君曰忠，奉父母、事师长则曰孝。孝亦忠之根本、忠之极致，忠孝一体可知。

实言之，人而不忠，则不可信，亦无担当矣。宁武子之愚，百里奚之不弃，岂非忠乎？不忠，则不得人信。虽欲信，不忠，是谓“小信”，终无担当，终无深度，终不得见重。忠之重，未可轻言，夫子以忠信而教，确乎中的！

朱子注忠乃“尽己”之谓，未能尽致其意。

【钞】

忠孝是一体的。一个人不能忠、不能孝，是无法真正得到别人信任的。对长官不忠，无法得到长官的信任；对朋友不忠，无法得到朋友的信任；对下属不忠，无法得到下属的信任；对妻、对夫、对子女不忠，无法得到枕边人与孩子的信任。忠乃一生能成事与否的关键，不能不特别注意。一旦犯了“不忠”的记录，几乎永远不能洗刷别人对自己的信任，要非常注意学习与实践。

许多人认为孔子说忠，是为了替封建上层愚民。这真是太愚蠢了。你自己的妻子、丈夫对自己不忠，你愿意跟他待吗？你的下属对你不忠，跟其他人暗通款曲，你会重用他吗？你不相信你的长官，因为他可能随时随地背后把你给卖了，你会放心替他卖命吗？我们自己都不能容忍不忠的人，为什么孔子提出忠的重要，我们就会认为他是替封建社会愚民呢？

今天的社会，正是少了这个“忠”字，社会一片混乱。我们提倡要“信”，或许不如提倡“忠”更直接、有力。只是强调“忠”，也会被人误会是别有用心。别有用心，就随他去想。我是绝对不会用不忠的人，我是自己要做个能忠的人。

忠，是有深度的。真正被诟病的，是“愚忠”。但是我认为，“愚忠”比“不忠”有更多、更大的机会。

忠，忠心耿耿，太重要了。

【7.26】子曰：“圣人，吾不得而见之矣；得见君子者，斯可矣。”子曰：“善人，吾不得而见之矣；得见有恒者，斯可矣。亡而为有，虚而为盈，约而为泰，难乎有恒矣。”

【疏】

有德、有智、有能，个人可安身立命、随手助人。然成大功者，须更有勇气、毅力。

不有真实，难有毅力。

【钞】

孔子跟平常人最大的不同，前面说过，就是“好学”。其实，这“好学”还隐藏了后面好几层意思：有好奇心、愿意学习的人其实很多，但是能为学习付出许多心血的就少，能有多少人“朝闻道夕死可矣”（【4.8】）？能为学习付出心血的也有，但是能持之以恒的不多。也有能持之以恒的，但是到了五十岁、六十岁、七十岁还像年轻人一样“求知若渴”，这就不一般了。

差别在能不能认识到自己的“天命”。一旦知道自己一辈子的目标，就没有松懈的时候，也没有不充实、不快乐的时候。

【7.27】子钓而不纲，弋不射宿。

【疏】

《孟子》曰：“闻其声不忍食其肉，见其生不忍见其死，是以君子远庖厨也。”佛家可食肉，但仅食“三净肉”，所谓“不见所杀，不闻所杀，不为我杀”，皆为长养善心也。“子钓而不纲，弋不射宿”亦然。

【钞】

大部分的人对事情的看法，就是个二分法，缺乏深度，也缺乏细致的“灰阶”。有人说，“钓而不纲，弋不射宿”是自欺欺人，不还是钓了、射了？难道被钓起来的、被射死的就不可怜了？如果事情就是这么简单的二分法，那没人活得下来，那就都只有像伯夷、叔齐一样，“不食周粟”，饿死首阳山下。

我们为了保卫自己，不得不挺身而战，但不是为了杀戮。所以《孙子兵法》讲：“凡用兵之法，全国为上，破国次之；全军为上，破军次之；全旅为上，破旅次之；全卒为上，破卒次之；全伍为上，破伍次之。是故百战百胜，非善之善者也；不战而屈人之兵，善之善者也。”

做法官的，对犯错的人，一定得审问、一定得判刑，有时候还不得不判重刑。但是必须有颗仁心。所以后面有一章：孟氏使阳肤为士师，问于曾子。曾子曰：“上失其道，民散久矣！如得其

情，则哀矜而勿喜。”（【19.19】）

是的，在现代，若是真正不忍心，那就吃素吧。不能吃素，也不能因此就说反正其他动物都该死，怎么死法都是一样。所以佛家讲“三净肉”跟孟子的“不闻、不见、远庖厨”的意思是一样的。这里“钓而不纲，弋不射宿”也是这个意思。

现在再看《中庸》里这句话，能体会出意思来吗？

仲尼曰：“君子中庸，小人反中庸。君子之中庸也，君子而时中；小人之中庸也，小人而无忌惮也。”

【7.28】子曰：“盖有不知而作之者，我无是也。多闻，择其善者而从之；多见而识之；知之次也。”

【疏】

若谓多见而识之为知之次，何为知之首？学者其细参之。

【钞】

在禅宗的学习里，很多时候，师父不把答案直接讲出来。讲出来了，反而断了人的善根。因为学习是要自己去“悟”出来。若是别人直接说了出来的，体会是没那么深刻，也就缺乏力量的。

孔子在这里说“多闻、多见”是“知之次”，那什么是“知之首”呢？

我个人是有个答案，在《中庸》里面有，我也在这本书里提到，就算是给大家的家庭作业吧。

【7.29】互乡难与言，童子见，门人惑。子曰：“与其进也，不与其退也，唯何甚？人洁己以进，与其洁也，不保其往也。”

【疏】

何以谓“过而能改，善莫大焉”(《左传·宣公二年》)？因其进步也。人非圣贤，孰能无过，但能“苟日新，又日新，日日新”(《大学》)，则有无穷希望。人生世间，希望可贵。君子提携、劝进后辈无穷希望。

“苟志于仁矣，无恶也。”(【4.4】)

【钞】

这就是圣人的“仁心”，也就是圣人的“智慧”。一般人就是“爱之欲其生，恶之欲其死”(【12.10】)。孔子不会因为“互乡难与言”，就失掉他对事情的公平对待。

【7.30】子曰：“仁远乎哉？我欲仁，斯仁至矣。”

【疏】

人之初，性必善。人性若非本善，则一切善行皆做作，作呕之极。若非本善，则做作之丑，无由而知。人性本善，“如恶恶臭，如好好色”(《大学》)，故做作无得而藏。

人性本善，故能我欲仁斯仁至矣，因原本在我。

孟子曰：“万物皆备于我矣。”(《孟子·尽心》)。六祖则曰：“一切福田，不离方寸，从心而觅，感无不通。”(《六祖坛经》)夫子此“我欲仁，斯仁至矣”，皆一事也。

是所以曰“印心”也。

【钞】

从这一章看来，人之所以不成圣贤，就因为“忘了”。既然，我欲仁斯仁至矣，也没有人不想进步，不想成圣贤。那我们进进退退，不就是每次忘了自己的本性、忘了自己的功课、忘了自己在干什么吗？

所以孟子说：“学问之道无他，求其放心而已矣。”（《孟子·告子上》）。孟子讲的学问，也不是知识，就是做人、做事、进德修业。只要把放丢的心收回来，就成了一大半了。

【7.31】陈司败问昭公知礼乎，孔子曰：“知礼。”孔子退，揖巫马期而进之，曰：“吾闻君子不党，君子亦党乎？君取于吴，为同姓，谓之吴孟子。君而知礼，孰不知礼？”巫马期以告。子曰：“丘也幸，苟有过，人必知之。”

【疏】

子贡曰：“君子之过也，如日月之食焉。过也，人皆见之；更也，人皆仰之。”（【19.21】）不遭人嫉是庸才。遭人嫉而能自反，君子也。

【钞】

这一章，有好几个解释，同学们要好好看朱熹的《四书集注》。前面说过，有许多话是不能说的，有时候是身份问题。譬如说，父母犯错，人家指责，不但不能说，很多时候还不能接受。

不能只从对答的话谈问题，要从每个人的身份、位置看问题。我们也要知道自己的身份、定位，要守好这个“位”。所有的言行举止，都围绕着这个“位”而说、而不说，而做、而不做。

【7.32】子与人歌而善，必使反之，而后和之。

【疏】

观“必使反之”，夫子活泼、自然、戏耍之状，跃然纸上。

【钞】

一般人对圣人都有错误的想法，好像圣人不苟言笑，一板一眼，似乎是连上厕所都有步骤的。圣人也是人，其实圣人是更接近人的人。因为圣人活得更自然、更自在、更愉悦，活明白了，知道怎么活了，才说出这些“诚”、“本性”、“中庸”等道理。这一章，孔子听了人家唱歌唱得好，一定要他再唱，然后孔子合音。这多自然！半强迫地要人再唱，多么的率性！然后合音，又是多么的雅致！这种情趣的生活，怎不令人欣羡？

【7.33】子曰：“文，莫吾犹人也，躬行君子，则吾未之有得。”

【疏】

夫子非谦虚，实情也。若能躬行所知至极，则非佛不行。

【钞】

功夫越深，的确是越谦虚。但同时，功夫越深，也就一定越真实。不会说虚话、干虚事。孔子就会说：“天生德于予，桓魋其如予何？”（【7.23】）也说：“匡人其如予何？”（【9.5】）这口气不大吗？大到天上去了。这些口气都源自孔子的信心，孔子说这些话是真实的，不是逞口舌之快。同样的道理，孔子这里说“躬行君子，则吾未之有得”也是真实的。我们有我们未得之处，孔子也有孔子未得之处。真实，才是圣人。

【7.34】子曰："若圣与仁，则吾岂敢？抑为之不厌，诲人不倦，则可谓云尔已矣。"公西华曰："正唯弟子不能学也。"

【疏】

有能而惧人过己、不愿教人者，非真能。有上位者，不用过己之才，因心虚，终不能成事。真有信心者，不藏私，乐教人。

夫子不敢自居圣与仁，仅自认好学，亦非谦虚，因居圣、仁则有不进之意，夫子好学不倦，乃不知有止也。

【钞】

跟上章说的一样，孔子说的是实话，公西华说的也是实情。

真正好学的人，一定乐于诲人。不乐于诲人的人，不是真好学。这是一体的两面，无法做作、隐瞒的。

【7.35】子疾病，子路请祷。子曰："有诸？"子路对曰："有之；《诔》曰：'祷尔于上下神祇'"子曰："丘之祷久矣。"

【疏】

"诚者，天之道也；诚之者，人之道也。"（《中庸》）祷之时，即用诚之时。夫子无时无地不诚，无时无地不合天道，非子路心外取法者可知。

【钞】

这一章很有意思。

孔子生病了，子路就去求神祷告，希望神能保佑孔子，让孔子快快好起来。从孔子跟子路这一段对话，同学们认为孔子是相信有神呢，还是不相信有神呢？是相信祷告有用呢，还是不相信祷告有用呢？

孔子问子路，祷告有用吗？有这回事吗？子路说有，子路还引经据典，说出有的理由。从孔子问“有诸”来看，孔子不相信祷告有用。孔子听了子路的回答以后，又说“丘之祷久矣”，似乎又承认有祷告这件事。

就当个功课，大家体会体会去吧。

【7.36】子曰：“奢则不孙，俭则固。与其不孙也，宁固。”

【疏】

人不能中道而行，当取谦退，乃有无穷希望。

【钞】

真正的好书、好师父，不在讲道理，而在教方法。道理讲得非常圆融，做不到，还是零。要怎么做，这就是功夫了。

没有人是十全十美，都有不足之处，都是从不能恰到好处学起。不能恰到好处，那该怎么做？这段文，孔子就建议以“谦退”为重。这其实是老子整个的教育方针。

但这是一般道理，对每个不同的人，还会有不同的建议。譬如在“闻斯行诸”（【11.22】）这一章里，同样一个问题，孔子对子路和冉有的建议就刚好相反。这又再一次表达了师父的重要性。我们读这些经书，其实只是读了些“药谱”。怎么下药，还是要靠老师傅最快、最有效。

【7.37】子曰：“君子坦荡荡，小人长戚戚。”

【疏】

无私则戚无可戚之地。

【钞】

问大家一个问题：菩萨是“有情大道众生”。因为有情，所以“慈悲”，因为有情，所以不成佛。“慈悲”跟“执着”有什么关系？如果不是执着，那就已经成佛了。如果也是执着，难道还有好的执着与坏的执着之分吗？那慈悲是不是也是执着的一种？

再问大家一个问题：佛法不是说要“空”吗？这么努力地要度众生，这怎么个空法？

这些问题，跟这一章有相通之处。

【7.38】子温而厉，威而不猛，恭而安。

【疏】

“雷霆和雨露，一例是春风。”能春生，亦能秋杀。用补、用泄、用毒，端视病者而变。

【钞】

孔子这么认真的一个人，绝对是严肃的。孔子心怀天下，绝对是宽广的。孔子对一切人、一切事都恭敬，绝对是和睦的。孔子艺术修养很高，绝对是优雅的。把这么多的素质摆在一起，不就是“温而厉、威而不猛、恭而安”吗？

泰伯第八

【8.1】子曰："泰伯，其可谓至德也已矣。三以天下让，民无得而称焉。"

【疏】

老子曰："善行无辙迹。"又曰："建德若偷。"圣人者，若一鼻孔出气，何以至此？

【钞】

很多人认为老子消极，孔子积极。我觉得这是天大的冤枉。我认为老子可能比孔子还积极。孔子是从正面讲道理，老子从反面讲道理。从正面讲道理，就像是教训。从反面讲道理，就要让人思索。正面讲道理，尤其是《论语》，只是对孩子应答而已，比较浅。从反面讲道理，就比较深。不能说孔子的境界比老子浅，因为对象不同，方法就不同。就像诺贝尔物理学奖得主到高中去讲一堂物理课，不能说他的程度只有高中程度一样。

平常孔子要人修身，跟弟子说要"宗族称孝焉，乡党称弟焉"（【13.19】）是正面讲，老子就说要"建德若偷"是从反面讲。像这一章，孔子讲的，跟老子说的“善行无辙迹”是一样的道理。

我常说，注解孔子最好的就是用《道德经》，注解老子最好的就是用《四书》。这样，正面、反面就都照顾到了。只是要读通才行。

【8.2】子曰：“恭而无礼则劳，慎而无礼则葸，勇而无礼则乱，直而无礼则绞。君子笃于亲，则民兴于仁；故旧不遗，则民不偷。”

【疏】

今日之重，在兴礼。此乃国家应首重之事。而兴礼，可自学校上下课之敬礼、开学之典礼等入手。弘扬中国传统文化，此为最重之事。

孝，自人心最自然处长养人之善，社会日渐淳厚。以政治论之，孝，亦提纲挈领之高明手腕——君子笃于亲，则民兴于仁。为政不在多方，在提纲挈领。

【钞】

没有规矩，不能成方圆。越是巧匠，越是会用规矩。法律不是规矩。法律只是消极的限制。它画了个框框，只能惩罚出了框框的人，但是它无法教人在框框里如何悠游自在，跑得很快，而不会撞到别人。虽然大家都有心想要做好，法律却无法教人如何做好。礼，可以。礼，就是规矩。有心做好，就需要有依止处、有入手处。礼，可以正面地造就框框里的和谐，法律不行。礼，可以引导人心悠游自在、优游自得。

【8.3】曾子有疾，召门弟子曰："启予足！启予手！《诗》云：'战战兢兢，如临深渊，如履薄冰。'而今而后，吾知免夫！小子！"

【疏】

曾子紧约，令人不胜负荷。动则曰："任重而道远"、"死而后已"(【8.7】)，又曰一省、二省、三省(【1.4】)，今又引《诗》云："战战兢兢，如临深渊，如履薄冰。"(《诗经·小雅·小旻》)。行故当紧约，然至死仍若蒙读小儿，则亦固陋矣。至死，仅手足全，焉足免乎？至死，需德不蒙玷，进而立人、达人、兼善天下，方可免夫！

【钞】

把曾子的章句都摊开来看，就会发现曾子收得很紧。就像孔子所说的"狷"者。身体发肤，受之父母，当然要珍惜，但是更要珍惜德行，要让自己有德，能够光大父母门楣。否则，什么事不做，守了个身体，又怎样？不是身体不重要，而是有比身体更重要的东西。

我认为，孔子只有一个真正的传人，可惜早死，就是颜渊。其他弟子虽然不怎样，但是孔子的教育能留下一点，还是靠那些收得紧的弟子像曾子、子夏。如果不能得其中，如果没有师父的带领，宁可先守紧一点，起码不散、立得住。守不紧，很可能散了，就是师父来了，也难兜起来。

【8.4】曾子有疾，孟敬子问之。曾子言曰："鸟之将死，其鸣也哀；人之将死，其言也善。君子所贵乎道者三：动容貌，

斯远暴慢矣；正颜色，斯近信矣；出辞气，斯远鄙倍矣。笾豆之事，则有司存。”

【疏】

人之将死，仍仅言此细小表面个人之事，吾不欲论矣。

【钞】

是不？曾子到死，还只是记得这些细细琐琐的小事。评判先人，是有失身份，不够厚道。大家自己看吧。

【8.5】曾子曰：“以能问于不能，以多问于寡；有若无，实若虚，犯而不校。昔者吾友，尝从事于斯矣。”

【疏】

此谓颜渊。明末僧人蕅益大师之论最佳：在曾子，只见其能、其多、其有、其实，而颜渊则不见、不知己能、己多、己有、己实。曾子务外，心有高下。颜渊胜人之处，正在其心平无高下。

【钞】

孔子只称赞颜渊一个人，我看也只有颜渊到了“破相对、入绝对”的境界。所以，“一箪食，一瓢饮，在陋巷，人不堪其忧，回也不改其乐”（【6.11】），因为颜渊不觉得那是苦，没感觉。看到别人有些东西自己不知道，就跟人请教，原没想到对方懂得比自己多，还是比自己少。曾子就不同了，他就看到颜渊的多，人家的少；颜渊的能，人家的不能等。

去掉差别心，浑然没有人我，可不是那么容易的。

【8.6】曾子曰："可以托六尺之孤，可以寄百里之命，临大节，而不可夺也。君子人与？君子人也。"

【疏】

担当乃所谓"男子汉"之质。人无担当，妻女皆不可依靠，遑论托孤、托国？托国、托孤须有胆、有识。无胆、无担当，亦难有过人之识也！

【钞】

曾子这句话倒是很好。曾子另外"上失其道，民散久矣"（【19.19】）那句话，也特别得好。一个男人，在外面拈花惹草，让太太、孩子都不能安心，没有安全感，他还能照顾其他什么人？

现在的人，不读书、没有担当，是两个大问题。要有担当，也要从多读书而来。读了这些句子，看到宁武子、晏婴、百里奚等人的故事，自己不也油然而生"有为者，亦若是"（《孟子·滕文公上》）的心吗？这就是读书让人深刻，读书变化人的气质，读书让人渐渐有担当。

【8.7】曾子曰："士不可以不弘毅，任重而道远。仁以为己任，不亦重乎？死而后已，不亦远乎？"

【疏】

曾子格局嫌狭促。仁以为己任，非义袭之也。进德修业，格局日广，悲天悯人之心油然而生，仁以为己任，乃集义而生，不得不然，何有轻重？犹言孝顺，人自当为，何可歌颂？有何轻重？

【钞】

我非常抱歉，对曾子有成见。

曾子说："仁以为己任，不亦重乎？"似乎这是人家给自己的责任，压得喘不过气来。一旦自己"明明德"了，自然而然会愿意帮别人忙。看到别人痛苦，怜悯之心会油然而生，自然而然会产生仁心。等到自己学习了，智慧高了、能力强了，就会试着照顾更多的人。这都是自自然然的，怎么会去想重不重呢？这事跟人家无关，重不重是做给谁看呢？谁说"死而后已"？若是真正了解生命无限，死了也不停的，反正就只有这么一件事，永远做下去，远也是这么做，近也是这么做，哪有远近？远近是说给谁听的？

【8.8】子曰："兴于诗，立于礼，成于乐。"

【钞】

自己未读"诗"，不知"礼"，不知"乐"，是没有发言权的。

【8.9】子曰："民可使由之，不可使知之。"

【疏】

断句当为"民可使，由之；不可使，知之。"或"民可，使由之；不可，使知之。"此二断句，意有不同，高下亦不一，读者其细阐之。

【钞】

很多人拿了这一章，说孔子是愚民政策。先别说这一章怎么解释。若这些人真正好好读了《论语》，只要稍微了解一点孔子，

都不会说出这种毫无见识的话。子曰："道听而涂说，德之弃也。"(【17.14】)

孔子非常重视教育，说过"不教而杀，谓之虐"(【20.2】)，让老百姓上战场打仗，不更是"使民"吗？怎会不使知之呢？

令我惊讶的倒不是一般人的道听途说，而是这一章并不是关系到心性等深入的问题，朱熹竟然没有注出真意来。

【8.10】子曰："好勇疾贫，乱也。人而不仁，疾之已甚，乱也。"

【疏】

"好勇不好学，其蔽也乱。"(【17.8】)疾贫则不安于分。

甚疾人之不仁，己亦不仁。不仁相疾，乱必生矣。

【钞】

这一章，前半句，直截了当，容易懂。有意思的是后半句。

看不起人家，自己就已经犯错，就已经让人看不起了。看不起人家，即使人家是错的，但是自己也只把自己摆在跟他一样的格局上，为什么不疼惜人家、怜悯别人，帮人家一把呢？

以暴制暴，终究是暴。以不仁疾不仁，想不乱都不成。

【8.11】子曰："如有周公之才之美，使骄且吝，其余不足观也已。"

【疏】

骄吝者必浅，浅则有何可观？

【钞】

人若不深刻，没德行，最好没才。有才反而把自己给害了。才气、金钱、美貌、名声都是有重量的，需要有足够的德行、深度才能托得住。要不然会把自己给压垮的，莫扎特是这样，李白也是这样。

【8.12】子曰："三年学，不至于谷，不易得也。"

【疏】

若以子夏之论"仕而优则学，学而优则仕"（【19.13】），则三年学，不至于谷，可谓非学之优者也。是欤？非欤？

若以子夏为是，何为子使漆雕开仕，而夫子悦闻其"吾斯之未能信"（【5.6】）之语？何为夫子叹曰："古之学者为己，今之学者为人？"（【14.24】）

子谓子夏曰："女为君子儒，无为小人儒！"（【6.13】）

其间深意，读者其细阐之。

【钞】

在春秋的时候，"士"是一种技巧与职业，学了写字、算术，可以帮人管账、管仓库、管家。是孔子把"士"这一行，从职业这一栏，拉到了"道"的境界。所以有一些弟子跟着孔子周游列国，原也是想得到个一官半职的。但也有弟子很认真，就是跟孔子学道的。所以孔子死了以后，有许多弟子在墓旁边庐墓三年，像对待自己父母一样，子贡甚至于庐墓了六年。这就完全是孔子的德行感动了弟子，弟子们自动这么去做的。

孔子这一章说"三年学，不至于谷"，这个弟子就是有志于道了，这就是不错的弟子，不容易。

【8.13】子曰："笃信好学，守死善道。危邦不入，乱邦不居。天下有道则见，无道则隐。邦有道，贫且贱焉，耻也。邦无道，富且贵焉，耻也。"

【疏】

"人能弘道，非道弘人。"（【15.29】）学道者，道即是人。邦既已无道，载道之人何得而现？邦若有道，不得而现，则知己非道器，耻也。

然虽曰"邦无道，富且贵焉，耻也"，不可谓必隐而无事。史鱼、柳下惠，皆处无道而行其志。夫子周游列国，风尘仆仆十四年，亦处无道而行其天命也。

【钞】

人的价值决定在他对他认定的价值的坚持。人没有价值观，或者不能坚持他认定的价值观，这个人也就没什么价值了。

是的，我们都需要明哲保身，需要保持自己的力量才能做更大的事。但是前提是我们知道自己要做什么，否则只是自私的借口。人有不得不死的时候，不得不死，死就重于泰山。但是，自己死了、伤了，毫无益于人，那就该明哲保身了。

孔子被称为"圣之时者也"，从很多方面讲，孔子周游列国是不识时务，但他依然坚持实践他的天命。这正是孔子一生给我们最大的身教与力量。

【8.14】子曰："不在其位，不谋其政。"

【疏】

不在其位，谋其政，可谓僭越。

与“君子思不出其位”章（【14.27】）合参。

【钞】

我们要帮人，但不是替他做他的事。我们要教孩子学习，但不是帮他做功课。人家请教，当然可以讨论，但不可以“皇帝不急，太监急”。这样不但失了身份，对方也无法真正把事情做好。

一个下属做事情没效率，即使主管花三十分钟，可以做掉下属需要花六个钟头的事情，我们还是需要让下属花六个钟头。否则，他永远也无法做到三十分钟就完成的时候。何况，那正是他的事情，为什么要替他做?

【8.15】子曰：“师挚之始,《关雎》之乱，洋洋乎盈耳哉！”

【钞】

又是一个没有发言权的章句。

【8.16】子曰：“狂而不直，侗而不愿，悾悾而不信，吾不知之矣。”

【疏】

不有自知之明，丑之尤，愚之首也。不惧人拙，惧不能守拙。

【钞】

有才干、有能力的人，常常脾气都大。一个人如果没有才干和能力，但是脾气还特别地大，这就不知道该说什么了。

【8.17】子曰："学如不及，犹恐失之。"

【疏】

观此，可知"子路有闻，未之能行，唯恐有闻"（【5.14】）之失也。

【钞】

很多人对孔子的话，都当成教训与指示。很多时候，孔子只是陈述事实。我看这一章就是陈述状况，不是要求。这怎么要求呢？一旦进去了，这是自然的。像孔子三月不知肉味，这可能要求吗？一旦尝到进步的快乐，就停不住的。孔子只是陈述学习进步以后的心态。

【8.18】子曰："巍巍乎，舜禹之有天下也，而不与焉。"

【疏】

老子曰："江海之所以能为百谷王者，以其善下之，故能为百谷王。是以圣人欲上民，必以言下之；欲先民，必以身后之。是以圣人处上而民不重，处前而民不害。是以天下乐推而不厌。以其不争，故天下莫能与之争。"

禹舜只一平常而已。

【钞】

从一般人的眼光看来，禹舜是天子，在万人之上。禹舜他们自己不觉得，他们只觉得就是“为人民服务”，从来不觉得天下是他们的，这就是“不与焉”的意思。

毛泽东当年这么得人心，不也就是当时有禹舜的心态跟行为吗？古文献描述禹舜的德行与人民的拥戴，在近代也是被证明过的。

【8.19】子曰：“大哉尧之为君也！巍巍乎，唯天为大，唯尧则之。荡荡乎，民无能名焉。巍巍乎，其有成功也，焕乎，其有文章。”

【疏】

老子曰：“人法地，地法天，天法道，道法自然。”

老子曰：“太上，不知有之。”

老子曰：“善行无辙迹。”

老子曰：“功成事遂，百姓皆谓：‘我自然。’”

子曰：“天何言哉，四时行焉，百物生焉。”（【17.19】）

【钞】

《论语》中所有关于尧舜禹的章句，都有老子《道德经》的味道。在最高层次、最根本人性的认识上，儒、释、道三家都是一样的。老子说：“故失道而后德，失德而后仁，失仁而后义，失义而后礼。”不是吗？现在可是失礼而后法，失法而后乱。返本溯源，需要恢复礼，同时要花很大的工夫在道德仁义的教育上，这不就是孔子一直在大声疾呼、一直在努力的吗？

老子后面接着说：“夫礼者，忠信之薄，而乱之首。”这句话，大家怎么去体会、应用呢？反问大家一句话：若是只按照字面上的意思，没有礼，人就自然忠信、社会就自然有条理了吗？

【8.20】舜有臣五人，而天下治。武王曰："予有乱臣十人。"孔子曰："才难，不其然乎？唐虞之际，于斯为盛，有妇人焉，九人而已。三分天下有其二，以服事殷，周之德，其可谓至德也已矣。"

【疏】

有乱臣十人则得天下。有治臣五人，可安天下。有能人三人，可据一方，成功立业。

得人，关乎德行，亦赖福报，尤不可无天命。

【钞】

有句话："良禽择木而栖，贤臣择主而事。"人才不是招之即来、挥之即去的。不是明主，人才不会来的。没有一定的德行，人才是不会留的。武王人才多，是因为武王德行高。相信尧、舜、禹的人才会比武王还多，只是圣主们"举重若轻"，一切平常，没当一回事就是了。

【8.21】子曰："禹，吾无间然矣。菲饮食，而致孝乎鬼神；恶衣服，而致美乎黻冕；卑宫室，而尽力乎沟洫。禹，吾无间然矣。"

【疏】

大禹不过尽人本分而已。能恪尽人之本分，则非常人矣，岂不怪哉？

【钞】

前面引的老子《道德经》“江海之所以能为百谷王者”那一章只是个道理。这一章就完全是那一章的实践。

从禹对鬼神的尊重的行为，从孔子对鬼神尊重的描述，他们都是傻瓜，竟然对不存在的东西花那么大的精神搞迷信吗？是谁傻？他们，还是我们？

自己只要够用就行了，希望其他人、老百姓都能很富足。

子罕第九

【9.1】子罕言利，与命，与仁。

【疏】

罕言利，许仁可知。与命，则非常人所能窥其意旨。

夫子曰“畏天命”于“畏大人，畏圣人之言”（【16.8】）前，此章与命亦在与仁之前，可知夫子对天命之重。天命者，人之所以生，人之所以存，人之所以去，可不畏乎？

参见“归与”章（【5.22】）注。

【钞】

“天命”的重要，我们谈到过很多次。接下来的重要问题就是什么是“天命”？这个问题不容易讲，但又不能不讲。不容易讲清楚，但也不能不努力尝试。

从字面上看，“天命”就是上天所赋予每个人的命，或者说是每个人秉之于天的命。那这个“命”就是有口气在、吃喝拉撒睡的动物生命吗？如果是这样，孔子也就不需要说这么多，人类的教育也就没有任何意义。因此，除了动物生命以外，还有更高一层的精神生命、灵的生命，这就是孔子所说的“下学而上达”（【14.36】），从动物生命上升到精神生命、上升到灵的生命。这就是孔子的追求，也是每一个人应有的追求。

于是，谈这个“命”，就必然是“精神生命”与“灵的生命”。

如果我们界定“精神生命”是人的思想、精神、趣味、格调等层次，而“灵的生命”有超越我们一般认知的部分，像人与生俱来的善心、像人的本性、像佛性、像第六感、像直觉、像灵气、像灵魂等，那“天命”所谈的“命”就必然是“灵的生命”，而不是“精神生命”，否则“天命”这个概念也就没有那么难理解与掌握。同样的理由，这也就是“天命”这一概念重要之处；或者从另一个角度而言，这就是“天命”或人的生命值得追求之处。

说“天命”就是上天所赋予每个人的“灵的生命”，或者说是每个人秉之于天的“灵的生命”。这又有一层意思需要探索与冥想：“上天赋予”跟“秉之于天”有什么不同？

“上天赋予”似乎是有一个“人格神”或是“具象神格”扎扎实实地存在某个地方，对人发号施令。而“秉之于天”又有印度教“大梵天”的概念，或是像文天祥《正气歌》里面说的“天地有正气，杂然赋流形。下则为河岳，上则为日星”，有个“万物之源”，或有个“能量之源”，所有万事万物都从那个源头流出来，就像泉水一样，有个源头，流出来到不同形状的地方，就形成不同的河塘、小溪、水库、瀑布，等等。

先不讨论“上天赋予”或“秉之于天”的命题，这题目太大，跟佛法的“空”一样，一展开来就真不得了，题目太大，难于掌握。或者说，整个哲学或是宗教，到最后都是讨论这个问题。

所有的学习与教育，最难的是要尝试从每个人现有的了解与框架里去学习与表达目前自己框架以外的概念。于是，佛家六百卷《大般若经》就是尝试用一般人“有”的概念，来表达实际上“没有”或者“空”的现实与立场。这也是很多人对于佛法中“无始”的概念很难捉摸与掌握的原因。孔子既然用了一个“天”的概念表达，说明还有一个具体的形象与概念化的源头，或者说，有个具体的“神格”。但是,《论语》主要是对像小学生一般的教导，不能用《论语》里面孔子对弟子的问答的概念，来说孔子的概念就是那个程度与境界。以统治神的“神格”概念而言，孔子所服膺与修赞过的《易经·乾卦·彖传》就这么说：“大哉乾元，万物资始，乃统天。云行雨施，品物流形。大明始终，六位时成，时乘六龙以御天。”如果是有个“统治神”的概念，那孔子怎么又说“统天”、“御天”？

在这里，需要先打个岔，解释一个观念：因为孔子服膺《易经》，也编修过《易经》，因此《易经》涵盖的概念也有孔子的概念。《论语》只是对弟子之间的问答而已，所以我常说，《论语》只是孔子教学里的小学教材。毓老师就经常说，孔子深究人天深刻之处，要从《易经》里看；孔子的最高政治思想，得从《春秋》里去找。

接着“统天”、“御天”的观念再往下说。在《易经·乾卦·文言传》里解释“大人”的章句就更明显了：“夫大人者，与天地合其德，与日月合其明，与四时合其序，与鬼神合其吉凶。先天而天弗违，后天而奉天时。天且弗违，而况于人乎？况于鬼神乎？”这“大人”的“人”格，天都不会违背的。那到底是“天”比较大，还是“人”比较大？很明显，孔子说的“天”，就像老子的“道”，是表达天地间有个运行的规则，而不是像是一个箱子里面的小球乱碰、乱走，只是几率和运气的问题。

如果孔子只是陈述事实，“天命”就是这么一个“灵的生命”，无所谓善恶、目的或意义，那前面引《易经》里要人做“大人”，要人“统天”、“御天”，也就没有意义了。孔子在《季氏第十六》里面说到的“畏天命”也就说不通了。既然说“畏”，就有兢兢业业、如临深渊、如履薄冰一般，怕做不好。若是“天命”没有一个方向、意义和目的，是中性的，那这一章孔子赞许、肯定、强调“命”的意思（“与命”）也是说不通的。从许多其他章节，像“子畏于匡”（【9.5】)、像“天生德于予”（【7.23】）等章句可以看得出来，孔子相信生命是有意义和目的的。因此，我认为、也就这么解释:“天命”就是生命的意义和目的。

如果生命止于这一辈子，没有过去、没有未来，人死如灯灭，死了就死了，什么都没有。说生命是有意义的，似乎也很牵强，似乎是教育上的宣传，谈不上真正的意义，不是吗？我们不知道为什么来，一辈子活完了，进了坟墓又什么都没有了，能真正说出个意义的理由吗？

首先，孔子是相信有过去与未来的生命的。否则，谈祖先、谈鬼神、谈祭祀，都是骗人的把戏，不可能有力量。圣人是不会干这种不入流的事的。因为生命有过去、有未来，因为生命无限，所以这一辈子做的好坏等事情，会影响到未来，对个人而言，也才能谈到意义之类的概念。

人有生命，这生命是个“偶然”，还是“必然”？或者说是“完全的偶然”，还是“有它的原因”？以孔子接受的“三世”概念而论，就不可能是个没有道理的“偶然”，如果是完全的偶然，就无所谓延续。也就无法说过去、现在到未来。既然延续，就有延续的逻辑和理由，这就是所谓的“意义”了。

既然生命是有意义的，那找到生命的意义与目的，应该就是一个人最重要的事情，否则，生命岂不变得是一场笑话？生命岂不是在打烂仗？

有了这样的命题以后，最简单、最基本、有方向性的行动，就是找到“自己是谁”、“生命是什么”。这个过程与答案本身就是第一步——“生命的意义和目的”。这“找到自己”也就是《大学》里“明明德”的意思。

后面，孔子“己立立人、己达达人”(【6.30】)、“明明德、新民、止于至善”(《大学》)、“修己以敬、修己以安人、修己以安百姓”(【14.43】)等，就是接着这个第一个命题之后的教训了。

是不是一定要找到第一个问题的答案，才能走下一步呢？事实上，第一个问题的答案可能要几十年才能找到，那在这之前，难道生命就这么浪费了？

不，这就是根据圣人教训去做的重要。一边学，一边做，一边找。等到哪一天找到的时候，所有的功夫都没浪费，接着做。同时，在做的过程中，更容易找到这些答案。这就是不需要重新发明轮子的意思。先用了人家发明的轮子，同时观察这些轮子怎么操作的，渐渐地，自己也知道怎么让轮子转动得更好，不用浪费不必要的时间和精神。不读书、不照圣人的话去做，不但事倍功半，其实是放弃了自己。

我过去一直有这个想法：等自己开悟了，再回头来度人。现在知道这是不正确的。其实这是难行道。如果这样是对的话，释迦牟尼佛为什么要花费大部分的精力宣扬“大乘法门”？大乘法门的关键就是“菩提心”。不发菩提心、没有度众之念是无法进入大乘的，因为“净土法门”“非是小乘”。以前，总告诉自己，是的，我终将会度众的，只是现在还没开悟，还没有能力，等自己开悟以后再来做。现在知道那是一个自我开脱的盲点，除了有“欺己欺人”之嫌，同时也是没有效率的。难不成要等到自己能发明轮子，才开始坐车吗？

大家问自己这么两个问题：若是自己修了十世、百世，终于开悟了，开悟以后做什么事？不还是度众吗？第二个问题就是度众会耽误自己修行吗？修行只是佛堂内、经典内的事情吗？

说到生命的意义和目的，或说“天命”，有“通”、有“别”。“通说”就是适合所有人的说法。“别说”就是针对每一个人不一样。前面说到“找到自己”、“明明德”、“新民”、“止于至善”等，就是“通说”。

有的人或许带着使命来过这一生的，有的人一辈子的使命也许就是把夫妻之间的功课做好，有的人一辈子的使命也许就是努力某项事业来实践与完成他的天命。有的人使命大些，有的人使命小些，各个不同，这就是“别说”。

“天命”这个题目很大，也非常重要。不容易讲，又不得不讲。不容易懂，但也不容不努力去追寻。否则，一辈子就耽误了。

【9.2】达巷党人曰：“大哉孔子！博学而无所成名。”子闻之，谓门弟子曰：“吾何执？执御乎，执射乎？吾执御矣。”

【疏】

夫子之生、之存、之用力，全在尽其天命，原不在人间毁誉。参见“颜渊后”（【11.23】）章注。

【钞】

这正是孔子所谓：“古之学者为己，今之学者为人。”（【14.24】）为人而学，是为了找工作、为了成名。为自己而学，名不名是一点关系都没有，毫不被考虑的。

孔子在反驳与批评别人的时候，除非大节之处有亏，像“季康子患盗”章（【12.18】）与“季康子问：‘如杀无道，以就有道’”章（【12.19】），孔子非常严厉外，其余，孔子都非常委婉，留给人很多面子。

【9.3】子曰：“麻冕，礼也；今也纯，俭，吾从众。拜下，礼也；今拜乎上，泰也。虽违众，吾从下。”

【疏】

不得中道而行，守朴则孕无穷生机。如子曰：“以约失之者鲜矣。”（【4.23】）又如子曰：“奢则不孙，俭则固。与其不孙也，宁固。”（【7.36】）皆此意也。

此亦老子用下、用弱、用退之意也。

【钞】

功夫不在中道。功夫在无法中道，如何从不中而入中道。要有根，再说大。守约，可以固守根基，以后有机会可以“或跃在渊”，可以发挥光大。务外，容易失本，根本不在，越高大，越危险。

【9.4】子绝四：毋意，毋必，毋固，毋我。

【疏】

老子所谓“无”，佛家所谓“空”，非如泥石草木，毫无生气。“无为则无不为”，“空不异色，空即是色”，只是“毋意，毋必，毋固，毋我。”

【钞】

说穿了。就是个无固、无我。

无私、无我，则就不会意、必。但是，一个人没有深度、没有智慧，还是固陋，看事情、做事情还是有格局的限制。

所以还是要让自己无私，这就是“诚”，就是“质”。同时要让自己努力学习，这就是“学则不固”（【1.8】），就是“文”。

过去学佛，我有个错误的观念，以为开悟了，就什么都知道了。现在才了解，开悟得了“根本智”，还要学习“后得智”，要不然是帮不了众生的忙的。

【9.5】子畏于匡，曰：“文王既殁，文不在兹乎？天之将丧斯文也，后死者不得与于斯文也；天之未丧斯文也，匡人其如予何？”

【疏】

老子亦曰：“盖闻善摄生者，陆行不遇兕虎，入军不被甲兵；兕无所投其角，虎无所用其爪，兵无所容其刃。”与夫子“匡人其如予何”同一逻辑。何以故？岂上天有眼？刀枪有眼？读者其细味之。

细体此章，可感夫子心包太虚、气吞牛斗之势。细体此章，可知夫子负责于天，原不顾人世之是非成就也。

【钞】

毛泽东的《沁园春》口气很大，但是我看孔子这一章口气虽然婉转，但是实际上更大。孔子的意思是说我是上天的使者，我的工作还没做完，你能拿我怎么办？孔子不是精神病患者，他讲这话，也不是一时的冲动，是他平时就这么认定、这么努力的。这就已经不是一般人的境界了。

但是孔子是从一般人努力过来的。世界宽广得很、生命深刻得很，有无穷的生命、无限的世界、无边的未来。人不能不谦虚。

【9.6】大宰问于子贡曰："夫子圣者与？何其多能也？"子贡曰："固天纵之将圣，又多能也。"子闻之曰："大宰知我乎？吾少也贱，故多能鄙事。君子多乎哉？不多也！"

【疏】

曾子见颜渊则能、多、有、实。颜渊则得夫子真传，破相对、入绝对。故能自在问于不能、问于寡、若无、若虚、犯而不校，因其不自以为能、多、有、实也。"君子不器"（【2.12】），多能只成多器。"君子多乎哉？不多也！"

【钞】

我们要学本事。学本事要从所有的事情去观察、体会、磨炼。我们要由细节学到精髓，是为了本事，不在于知道许多细节。一旦有了本事，许多事情是相通的，这就是所谓的"入道"。学习与了解其他事情也会更快、更容易了。

【9.7】牢曰："子云：'吾不试，故艺。'"

【疏】

幸乎夫子早年不试。

【钞】

孔子早年没做官，是好事，还是坏事？

大家都知道《孟子》“天将降大任于斯人也”那一章，但是少有人能把那一章用在自己身上，一有挫折困苦，就呼天喊地，这不是很有趣吗？

【9.8】子曰：“吾有知乎哉？无知也。有鄙夫问于我，空空如也；我叩其两端而竭焉。”

【疏】

譬若医者，不在药贵，在对症。智者，不在知多，在依缠解缚。夫子谓“知者不失人，亦不失言”（【15.8】），在能空空如也，扣其两端，知其缠缚，方能因人与药。

能空空如也，方能有无穷智慧，至此，知识方能有用。未能“毋意、毋必、毋固、毋我”（【9.4】），则不能空空如也。

【钞】

讲个故事：我年轻的时候，工作的工厂里有医务室，但是线上作业员都不喜欢去，宁可请假到外面医院花钱、排队看医生。问他们为什么，他们说：“到那边，病情还没讲完，药就已经拿给我了，我不相信他们。”

不能空空如也，得不到别人的信任，别人也得不到好处。

【9.9】子曰：“凤鸟不至，河不出图，吾已矣乎！”

【疏】

夫子有天命，无天时，可谓怪矣哉。无天时之天命，尤难！

【钞】

从这章看，孔子是不是迷信？

天气好，万物跟着生长，一派喜悦的样子。大人、小孩、老人都出来晒晒太阳。天气不对，蚂蚁、老鼠、各种虫子都跑出来。圣主当世、时代清明、人心愉悦，有那种状况才出来的现象与生物，我认为很合理的。

以前，国家发生大的灾难，天子要下诏罪己，这很有道理。

佛法里有这么一个观念：依报随着正报转。这也很有道理。

【9.10】子见齐衰者、冕衣裳者，与瞽者，见之，虽少，必作；过之，必趋。

【疏】

送死之哀、残疾之痛，岂有老少之分？人同此哀，人矜此痛，天性自然，不得不油然而作也。

【钞】

这也都可以作为现代“礼”的准则与教育。

在美国开车，遇见出殡的车队，大家都会停下来，让出殡车队先过。这是他们对死者以及其家属的尊敬。

【9.11】颜渊喟然叹曰：“仰之弥高，钻之弥坚，瞻之在前，忽焉在后！夫子循循然善诱人，博我以文，约我以礼，欲罢不

能。既竭吾才，如有所立；卓尔，虽欲从之，末由也已！”

【疏】

窃谓千古颂文，以此为最。孔子弟子虽众，得道者仅颜渊一人而已。颜渊甚为用功，以至于欲与夫子相较。《孔子世家》有云：“夫子步亦步，夫子趋亦趋，夫子奔逸绝尘，则回瞠乎后矣！”可见颜渊欲与夫子并驾齐驱而不可得，然用力多矣。此章，观其“喟然叹曰”，可感颜渊欲追诸夫子而不得，心悦诚服，而有所叹。颜渊心意，“喟然叹曰”四字，跃然纸上。

孟子曰：“得天下英才而教育之，一乐也。”（《孟子·尽心上》）夫子有此弟子，无上之乐，颜渊死，夫子之悲，亦非平常可比。尤有甚者，传道者死矣，岂非天意？故孔子哭之恸：“天丧予！天丧予！”（【11.9】）悲颜渊，亦自悲也。

【钞】

从小到大，听过多少歌功颂德的歌，看过多少歌功颂德的文章，没有比颜渊这里的称赞更美的了。颜渊一直在暗中与老师比赛，老师也倾全力拉着学生，希望他能跟上。有一天，颜渊心有所感，在他竭尽全力以后，觉得自己有点进步了，但是回头一看，老师还是高高地矗在那儿，还要怎么跟，他也不知道了。颜渊心有所感，然后“喟然叹曰”，说尽了心中的钦佩。如果没有颜渊这么努力，像子贡也称赞老师，但就没颜渊这么深刻、这么感叹、这么动人心弦。

这是多美的境界？学生要追赶老师，要跟老师比赛，老师还倾全力希望弟子跟上。于是，另外一章：子曰：“君子无所争，必也射乎，揖让而升，下而饮，其争也君子。”（【3.6】）才能体会其中的优美。孔子跟颜渊之间，有争还是没争？没争，为什么《孔子世家》说“步亦步、趋亦趋”，为什么“回瞠乎后矣”？为什么颜回“喟然叹曰”？

孔子是不是也在跟颜回争呢？大家去体会看看孔子说“回也，非助我者也，于吾言无所不说”（【11.4】）这句话是个什么心情？

这种争，是算争，还是不算争？这种境界是不是非常优美？

【9.12】子疾病，子路使门人为臣。病间，曰：“久矣哉，由之行诈也！无臣而为有臣，吾谁欺？欺天乎？且予与其死于臣之手也，无宁死于二三子之手乎！且予纵不得大葬，予死于道路乎？”

【疏】

生死大事，夫子尤重死之礼。子路以为尊夫子，实乃害夫子于千秋后世。不知天者，难以喻此。子路如此，颜渊之父亦如此。

【钞】

孔子非常不同意子路的做法。子路当然是认为这是尊重老师，让老师很有面子，但是孔子认为子路是欺诈。子路搞了一大班子同学演戏，孔子认为，如果真的他要死，学生在旁边就可，何必其他人参与呢？孔子认为他的弟子最珍贵，子路等弟子却以为孔子大夫之位最珍贵，有些家臣在旁边比较有面子。子路以及那一班同意他做法的人真是不懂孔子。我相信，当时若颜渊在，一定不同意，但是颜渊年纪太小，无法改变大师兄子路等的做法。孔子说，他如果死，不会没人管的。弟子们担心什么，急什么？但是，孔子对他教的这一班弟子，能说什么呢？除了尽力再继续教以外，又能怎么样呢？

“得天下英才而教育之”，不是一乐而已，是一大幸运的事。孟子当年说那句话的时候，必然还年轻，还没体会到这一点。

【9.13】子贡曰：“有美玉于斯，韫椟而藏诸，求善贾而沽诸？”子曰：“沽之哉，沽之哉，我待贾者也！”

【疏】

惜乎子贡去孔子三十一岁，难以有大助于孔子。孔子周游列国已是出诸市廛，待价而沽。孔子大圣，自贬如此十四年，惜乎未有一得力弟子可助其功业若“狡兔三窟”之冯谖助孟尝君。子贡原可当此任，惜乎彼时过于年少也。

【钞】

可参考“夫子至于是邦也”章（【1.10】）阐释。

子贡虽然回答子禽孔子“温、良、恭、俭、让”以得之，但以子贡的聪明，他当然知道孔子还是想要求得一个好一点的职位。所以，这一章子贡问老师是不是该卖个价钱的意思，不是问老师卖不卖，而是说老师是否价钱开得太高了。价钱开得这么高，似乎等于不想卖了。子贡依然无法了解孔子的志向，只想到一官半职，哪知道孔子是想得到一个发挥的平台？不遇见能信任他的诸侯，孔子依旧无法实现他的理想的。

【9.14】子欲居九夷。或曰：“陋，如之何？”子曰：“君子居之，何陋之有？”

【疏】

“君子以财发身，小人以身发财。”(《大学》)“君子喻于义，小人喻于利。”(【4.16】) 君子以寡德为陋，小人以寡财为陋。“富润屋，德润身。”(《大学》) 君子所在，即殿堂也。

【钞】

有句话：“贫在闹市无人问，富在深山有远亲。”这里的贫富，以金钱而论。身外的财富，比不上精神的财富。这就是孔子的意思。环境的固陋不是固陋，只有德行、精神上的固陋，才是固陋。

这里又引发了一个重要的问题：难道精神修养高的人，都需要贫穷吗？答案当然是否定的。接着的问题是：难道无法精神修养高，同时财物富足吗？这就有意思了。更有意思的一个话题是：要精神修养高，是不是物质贫乏些比较好？

人都有追求，经常是物质富足了，就追求精神。一旦追求精神了，又经常散掉了物质。精神与物质是不是有冲突？

许多学佛的朋友经常蔑视外在的物质。我提出一个问题，让大家想想：所有的佛菩萨都是精神、物质富足非常，为什么？我们该怎样定位物质财富？

【9.15】子曰：“吾自卫反鲁，然后乐正，雅颂，各得其所。”

【疏】

子曰：“礼云礼云，玉帛云乎哉！乐云乐云，钟鼓云乎哉！”(【17.11】) 人不在其位，则人必浮于事；事不得其所，则事必不济。诗乐不正，不得其所，则人浮不安而不自知。此理可知，事则今不存矣。今为政之重，岂非定礼正乐乎？

【钞】

“工欲善其事，必先利其器。”没有好的工具，事情是做不好的；没有好的方法，事情也是做不好的。工具好、方法对，事情才能圆满。要先有工具，才能讲方法。但是要知道用什么方法，才去找什么工具。礼乐是教化人心、打造和谐社会最好的工具，这也就有赖为政者知道它们的重要性，好好去做这件事情。

【9.16】子曰：“出则事公卿，入则事父兄，丧事不敢不勉，不为酒困，何有于我哉？”

【疏】

当然之事，若夫衣食，有何难哉？怪乎今日行不由径，平常之事，反以为难。子曰：“谁能出不由户，何莫由斯道也？”（【6.17】）怪哉，怪哉。

可见夫子亦钟爱酒，不为酒困而已。

【钞】

说桩我知道的某个人的公案：一位认真学佛的朋友，他有个非常信服的师父。有一天，师父很郑重地问他，是不是真的要跟着师父学佛。他回答：当然是。他师父说：“好，如果是的话，就努力赚钱去。”我那位朋友工作能力也还可以，从来也不觉得赚钱有多难。但是，这个题目一定下来以后，他发现真正要赚钱，赚到够得上水准的钱就没那么容易了。尤其他快退休了，一旦离开自己的平台，要赚到原来的高薪好像都做不到了，还要赚更多的钱？不容易，不容易。

我常想，一个大企业总裁，若是哪天到一个没人认识的地方，可能也只能在小店子里打打工。

看似当然的事情，都不是当然的。看似平常的事情，要做好，都不平常。

【9.17】子在川上曰："逝者如斯夫，不舍昼夜。"

【疏】

水之德：盈科而后进，不舍昼夜，善利万物而不争，处众人之所恶。

逝者如斯，为警惕，亦为鼓励，苟日新，又日新，日日新也。

【钞】

我们看到水，有感触，觉得一会儿像女孩，柔顺得不得了；一会儿像泼妇，可怕得不得了。

老子看到水，有感触，体会到"上善若水，水善利万物而不争"。

孟子看到水，有感触，体会到"水者，盈科而后进"。

孔子看到水，有感触，体会到"逝者如斯夫，不舍昼夜"。

我们跟圣贤的念头，好像有些不一样。

【9.18】子曰："吾未见好德，如好色者也。"

【疏】

色可见，德隐微。是故凡夫畏果，菩萨畏因。虽曰"莫见乎隐，莫显乎微"（《中庸》），端赖人深心求之。

【钞】

讲老实话，孔子对这一点的要求过高了一点。一个人若是要到见色像见到德一样，必须到破了所有的执著、对待。这可不是一般人能做得到的。即令孔子自己，我看也需要到七十左右，才有这个境界。

问题不在德跟色，问题在好。

【9.19】子曰："譬如为山，未成一篑，止，吾止也。譬如平地，虽覆一篑，进，吾往也！"

【疏】

品德足以端正风俗，才能足以建立秩序，智慧足以深谋远虑，坚毅足以成就事业。人能有成，在坚持！

【钞】

吃素不难，天天吃素，十年如一日，就是功夫了。运动不难，天天运动，十年如一日，就是功夫了。有善心不难，天天有善心，十年如一日，就是功夫了。

功夫不在能力，在坚持。

【9.20】子曰："语之而不惰者，其回也与！"

【疏】

夫子所谓"敏"者，此意也。

【钞】

孔子说“语之而不惰者”，不就是一直坚持不懈吗？

【9.21】子谓颜渊曰：“惜乎！吾见其进也，未见其止也！”

【疏】

不务快，不务多，但求渐进不断。渐进而不断，其止未可知也。

【钞】

年轻的时候，出类拔萃没什么了不起，因为那大概都是天生的才气。年纪大了，出类拔萃，那就是功夫了。只要锲而不舍地努力，不停地进步，不论有没有才气，都会有他的一席之地，展现他的成就。

但是，一个先决条件是得读书。蒙着头自己干，少有不走弯路的。若是能有个好师父带着，这一辈子就值了。

【9.22】子曰：“苗而不秀者，有矣夫！秀而不实者，有矣夫！”

【疏】

有则有矣，然斯人有斯疾，更有其他天意！

【钞】

人过了五十岁，大概都相信有“命运”这回事。人大约要到六十岁，会相信有“天意”这回事。重点跟差别是，我们只能努力于我们能掌握的，对于我们不能掌握的，只有不停地学习与观察。

【9.23】子曰："后生可畏，焉知来者之不如今也？四十、五十而无闻焉，斯亦不足畏也已！"

【疏】

所谓闻者，非若子张之"在邦必闻，在家必闻"（【12.20】）。是闻者，为夫子所谓"宗族称孝焉，乡党称弟焉"（【13.19】）。操之在我者也。

【钞】

的确，任何事，发心最重要。但是人的一辈子要成就，是需要时间的。到了四五十岁，还没什么基础，可以是一个好人，要能够对人有大帮助，可能就会力不从心了。

【9.24】子曰："法语之言，能无从乎？改之为贵！巽与之言，能无说乎？绎之为贵！说而不绎，从而不改，吾末如之何也已矣！"

【疏】

明师之言，少有赘语，似若无心之叹，皆为弟子之药，端赖弟子用心而已。

【钞】

我常常想：天下人，谁不想做好？那为什么做好的不多？师父教弟子曲尽其心，弟子也是想认真学，但还是学不好。真的是所谓的“根器”不够吗？为什么想改过，也努力去改，但是同样的错误一犯再犯？这就是习气的可怕。我们都有习气，不知不觉。我们的思考模式也是依着同样的习惯性的模式去考虑事情。我们经常需要改过的，首先就是思考模式；但是，也就是思考模式限制了我们。这就是困难。“法语之言”、“巽与之言”都好，就是经常想偏了，结果师父、师长的话，还是没传达到弟子心里。这就是高明师父需要让弟子痛，痛了，才会真正想是怎么回事，才有机会改变思考模式。但是，弟子若对师父没有绝对的信心，师父也就无可奈何了。

【9.25】子曰：“主忠信，毋友不如己者，过则勿惮改。”

【疏】

参见“不重则不威”章（【1.8】）。

知过，惮改，岂不怪哉？人之积习难改，非一世之故。

【钞】

很明显，这三件事重要，所以孔子在不同场合讲过几次，弟子记下来两次。一是“忠信”，二是“不结交不如自己的人”，三是“知过须改”。

不同的时候，每个人有不同的专注点。这三件事，“忠信”，最引起我的注意。

不信，根本出不了门。不忠，则不能凝聚力量，做不了事。

【9.26】子曰：“三军可夺帅也，匹夫不可夺志也。”

【疏】

是所谓气节。此读书人之风骨，人存天地之间之价值也。

【钞】

人最珍贵的东西是心。心不是脑，是指挥脑的。有志气，有志向，有气节，才是心的发挥，才是人的珍贵之处。

小时候写作文——“我的志向”，都是假的，都是说些大人听的。当时不知道假，也当真。等到大了，连这些假东西也没有了，何谈志向？到底是当时的假不好，还是后来的真退步？

【9.27】子曰：“衣敝缊袍，与衣狐貉者立，而不耻者，其由也与？‘不忮不求，何用不臧？’”子路终身诵之。子曰：“是道也，何足以臧？”

【疏】

子路毫无城府，如婴儿之未孩，于此可见。子路质则美矣，然须“文质彬彬”，方能有用于世，然后不愧人世一遭。

【钞】

子路就像个孩子，老师称赞别人，他会有醋劲，也希望老师称赞他。老师称赞了他，他又尾巴翘得好高，天天念叨着。逼着老师只好再训斥他：“这本来就应该如此，有什么好神气的？”

一个人活到老，还可以保持孩子一样的天真，是美，还是幼稚？可见，没有深刻的体悟，就没有智慧，无法做事情，更谈不上帮上别人的忙了。

【9.28】子曰："岁寒，然后知松柏之后雕也。"

【疏】

未有师父之时，磨炼、痛苦乃最上导师。仅有师父知何时、如何锻炼弟子也。

不得师父而开悟者，万不得其一。

【钞】

岁寒，然后知松柏之后凋。然而，松柏不觉得岁寒，可能还觉得正舒服。懒惰的人，怕动、怕运动。认真的人，不动、不运动，会难过；动了、运动了，觉得正舒服。《易经 · 乾卦》说："天行健，君子以自强不息。"运行在轨道上、正道上，人家觉得不容易，当事人觉得那是自然、当然的事。

【9.29】子曰："知者不惑，仁者不忧；勇者不惧。"

【疏】

后夫子自道"无能者三"（【14.29】），仁者不忧居首，勇者不惧殿后。仁智双修，互相提携，然须稍有功夫，方能集义而不惧。仁、智心上功夫，或能自修，勇则为性格锻炼，非师父难有功也。

不惑、不忧、不惧，非仅成就后功夫，亦下手处功夫。

《圆觉经》云："知幻即离，即无方便；离幻即觉，亦无渐次。"

【钞】

从结果上来看，有仁德的人不忧虑，有智慧的人不疑惑，有勇气的人不恐惧。读起来，没什么力量，这是有仁德、有智慧、有勇气的人的功夫，跟我无关。读起来不是味如嚼蜡吗？从修行的因上来读，就很有意思了：有仁德的人，就从不去忧虑下功夫。一警觉到自己在忧愁，就放下自己、接受世界。有智慧的人，就是不让自己疑神疑鬼，一警觉到自己有疑惑，就去找答案，不纠结，不让自己的心老处在疑惑中。有勇气的人，警觉到自己的恐惧，就去反省、面对，抽丝剥茧，找出自己恐惧的理由，让自己不再恐惧。

从因上来读，是不是有力量多了？

【9.30】子曰："可与共学，未可与适道；可与适道，未可与立；可与立，未可与权。"

【疏】

用权若用药，乃最后功夫之处。

智慧者，"经"、"权"也。须有经，方可权，否则毫无原则。有所立，则知经。同门师兄弟，虽共学、适道，未必知道之所趋，未必得其宗旨，未必知其脉络。即或皆知道，所学大致不差。然真智在权。借老子"知雄守雌"之言："知其黑，守其白。"此为守经，真智正黑白间之灰色也，真智在用权。

是所以"有朋自远方来"（【1.1】），切磋琢磨用权之度也。若经，则早知之矣！

【钞】

有朋自远方来，正在为了切磋琢磨。这切磋琢磨，刚开始，还得同门师兄弟才行。需要学习的是同一个脉络，在同一个脉络上讨论如何应用，讨论其中的纤细差异，才能突破自己学习的瓶颈，更上层楼。

其实，也就在讨论如何应用，讨论有权的差异时，对原来学的道理、原来学的经，也才会更了解。不能应用的经，就是食古不化。

【9.31】“唐棣之华，偏其反而。岂不尔思？室是远而。”子曰：“未之思也，夫何远之有？”

【疏】

不贞之托辞，依景托思，亦何其美也。

【钞】

恋人要腻在一起，这是欲。没有时间、空间限制的思念，这才是情。情的美，不是欲的浅薄所能体会的。“唐棣之诗”表达低级的欲望，都还有它的境界，今天岂不是差得太远了？孔子觉得奇怪了，这情不是随时随地在心里，一想就有的吗？怎么会远呢？

我想象孔子捧着《诗经》在读，一边读，一边摇头，一边自言自语：“不可解，不可解。”孔子绝对跟当时的人有代沟。

乡党第十

【10.1】孔子于乡党，恂恂如也，似不能言者。其在宗庙朝廷，便便言，唯谨尔。

【10.2】朝与下大夫言，侃侃如也；与上大夫言，訚訚如也。君在，踧踖如也，与与如也。

【10.3】君召使摈，色勃如也，足躩如也。揖所与立，左右手，衣前后，襜如也。趋进，翼如也。宾退，必复命，曰："宾不顾矣。"

【10.4】入公门，鞠躬如也，如不容。立不中门，行不履阈。过位，色勃如也，足躩如也，其言似不足者。摄齐升堂，鞠躬如也，屏气似不息者。出，降一等，逞颜色，怡怡如也。没阶，趋进，翼如也。复其位，踧踖如也。

【10.5】执圭，鞠躬如也，如不胜。上如揖，下如授。勃如战色，足蹜蹜如有循。享礼，有容色。私觌，愉愉如也。

【10.6】君子不以绀緅饰，红紫不以为亵服；当暑，袗絺绤，必表而出之。缁衣羔裘，素衣麑裘，黄衣狐裘。亵裘长，短右袂。必有寝衣，长一身有半。狐貉之厚以居。去丧，无所不佩。非帷裳，必杀之。羔裘玄冠，不以吊。吉月，必朝服而朝。

【10.7】齐，必有明衣，布；齐必变食，居必迁坐。

【10.8】食不厌精，脍不厌细。食饐而餲，鱼馁而肉败，不食。色恶不食，臭恶不食。失饪不食，不时不食。割不正不食，不得其酱不食。肉虽多，不使胜食气；唯酒无量，不及乱。沽酒，市脯，不食。不撤姜食，不多食。

【10.9】祭于公，不宿肉。祭肉，不出三日；出三日，不食之矣。

【10.10】食不语，寝不言。

【10.11】虽疏食，菜羹，瓜祭，必齐如也。

【10.12】席不正，不坐。

【10.13】乡人饮酒，杖者出，斯出矣。

【10.14】乡人傩，朝服而立于阼阶。

【10.15】问人于他邦，再拜而送之。

【10.16】康子馈药，拜而受之。曰：“丘未达，不敢尝。”

【10.17】厩焚。子退朝，曰：“伤人乎？”不问马。

【10.18】君赐食，必正席先尝之。君赐腥，必熟而荐之。君赐生，必畜之。侍食于君，君祭，先饭。

【10.19】疾，君视之，东首，加朝服，拖绅。

【10.20】君命召，不俟驾行矣。

【10.21】入大庙，每事问。

【10.22】朋友死，无所归，曰：“于我殡。”

【10.23】朋友之馈，虽车马，非祭肉，不拜。

【10.24】寝不尸，居不容。

【10.25】见齐衰者，虽狎必变。见冕者与瞽者，虽亵必以貌。凶服者式之，式负版者。有盛馔，必变色而作。迅雷、风烈，必变。

【10.26】升车，必正立，执绥。车中不内顾，不疾言，不亲指。

【10.27】色斯举矣，翔而后集。曰："山梁雌雉，时哉时哉！"子路共之，三嗅而作。

先进第十一

【11.1】子曰："先进于礼乐，野人也；后进于礼乐，君子也。如用之，则吾从先进。"

【疏】

不得中道而与之，"野"犹有力可用，"史"则虚文难成。吾亦从先进。

【钞】

做事哪会没困难？遇见困难一往而前，需要点霸气。创业者、领袖人物都需要有点霸气。讲俗点，就是"野"气。所以若不能中道而与之，质胜于文的野气行动，还能做些事；文胜于质的史气理论，是丝毫使不上力的。

【11.2】子曰："从我于陈、蔡者，皆不及门也。"

【疏】

史上似不见学派成就事业者。明末东林党人，非学派，已成党派。虽曰“群而不党”，然无组织之群，只益自赏。须有鲜明主义、理想、目标，资源，方可冀其有成。

【钞】

非但岁寒然后知松柏之后凋，患难也才出真情。要个人、团体有力量，都需要锻炼，都需要磨炼，都需要困难。

【11.3】德行：颜渊、闵子骞、冉伯牛、仲弓。言语：宰我、子贡。政事：冉有、季路。文学：子游、子夏。

【疏】

然皆一时之选，非不世人物。

【钞】

人要活在时代里，但同时也要超越时代。活在时代里，要有能力；超越时代，要有智慧。我认为，任何的天命，都应该有超越时代的精神与考虑。即使是扶贫救困，也应该考虑如何从根本解决贫困。

【11.4】子曰：“回也，非助我者也！于吾言，无所不说。”

【疏】

可见夫子好学。“夫子焉不学？亦何常师之有？”（【19.22】）夫子欲自弟子处学，于此可见。子路粗鲁，时有言语顶撞夫子之处，夫子从未愤而罢教。“学之不厌”与“诲之不倦”乃一体两面。夫子好学处处可见。

【钞】

前面说过颜回跟老师在暗中较劲，孔子何尝不是随时随地观察四方，保持自己的进步？颜回当然是好弟子，若是不夭折，他可以对大众有许多贡献，但是对孔子个人，他却感叹让自己进步不多。以这方面而言，孔子心中是感激子路与宰我的，因为子路与宰我给他的挑战最多，也因此让他进步最多。

人到了一定的境界，是没什么私怨的。一切都是好，一切都是美，一切都是一股慈悲温情。

【11.5】子曰："孝哉闵子骞，人不间于其父母昆弟之言。"

【疏】

远观大略，近看针线。闵子骞针线可知，观"夫人不言"章(【11.14】)，可知，假以时日，其远略亦必有可观之处。

【钞】

有个笑话：所有的伟人，在太太眼里，都不是伟人。反过来说，只有当最亲近的人佩服了，才是最真实的。

【11.6】南容三复《白圭》，孔子以其兄之子妻之。

【疏】

人能自知、自重，洁身自好，可立不败之地。

【钞】

问女生一个问题：一男生有志向，心在天下、志在四方；另一男生没那么大志向，只想一辈子平平安安地过日子，是以两个人组成的小家庭为主。假使两个男生都是一样地爱自己，你会选哪一个结婚？（注意啊，有志向，心在天下的男生当然就会很忙，陪自己的时间当然就会少很多。）

把这个问题再加点难度：如果志在四方的男生，以事业为重，认为家庭与妻子只是自己事业的助缘；而只想平平安安的男生却以家庭、妻子为中心，你会选择哪一个？

最难的是，志在四方也好、胸无大志也好，这两位男生其实也都只是孩子，还会成长与改变的，可是，结婚的决定却是需要在还不是十分成熟的时候就要决定的。

看你的答案，也可以知道你是什么样的人。孔子六十而耳顺，是做得到的。

【11.7】季康子问："弟子孰为好学？"孔子对曰："有颜回者好学，不幸短命矣！今也则亡。"

【疏】

前哀公问，此季康子问，夫子之答一也。夫子之惜颜回、痛颜回，可体会之。

【钞】

从好几个地方看来，孔子就只有一个看得上，能懂得他、接受他衣钵的传人，就是颜回。我认为，自颜回死了以后，许多孔子的精华随之而去了。从"颜渊问为邦"章（【15.11】），就可以体会出来。

【11.8】颜渊死，颜路请子之车以为之椁。子曰："才不才，亦各言其子也。鲤也死，有棺而无椁；吾不徒行，以为之椁，以吾从大夫之后，不可徒行也。"

【疏】

颜路若子路之行诈，不知天、不知命、不知鬼神也。无知之人，爱之适足以害之。

【钞】

非分之享，必有非分之报。一般人只能看到现在，看不到未来，也不相信未来的报应是跟现在这回事有关。这就是凡夫短浅之处。孔子这里说的非分之报，可已经超越了今世，也超越了人间。这怎么跟颜路说呢？只有说，他对自己的孩子也是如此。

【11.9】颜渊死，子曰："噫！天丧予！天丧予！"

【11.10】颜渊死，子哭之恸。从者曰："子恸矣！"曰："有恸乎？非夫人之为恸而谁为？"

【疏】

"文王既殁，文不在兹乎？"（【9.5】）夫子未殁，传人先绝，岂天不欲夫子之道行哉？人存世间，未能行道、传道，生若死也。夫子之痛，痛矣哉！

【钞】

什么叫天意？既然有天命，那是不是也有天意？若是有天意，怎么知道天意是什么？这就像天命一样，似乎有个逻辑在那里，但又无法明确地证明。中国的东西似乎都有些这种味道，像中医，金、木、水、火、土相生相克，为什么心就是火、胃就是土，为什么心不可以是金、胃是水？太极拳说“气”，不都有气吗？为什么我就感觉不到气？说没逻辑，中医还真可以治好许多西医治不好的病。太极拳也真有西方体育达不到的效果。是不是我们的逻辑有限制，还是我们的智慧真正退步了，于是逻辑也受限制了？所以，别说发明了，我们能把老祖宗的东西弄清楚就不错了。

我们真得谦虚。有太多不懂的事情，甚至不承认的事情，其实都在我们之上。

【11.11】颜渊死，门人欲厚葬之。子曰："不可。"门人厚葬之。子曰："回也，视予犹父也，予不得视犹子也。非我也，夫二三子也。"

【疏】

圣人之门，弟子亦不从师训，可见度人之难。然弟子之所以敢公然抗师意不从，必以师父为谦，或以为师父实欲厚葬，不明言耳。不知天、不知命、不知鬼神，实有难喻之处。境界差别，亦在此处。不合礼之葬，伤死者之德也。

【钞】

看孔子对葬礼的慎重合宜、恰如其分非常重视。重视到不只是形式、尊敬，而是到了不合宜就会有伤害的程度。这些，从三世的角度，可以说得蛮清楚的。不从三世的角度来看，总是别扭。

另外，以孔子的德行，他的弟子都明着不听话，一方面，这就是王道的教育，另一方面也让人体会到所谓“度众”真不容易。

【11.12】季路问事鬼神。子曰："未能事人，焉能事鬼？"曰："敢问死？"曰："未知生，焉知死？"

【疏】

夫子知有鬼神，但须知所先后，未能事人，而事鬼神，谄也。鬼或受之，神必不受。夫子知死非如灯灭，后仍有命，然须知所先后。当下之生未能充以实之，死后生命难有善者。

知玄不谈玄，是夫子之可贵，是高明师父之可贵！

【钞】

记得学生时代，偶尔有同学问些高年级的功课与问题，老师经常会说，先把你现在的功课做好，以后自然会学到那些。孔子对子路也是表达这个意思。很多人拿了这一章说孔子不相信鬼神、不相信未来的生命，似乎是差了很远。

我前面提到过，因为《论语》只是对小学生讲的内容，因此许多不谈。去看看《易经》、看看《易传》，那就真是云里雾里了。

【11.13】闵子侍侧，訚訚如也；子路，行行如也；冉有、子贡，侃侃如也。子乐。曰："若由也，不得其死然。"

【疏】

子贡之"文犹质也，质犹文也"（【12.8】）是为高论。见表知里，见行知止。无师父，至死方知非，一生岂非浪费。

【钞】

孔子说子路"不得其死"，难道孔子会看相？的确，人都有脉络、痕迹。像射出去的箭，看射的力道、角度，大约可以知道落点在哪儿。只是我们对生命、人世的认识不完整、有偏差，因此无法完整而正确地看到可能的结果。

【11.14】鲁人为长府。闵子骞曰："仍旧贯，如之何？何必改作？"子曰："夫人不言，言必有中。"

【疏】

汉初，大乱方定，文景二帝沿用黄老之术，与民休息，国力日盛。康熙之末，暮气渐重，需雍正整治吏治。湘军将下南京之时，骄气、暮气亦渐重，曾国藩于是裁撤湘军，代以淮军。虽曰曾国藩有自保之意，然维持生意、与民休息，不可谓不高明。政治若用药，须常保精气，当改则改，但须应时而作。

《易·系辞》云："乾知大始，坤作成物。乾以易知，坤以简能。易则易知，简则易从。易知则有亲，易从则有功。有亲则可久，有功则可大。可久则贤人之德，可大则贤人之业。易简，而天下之理得矣；天下之理得，而成位乎其中矣。"天下事，能仍旧贯，何必改作？

【钞】

天下事，合久必分，分久必合。天下人，动极思静，静极思动。实在说来，要动也要静，重要的是要动静合宜。什么是动静合宜？看事情的重要性、时间性、需求性，要有适当的节奏。不太快、不太慢，不论快慢，要有劲。这跟打太极拳是一个道理。一般人、一般的时候，都太浮躁，因此动静不合宜。若是动静不合宜，宁可以去发展新的，不要去改旧的。

【11.15】子曰："由之瑟，奚为于丘之门？"门人不敬子路。子曰："由也升堂矣，未入于室也！"

【疏】

夫子以六艺教学，子路似仅乐、射、御，其余则似毫无进境，子路鼓瑟若狼吞虎咽之就食，毫无雅致，夫子亦仅苦笑所教之弟子竟如是，生动之状宛若目前。

圣人弟子，亦不过尔尔。因知不可多求今日弟子矣。度众，在己之努力，不可多求。

子路追随夫子周游列国，忠心耿耿，可谓"适道"矣，然未有所"立"，故升堂而未入室。

【钞】

老师只能苦笑，一句玩笑话，弟子们竟然因此对子路明显地表现不尊敬、不客气。难怪当高阶主管讲话需要小心，连玩笑话当众都得小心。

【11.16】子贡问："师与商也孰贤？"子曰："师也过，商也不及。"曰："然则师愈与？"子曰："过犹不及。"

【疏】

子贡必为夫子所器重之弟子，否则，问其他弟子优劣之比，不应应也。

【钞】

一般长辈是不会回答这种问题的。孔子必然很器重子贡，认为子贡是在子张、子夏之上，否则不会跟某个弟子说其他弟子的问题。

【11.17】季氏富于周公，而求也为之聚敛而附益之。子曰：“非吾徒也，小子鸣鼓而攻之可也！”

【疏】

人须知止、知分、知位，否则才高适足以害多也。春秋、战国布衣卿相，只益个人发挥、霸王征战。三国谋臣战将各为其主，无益黎民百姓。秦桧之承宋徽宗之意，丧权辱国；明初道衍和尚不务正业，助朱棣夺位；明末范仲淹之后范文程自荐于努尔哈赤，助清入关等等，皆仅顾个人发挥，不顾天下苍生。不若姜子牙待圣君方用，夫子虽自沽于市，然不得其人、不得其位、不得其时，宁自苦而不用也。

【钞】

有才的人，最难过的是不能发挥。但是，才不是用来逞能的。唱旦角的梅兰芳在抗战的时候留胡子，此举就明显表示不唱戏，不唱给日本人听。这就有他的境界了。

冉有会理财，就昧于大义了。孔子一辈子教学生，尤其教学生要能知大义，冉有竟然如此，孔子能不伤心吗？

孔子老年，儿子死了，最疼爱的两个弟子死了，其他弟子又不听话，可谓受尽折磨。在那种状况之下，还能努力著书立说、心怀天下，有太多的地方值得我们尊敬与学习了。

【11.18】柴也愚，参也鲁，师也辟，由也喭。

【疏】

夫子诚实中的之言，后人竟不能平眼视之，曲为维护。程子曰："参也竟以鲁得之。"朱熹曰："传称喭者，谓俗论也。"坏圣人之学者，皆圣人弟子也。

【钞】

不需要翻历史书，光从《论语》的章句里面，就可以看出曾子鲁钝、子张做作、子路粗鲁。孔子完完全全是诚实话，但是后代朱熹、程子就无法以平常心看待这件事。以为圣人之门，也都是圣人了。这样不能诚实对待，反而让孔子的思想与教育更僵化。若不是孔子思想深邃、能打动人，像程朱那样子造神，孔子思想早就灭亡了。

【11.19】子曰："回也其庶乎，屡空。赐不受命，而货殖焉，亿则屡中。"

【疏】

夫子弟子百千计，唯颜渊一人得道。颜渊得道，在其破相对、入绝对。因不以空为少，空则任其空，故"其庶乎"。子贡以有为少，欲其更多，则丧神失志，惜乎天不怜子贡，任其有而愈有。《道德经》结语云："圣人不积，既以为人己愈有，既以与人己愈多。天之道，利而不害；圣人之道，为而不争。"

【钞】

这一章，一般不容易解释得清楚。为什么颜渊口袋里常常没钱就很接近道了？为什么子贡做生意每次预测什么能赚钱，经常很准确，孔子有惋惜的意思？难道孔子是歌颂贫穷才好？

不能从孔子对天命的了解、对天道的了解来看这一章，很难看出神韵来。

人有天命，但是这天命大概都不会是以赚钱为目的。钱，是工具，不是目标。不知道这一辈子需要钱去做什么，只是一味赚钱，那是浪费了生命。

颜回就从来不觉得钱少。钱对颜回就像风一样，吹过去，颜回没什么大感觉，也从来不会为钱回头。他不会觉得钱不好，他也不觉得钱有什么好。颜回只努力于寻找他生命的真谛。子贡就不一样了。子贡没找到他的天命，也没努力去找。反而，他花了很多精神去赚钱。可惜，子贡做生意眼光很好，总能准确地看到什么能赚钱，这反而限制了他。

有的孩子从小有些才艺天赋，星探找上了他们，可以赚不少钱。这时候，有些父母会犹豫，该让孩子继续念书，还是就让他去发展他的才艺、赚钱？

大部分这种年纪轻轻就赚大钱的孩子，后面的生命都不太容易走好的。到底，生命是有意义与目的的，绝对不是赚钱。

【11.20】子张问善人之道。子曰："不践迹，亦不入于室。"

【疏】

不有智慧，未能承重。质而无文，难以深入，难有智慧，难以承重。文者，非文字、文章之谓，典籍、圣教也。善人"质直好义"，然"好仁不好学，其蔽也愚"（【17.8】）。善心而恶事者，自古不乏其人，须学。圣人教人须善，故人善即已登堂。然质实言之，不学，不见堂奥，登堂况不能论，遑论入室？

【钞】

善人，本着自己的善心，随时随力随状况而做，没有一定的成法。一个人，只随着人云亦云、人做亦做的方式行善，这善心不够纯粹，所以说“善人不践迹”。虽然不践迹，但若是没有深刻的智慧，也难以让人真正得到长远的好处。这深刻的智慧就需要学习才能有的，所以说仅止于善，“亦不入于室”。孔子注重人的本质，更注重学习。善人，本质好，但若是没有进一步的努力学习，也只是初步，登了堂了，但还没入室。

【11.21】子曰：“论笃是与，君子者乎？色庄者乎？”

【疏】

虽曰“文犹质也，质犹文也”（【12.8】），不有慧眼，难知真实，故有如“色取仁而行违”（【12.20】）、“袭义而生”（《孟子》）、“便辟、善柔、便佞”（【16.4】）、“巧言令色”（【1.3】）等警人之语。

【钞】

孔子注重本质，更注重学习。孔子所谓学习，一定要实践，所谓“博学、审问、慎思、明辨、笃行”。因此，只是道理讲得很好，但行为没达标的人，孔子是不认账的，需要做到说到，才是君子。

【11.22】子路问：“闻斯行诸？”子曰：“有父兄在，如之何其闻斯行之？”冉有问：“闻斯行诸？”子曰：“闻斯行之！”公西华曰：“由也问闻斯行诸？子曰‘有父兄在’；求也问闻斯行诸，子曰‘闻斯行之’。赤也惑，敢问？”子曰：“求也退，故进之；由也兼人，故退之。”

【疏】

可与之言方与之言，故有不言之教。法语、巽语不在语、在人。用泄、用补，亦视病者而异。“闻斯行诸？”因人而异。

应病与药，唯大手眼人能之。大夫治身病，师傅治技病，长者治德病，师父治命病、与灵药，可不以生命感功戴德而实践之？！

【钞】

关于孔子的教导要看对象说话、做事等，已经表达了很多次，也应该很清楚了。

看准了对象的特性，知道如何用药，用药轻重拿捏得准，这才是功夫。真正学习智慧，也就在这些纤细的差别处学习，在这些地方看出功夫。所谓“可与立，未可与权”（【9.30】）是这个意思；所谓切磋琢磨就是这些功夫；所谓“有朋自远方来”（【1.1】）就是为了这些地方的切磋。

【11.23】子畏于匡，颜渊后。子曰：“吾以女为死矣！”曰：“子在，回何敢死？”

【疏】

惜乎颜回“秀而不实”，未至“有天命在，回何敢死”之时。

“有恸乎？非夫人之为恸而谁为？”（【11.10】）

【钞】

这一章，像是禅宗的公案。颜回说这句话是什么意思？难道生死还可以自己操纵？生或死跟别人有关？颜回不敢死，不还是早死了吗？这句话什么意思？

的确，在我们还不到程度的时候，生死是无法掌控的。孩子夭折、颜回早死，“斯人也，而有斯疾也。”（【6.10】）是有无可奈何之处。但是，生命越往后走，自己的掌握度应该、也需要越大。先不谈佛家在这方面的理论和方法，就道家的老子也讲：“盖闻善摄生者，陆行不遇兕虎，入军不被甲兵；兕无所投其角，虎无所用其爪，兵无所容其刃。夫何故？以其无死地。”难道野牛、猛虎、刀枪认得好人，不会伤好人？孔子“文不在兹乎”（【9.5】），难不成匡人的锄头、农具碰到孔子就变成了软手轻拍了？

我们不能完全知道天意，但是要努力寻找自己的天命，然后实践、圆满自己的天命。一旦自己的天命合天时，是会有无形的力量保护的。

我认为这一章，颜回也看到了师父孔子的天命，他也自愿承续师父的天命。在天命才开始实践、还没圆满的时候，怎敢不珍惜自己？所以“子在，回何敢死？”

【11.24】季子然问：“仲由、冉求，可谓大臣与？”子曰：“吾以子为异之问，曾由与求之问。所谓大臣者，以道事君，不可则止。今由与求也，可谓具臣矣。”曰：“然则从之者与？”子曰：“弑父与君，亦不从也。”

【疏】

子路、冉有未得夫子之旨，未有智慧，仅为具臣，夫子诚实之言也。

【钞】

按照后来的发展，孔子对冉求非常的不满意，说了：“非吾徒也，小子鸣鼓而攻之可也！”（【11.17】）这就明显地逐出师门了。按说，这就连“具臣”都不是了。这就又引出了一件事：是不是孔子看人也有偏差的时候呢？还有一点，冉有跟了孔子那么多年，还是孔子的入室弟子（因为孔子把冉有列为政事科的高足），那是不是孔子不但人看偏了，还偏了蛮远的，是不是这样？就算是个公案，让大家去参一参。

要平心看人，不是件容易的事。每个人都有优缺点，每个人也都有进步和改变的空间。孔子活到七十岁还在进步、学习，能把一个人一锤子钉死吗？但是，一个不学习、不进步、不提升自己的人，三十岁等于是七十岁，发展不大。孔子心慈，给人许多的空间。但是，我们的境界不够，常常没给孔子太多空间。要不，就说是圣人，连上厕所也是中规中矩、充满智慧，要不，就认为他跟我们一样，也是执著得很、错误连连。然后，就等闲视之，不以为意。

这是我在思索孔子可能有的缺失的时候，不敢放言高论的一个重要原因。杨振宁、李政道只挑出爱因斯坦理论中的一个小偏差，就可以得诺贝尔奖。爱因斯坦可不是诺贝尔奖可以荣耀得了的人。同样，年轻人若是看轻了孔子，也像我这么批判，就学不到太多东西。这是我的难处，也是我必须郑重强调的事情。

圣人不是不能批判，要等都学得差不多了，再谈切磋琢磨，否则自误误人。在此剖心，祈求天宥！

【11.25】子路使子羔为费宰。子曰：“贼夫人之子！”子路曰：“有民人焉，有社稷焉，何必读书，然后为学？”子曰：“是故恶夫佞者。”

【疏】

子路以子之矛，攻子之盾，夫子一时言塞，故“是故恶夫佞者”。师父弟子间生动活泼，斯乃真圣人之门也。

夫子教学，所谓为学者，“不迁怒、不贰过”（【6.3】），“贤贤、竭力以事父母、致身事君、信以交友”（【1.7】）、“入孝、出弟、谨信、爱众、亲仁”（【1.6】），读书乃末事也。

【钞】

这一章，颇为生动。孔子认为让子羔作县官不太适宜。子路就讲出这么一段话。这段话的道理，就是孔子平常说的，于是孔子一时语塞，急得说不出话，就只说：“所以我就最讨厌耍嘴皮子的人。”子路学问不好，就会跟老师顶嘴，但是孔子一直耐心地教着他。子路之所以还让孔子、让人接受，就在于他对人的急公好义与忠诚。这些，熟读《论语》，前前后后多看看，就可以感受得到。

另外一个问题就是，子路讲这段话，引用孔子平时讲的道理，有什么错呢？

自己的学习不能拿别人当实验品。程度、经验还差一点，是可以在职位上锻炼、提升。但是差太远了，那就耽误人。但是，从这章看起来，孔子是说耽误了子羔。学习，要循序渐进，要一步步往上进。接受挑战，尝试飞跃，也要到基本底子有点基础才行。没有应有的基础，谈飞跃，那是自寻死路。子羔是个颇为鲁钝的人，不适宜独当一面。做超出能耐的事，当然对当事人有害。

【11.26】子路、曾皙、冉有、公西华侍坐。子曰：“以吾一日长乎尔，毋吾以也。居则曰：‘不吾知也！’如或知尔，则

何以哉？”子路率尔而对，曰：“千乘之国，摄乎大国之间，加之以师旅，因之以饥馑；由也为之，比及三年，可使有勇，且知方也。”夫子哂之。“求，尔何如？”对曰：“方六七十，如五六十，求也为之，比及三年，可使足民。如其礼乐，以俟君子。”“赤，尔何如？”对曰：“非曰能之，愿学焉。宗庙之事，如会同，端章甫，愿为小相焉。”“点，尔何如？”鼓瑟希，铿尔，舍瑟而作。对曰：“异乎三子者之撰。”子曰：“何伤乎？亦各言其志也。”曰：“莫春者，春服既成，冠者五六人，童子六七人，浴乎沂，风乎舞雩，咏而归。”夫子喟然叹曰：“吾与点也！”三子者出，曾皙后。曾皙曰：“夫三子者之言何如？”子曰：“亦各言其志也已矣！”曰：“夫子何哂由也？”曰：“为国以礼，其言不让，是故哂之。”“唯求则非邦也与？”“安见方六七十，如五六十，而非邦也者。”“唯赤则非邦也与？”“宗庙会同，非诸侯而何？赤也为之小，孰能为之大！”

【疏】

曾点看似毫无意于世事，然与会四徒为最留意世事者。何以知此？以“三子者出，曾皙后”知之。彼三徒，答夫子之问，懵然事毕则出，唯曾皙细考夫子之答也。

夫子用力甚勤，欲以兼善天下，夫子教人立人、达人大人之学，弟子未有不知者。当彼之境，逆夫子之教而应者，不有深意，必不敢如此。而曾皙平日留心世事，如前节所述，夫子亦必已知之，故其不以曾点“异乎三子者之撰”而斥之。若“暮春”之言，以宰我述之，则必斥矣。

此章依钱穆夫子之说，当在五十出仕前之事。窃亦以为然。若为夫子周游列国时之事，曾点之对则言行不符。夫子有心世事，然知天下大乱，不得其时，虽有志，难有为，故违己平日所教，“喟然叹曰吾与点也”。其不得已之情，跃然纸上。继而夫子出仕、周游列国，知其难而为之，夫子之悲天下、夫子之艰苦卓绝令人钦佩。此非我等凡夫，以成败论英雄者能知也。

夫子五十知天命后出仕。虽不得天时，然不可违天命。天时不天时，亦在人为。孰料夫子之天时，竟在身后千秋万代？孰料夫子凤凰浴火，竟重生于身后？

天时不可期，天命不可违，之中深刻智慧，千百年来使人悟之不尽。

“哂”者，朱熹注“微笑”，蕅益大师以为“大笑”，否则夫子酸矣。“哂”者，必为大笑，以夫子哂之时，曾皙之行可知。

圣人之门，论道闲谈间，原不拘形式，弟子一旁鼓瑟不辍，若今日共坐一室闲谈，旁有人弹钢琴者。夫子之门，生活中怡然论道之乐，如在目前，令人欣羡不已。

【钞】

这一章非常美、非常丰富。

每个弟子各自述说他们的志向，讲完了，就走。只有曾点留下来，细细跟老师请教，试图了解老师对每位弟子的评论。说曾皙毫无心于世事，是不可能的。毫无心于世事，不会对世事的志向如此细问、细查、用心学习的。

于是，曾点的志向的确就表达了时机不对的反话。这点，其他弟子不懂，孔子懂，而且触动孔子的敏感神经，所以深深叹口气说：“我同意曾点的志向。”这不是也有禅机的味道？只有孔子跟曾点知道在说什么，其他人在一旁懵然不觉。

既然孔子同意曾点，也认为时机不对、机会不大，那孔子为什么还在五十岁出来做官，然后周游列国？这就不得不佩服孔子了。真的是“知其不可而为之”了。若是百分之百地没有机会，知其不可而为之就是全然的傻瓜。孔子必然不放弃他有可能的一丝机会。到了孔子的境界，上知天心，后知万世，他这么做，除了悲悯当代的人，也悲悯百代以后的人。孔子虽然知道天时不在，他还这么做，是不是有希望感动天地、改变天意的意思呢？这都已经是超出我们的境界，但不是不可能的情况。无论如何，我们就不能以孔子当世的成败来论孔子了。

孔子给了我们最好的教材，除了写下来、讲出来的道理，就是他用生命谱出的“天命”、“天时”、“天意”等人天的道理。

关于“哂”这个字，朱熹注解是“微笑”。明朝末年的四大名僧之一的蕅益大师在他《四书》的注解中说是“大笑”，否则孔子就太酸了。也就是说，明明知道子路不妥当、不对，也就默默地这么一个微笑，不是心地磊磊的孔子气象。我认为绝对是大笑。从文章本身就可以看出来。孔子在问子路的志向的时候，曾皙根本就在抚琴。抚琴，不可能眼不在琴上。眼在琴上，但是曾皙知道老师在笑，后来问老师为什么笑，非是大笑、笑出声音让曾皙听到不可。大家想想看，子路说得不对，孔子大笑，这是多么的爽朗、自在？

朱熹一辈子用力在《四书》的注解上，用力之多，注解之完备，考订之详细，是非常好的工具书。千年来所有读《四书》的，都受到朱熹的帮助，必须感激。但同时，这也就是我说的，还需要另一本工具书，“以经解经”，把孔子思想的全貌烘托出来。

这一章真美。老师、弟子共坐一室，大家聊聊志向。大家随性而坐，有人还在旁边抚琴，多么自在！这哪是一般人认为孔子死板板的，弟子好像坐在他前面都需要端坐、不能大声喘气似的？

至于曾点所说的“莫春者，春服既成，冠者五六人，童子六七人，浴乎沂，风乎舞雩，咏而归”，也真是一幅田园乐图。宋儒们认为这是孔颜心志等，我认为完全跑题了。关于宋儒对孔子的认识，以及对老子的认识，我认为很多时候，很多的观念错误，经常是整个时代都错的。不是吗？当今时代许多观念，是不健康、没力量、也无法持久的。我认为，我们要有足够的能力活在当代，但也需要培养自己的智慧，能够超过当代。这，就需要不断努力学习。

颜渊第十二

【12.1】颜渊问仁。子曰："克己复礼为仁。一日克己复礼，天下归仁焉。为仁由己，而由人乎哉？"颜渊曰："请问其目？"子曰："非礼勿视，非礼勿听，非礼勿言，非礼勿动。"颜渊曰："回虽不敏，请事斯语矣。"

【疏】

弟子问仁者亦多矣，其他多自小处应之，自问者之缺失处答之，唯颜渊之问，夫子答以本题、答以本体。仁者，人心本具、人人本有，不假外求，故"为仁由己，而由人乎哉"？仁者，天地之心、万物之命，故"一日克己复礼，天下归仁焉"。

颜渊敏而好学，知理即欲行，故问其目。师父乃明师，弟子亦高足。师徒相得，留一段佳话与千年后代学子。

【钞】

这四"勿"，许多人认为就是孔子让人透不过气来的地方，绑得太紧了。但这四"勿"真是简单易上手的好方法。虽然现在还没有一个规范的礼，但是对于不好的习惯，就用这方法来改正，也非常有效。视、听是第一关；没能警觉到，还有第二关，警觉到就马上不说；在行动之前，还有第三关给自己警觉的机会。只要抓住视、听，后面就容易些。

譬如说，年轻人都喜欢异性，原本无可厚非，但不注意，有可能会整天充满性幻想。年轻人有时候也知道这不对，但不知道该怎么办，就用这四“勿”。报上、网上跟异性有关的新闻、图片等，看到就跳过，心里会比较少受影响，分寸就能够掌握得好些。

【12.2】仲弓问仁。子曰：“出门如见大宾，使民如承大祭。己所不欲，勿施于人。在邦无怨，在家无怨。”仲弓曰：“雍虽不敏，请事斯语矣。”

【疏】

无不敬。

仲弓乃夫子德行科弟子，此答法非谓仲弓有不敬、己不欲施于人之失，实乃因仁施政之高明政治。然仲弓未必得旨。

【钞】

这一段，实际上是孔子教仲弓如何将仁应用在政治上，但是看仲弓的回答“雍虽不敏，请事斯语矣”，似乎以为老师是跟他说个人的事情。看样子，仲弓没抓住孔子的意思。

【12.3】司马牛问仁。子曰：“仁者，其言也讱。”曰：“斯言也讱，其谓之仁矣乎？”子曰：“为之难，言之得无讱乎？”

【疏】

忍者，逆其习而行。言多而躁者，隐忍不言。言寡而后者，忍而发言。

【钞】

像这些弟子，孔子回答他们的问题，的确是针对他们的缺失而答。也就是说，基础功课还没做好，问些后面深一层次的问题是没有意义的。同样，孔子回答子路“未知生，焉知死”、“未能事人，焉能事鬼”（【11.12】）也是一样的意思。

很明显，司马牛也认为“仁”不应该是这么简单，所以才再反问老师。人，真的都是看别人看得很清楚，看自己就迷糊。不知道，司马牛能不能悟到老师的意思？

【12.4】司马牛问君子。子曰：“君子不忧不惧。”曰：“不忧不惧，斯谓之君子已乎？”子曰：“内省不疚，夫何忧何惧？”

【疏】

“仁者不忧、勇者不惧”（【14.29】），不忧不惧有过于君子者，然亦君子之课、君子之行。惜乎，司马牛浅视之。

【钞】

禅师常说：“道在自然。”又说：“平常心是道。”生命本来很简单，但是总被人越弄越复杂。所以《中庸》上说：“道不远人，人之为道而远人。”老子也说：“大道甚夷，而人好径。”司马牛问君子，孔子回答得很好，但是司马牛就觉得好像应该不只这些。有人开玩笑说，人啦，是听骗不听劝。有点意思，但这也正告诉了大家，要好好读书、学习。

【12.5】司马牛忧曰："人皆有兄弟，我独亡。"子夏曰："商闻之矣：'死生有命，富贵在天。君子敬而无失，与人恭而有礼。四海之内，皆兄弟也。'君子何患乎无兄弟也？"

【疏】

《中庸》有言："天之生物，必因其材而笃焉。故栽者培之，倾者覆之，《诗》曰：'嘉乐君子，宪宪令德，宜民宜人。受禄于天。保佑命之，自天申之。'故大德者必受命。"富贵之命，自栽其富贵，天又培之；贫贱之命，自倾其富贵，天又覆之，天不过因其材而笃焉。虽曰"死生有命，富贵在天"，实操之在我，但不以一世而论也。夫子不言三世，仅略之以"天"而已。

【钞】

"四海之内皆兄弟"，这句话说得很好，但是意义不止他所说那样。要真做到"四海之内皆兄弟"，只做到"敬而无失、恭而有礼"是不够的，还要照顾别人，像照顾自己兄弟一样。大丈夫真有志向，应该以"四海之内皆同志"为目标，登高一呼，四方响应，替人类、替世界做点事情。

【12.6】子张问明。子曰："浸润之谮，肤受之愬，不行焉，可谓明也已矣。浸润之谮，肤受之愬，不行焉，可谓远也已矣。"

【疏】

《道德经》云："知人者智，自知者明。"又云："不自见，故明。”自明则能照人，进而烛人。己无暗渠，污秽不生；心无死角，愚昧不存。

为人君，不在威，在明，所谓“明君”是也。

【钞】

作为一个领导人而言，知人之明，比自己能干更重要。举例来说，战国时候的孙膑可谓“兵圣”，能洞烛机先，掌握战场变化的关键，但他就看不到旁边的同学庞涓对他包藏祸心。《三国演义》中，诸葛亮神机妙算，他却看不到马谡“言过其实”，以至于失街亭，伐魏又告失败。在挥泪斩马谡的同时，才想起刘备对马谡的“言过其实，不可大用”的评论。

作为领导，用人，最重要的在“明”。君上不明，必为庸主。

【12.7】子贡问政。子曰：“足食，足兵，民信之矣。”子贡曰：“必不得已而去，于斯三者何先？”曰：“去兵。”子贡曰：“必不得已而去，于斯二者何先？”曰：“去食。自古皆有死，民无信不立。”

【疏】

因利失信，冷天下英雄之望，必终失天下人心。因利失信，是为穿窬之盗，非英雄所为。

昔读晋文公“得原失信”虽三日可下原而不为，以为迂腐。今方知我毕竟凡夫。虽然，人不可不学。曩昔因读“得原失信”故事，方有今日知昔日之失，因读书而进也。

【钞】

孔子对“信”的重视非常明显，前面已经表达过了。这一章孔子更清楚地表达宁可饿死，也不能失信，这就把“信”的重要强调到无以复加了。不细想不觉得，细细想想，还真是如此。一旦别人不相信你，就像人们看不起小偷、不相信小偷一样。小偷是你一回头，趁你不注意就拿了你的东西，不讲信用的人不也一样吗？当面说得好好的，一回头，就不知道他玩什么把戏，这还能在社会上立足吗？老百姓若是对政府没信心，那就是上有政策、下有对策，大家玩猫捉老鼠的游戏，这个政府能长治久安吗？

弘扬中国传统文化思想，建立老百姓的基本品德，孝、忠、信，是刻不容缓的。否则，再多的国家资源，也不够大家的偷盗。

【12.8】棘子成曰：“君子质而已矣，何以文为？”子贡曰：“惜乎，夫子之说君子也，驷不及舌！文犹质也，质犹文也。虎豹之鞟，犹犬羊之鞟。”

【疏】

通篇《论语》子贡之言，此为其稍得夫子之道之证。

“文犹质也，质犹文也”为初步，近乎《心经》“色不异空，空不异色”，再进则“色即是空，空即是色”，即“文即质，质即文”，斯乃人之所以为人之最终也。

【钞】

许多人对“文”有错误的看法，以为“文”就是修饰而已。譬如说，在西方拍的电影里，拍耶稣，从来只是拍背面，或是远远的，面目看不清。这是为什么呢？因为一个人，怎么可能露出

“神”性的光辉呢？有许多电影明星拍伟人，经常看过去，不是那么回事，为什么？因为没有那个气质。这，就是“文”。是什么深度与境界，就露出什么气质，透出什么品位，这些是无法装出来的。

境界与气质是自然而然透出来的，不过这并不是每个人努力的目标。每个人应该努力的目标是帮助别人，帮助许多人，帮助全天下的人。要能够做到这一点，也就需要有涵盖许多人、涵盖全天下人的心胸与能力。这等气度、心胸与能力是后天努力培养的，这，就是“文”。有了这些气度、心胸与能力的“文”，到时候自然也就透出来了，也就扩大、发挥了你的本质。

【12.9】哀公问于有若曰：“年饥，用不足，如之何？”有若对曰：“盍彻乎？”曰：“二，吾犹不足；如之何其彻也？”对曰：“百姓足，君孰不足？百姓不足，君孰与足？”

【疏】

非太极高手，不知舍己从人之功。非入道者，不知立人方能立己之道。有若不愧夫子高足，其于《论语》章句仅四章，然章章皆精品。百姓足，君孰不足？“地狱不空，誓不成佛”，此心一发，成佛必在地狱空之前也。

【钞】

人越自私，所得到的越少；越是给人，所得到的也越多。老子《道德经》几乎就围绕着这个观念在发挥。“反者，道之动”，“相反相成”的道理还好懂，真要去做，只有高明师父才能真正破了自己最后的执著。

【12.10】子张问崇德辨惑。子曰："主忠信，徙义，崇德也。爱之欲其生，恶之欲其死，既欲其生又欲其死，是惑也！'诚不以富，亦只以异。'"

【疏】

是所谓"知者不惑"(【14.29】)，不惑于情欲也。前已言及。

【钞】

是欲生于情？还是情生于欲？是先有情？还是先有欲？爱跟情有什么差别，是有情必有爱？还是可能有爱无情，有情无爱？有不少薄情郎有欲无情、无爱的故事，可不可能有情、有爱但无欲？佛法里说菩萨们就是"有情大道心众生"，这什么意思？菩萨当然不会惑于情欲，怎么个不惑法？就留个家庭作业大家一起做做吧！

【12.11】齐景公问政于孔子。孔子对曰："君君，臣臣，父父，子子。"公曰："善哉！信如君不君，臣不臣，父不父，子不子，虽有粟，吾得而食诸？"

【疏】

君当止于君位，臣当止于臣位，父、子亦各有其位所当止。《中庸》云："为人君，止于仁；为人臣，止于敬；为人子，止于孝；为人父，止于慈；与国人交，止于信。"

君君、臣臣、父父、子子，天下大治。

【钞】

别说孔子说的道理太迂腐，只是我们不懂，我们不知道怎么去做。能把《中庸》那句“知止”的道理让所有的国人从小学习，每个人知道每个人在不同时候，有不同的位置，需要有不同的责任与担当，国家就能有一定的和谐。

担当国家大任的人，尤其需要读书。慈禧太后其实是很能干的人，她就是一个宫女出身的小姑娘，没读什么书，整天在皇宫里琢磨，到最后可以玩大臣于股掌之上，但是遇到外患，就不知所措，因为昧于天下大势，没有智慧作判断。智慧，是读书读出来的。担当国家大任的人，需要有智慧，尤其需要读书。

【12.12】子曰：“片言可以折狱者，其由也与！”子路无宿诺。

【疏】

子路急公好义，无宿诺，故人心服之，服于子路之折狱。非子路聪慧明达过人，然能领众者，以此。

【钞】

无宿诺，就是信用的表现。子路除了有信，又急公好义，人们自然心服。子路不知道自己怎么变成了人们的领导，但是我们可以从中学习到讲信用、帮助人，就把自己推上了领导的地位。

人只要不自私，有些魄力，自然就是领导了。

【12.13】子曰：“听讼，吾犹人也。必也使无讼乎。”

【疏】

《孙子兵法》云：“故百战百胜，非善之善者也；不战而屈人之兵，善之善者也。”又曰：“善战者，无战形。”

【钞】

人的境界是层层而上。起先是能干，然后是很能干，后来好像越来越不能干，到最后似乎很不能干。因为智慧越高，化事情于无形，在后台建立整个结构，建立整个价值体系，知道的人越来越少，做的事情也越来越少，但是越来越重要。这就是老子这段话的意义：“太上，下知有之；其次，亲而誉之；其次，畏之；其次，侮之。信不足焉，有不信焉。”

【12.14】子张问政。子曰：“居之无倦，行之以忠。”

【疏】

有闻雍正求教康熙治天下之道，康熙曰：“耐烦。”

【钞】

一切事情，毅力成就。世上聪明人太多，有智慧的人也不少，但是真能成就事业的，都需要有毅力。

有毅力也还不够，还要能有团队。这团队，就只有“忠”的品质的人才能召集、凝聚得来。没有智慧的忠，是愚忠。这并不是孔子所教导的。有智慧、有勇气、有担当的人，不会不忠的。孔子教导，真的是要细细体会。不管到任何年纪，总会体会出以前看不到的意味。“忠”因为被一般人庸俗化了，几乎跟“愚忠”画上了等号，让这深刻又重要的观念，几乎被忽略了。

【12.15】子曰：“博学于文，约之以礼，亦可以弗畔矣夫！”

【疏】

博学则不固陋，行礼则不自是。

【钞】

孔子的教导，总是理论与行动并重。子以四教：文、行、忠、信。(【7.25】)子曰："言忠信，行笃敬。"(【15.6】)《中庸》云："博学之，审问之，慎思之，明辨之，笃行之。"颜渊喟然叹曰："博我以文，约我以礼。"(【9.11】)到处都是理论与行动并重。没有行动的理论，只是脑力游戏，没有理论的行动，也是孩儿戏耍。要有理论、有方法、有行动、有验证，才是真东西。

【12.16】子曰："君子成人之美，不成人之恶。小人反是。"

【疏】

小人心窄量浅，惧人过我，幸灾乐祸，故成人之恶。君子"不积，既以为人己愈有，既以与人己愈多"(《道德经》第八十一章)，"己立立人"(【6.30】)，故成人之美。

【钞】

君子、小人，就在心胸大小、邪正、明暗。越自私，得到的越少；越给人家，自己得到的越多。这些正正反反的道理，老子讲得最好。所以小人真是冤枉成了小人，君子乐得为君子。

【12.17】季康子问政于孔子，孔子对曰："政者，正也，子帅以正，孰敢不正？"

【疏】

《大学》云："一家仁，一国兴仁；一家让，一国兴让；一人贪戾，一国作乱；其机如此。"

夫子于季康子可谓严厉矣！

【钞】

这一章，还有后面几章是季康子请教孔子的问题。孔子回答都不假辞色，很不给季康子面子。这一章就非常严厉，意思是说，就是因为你季康子不正，所以才有这个问题。也正因为孔子的严厉，而季康子还敢三番两次地请教，我是蛮佩服季康子的。

要经得起锻炼、经得起考验才可能进步、才可能学到东西。

【12.18】季康子患盗，问于孔子。孔子对曰："苟子之不欲，虽赏之不窃。"

【疏】

夫子"我未见好仁者，恶不仁者"章（【4.6】）亦同此意。人不成圣贤、未能作佛，质实言之，仍在见地不明。是故宗门有言："不看修行，看见地。"见地果明，"我欲仁，斯仁至矣！"（【7.30】）苟真我之不欲，无由得而生之。

【钞】

我认为，就是因为季康子还能、还愿意问、愿意听，孔子才三番两次直言相谏。像这种从根上回答的答案，都是非常珍贵的，就是不知道季康子能听进去多少。

王霸是不同的。但是学了王道思想，也不是第二天就能改弦更张，真的这样做，就非乱不可。要懂得了这个道理以后，慢慢往王道的方向转化。只是很多时候，站在一边，很难看到另外一边。站在霸道统治的立场，就很难体会王道政治的想法，因此也就越演越烈，终至崩溃。

【12.19】季康子问政于孔子曰："如杀无道，以就有道，何如？"孔子对曰："子为政，焉用杀？子欲善，而民善矣！君子之德风，小人之德草；草上之风，必偃。"

【疏】

曾国藩亦曰："天下风俗之良窳，系于一二人而已矣！"《大学》云："尧舜帅天下以仁，而民从之；桀纣帅天下以暴，而民从之；其所令反其所好，而民不从。"

反之亦是。枉者在位，则一休皆枉。可参"哀公问何为则民服"章（【2.19】）。

【钞】

"君子之德风，小人之德草；草上之风，必偃。"说明了领导的重要。所谓："兵熊熊一个，将熊熊一窝。"胡林翼曰："营官不得人，一营皆成废物；哨官不得人，一哨皆成废物；什长不得人，十人皆成废物。滥竽充数，有兵如无兵也。"

很多人觉得世风日下，对时代悲观，认为积重难返。我认为不在世风日下，而在没有圣人出世，没有大人物出世，没有领导。

舜何人也？予何人也？有为者亦若是。为什么不可能就是你我替这时代做些事情呢？

【12.20】子张问："士何如斯可谓之达矣？"子曰："何哉？尔所谓达者！"子张对曰："在邦必闻，在家必闻。"子曰："是闻也，非达也。夫达也者：质直而好义，察言而观色，虑以下人；在邦必达，在家必达。夫闻也者：色取仁而行违，居之不疑；在邦必闻，在家必闻。"

【疏】

"达"、"闻"之义，差诸千里，不待细绎，亦可知之，何以子张错谬如是之远？是子张所需深自反省之处，达闻之辨，尤为小事。

【钞】

子张问"达"，孔子对弟子可谓非常了解，相信子张所谓"达"的想法是另一个意思，所以特地确认一下。果然如此。这才是明师，能对症下药。

【12.21】樊迟从游于舞雩之下，曰："敢问崇德、修慝、辨惑？"子曰："善哉问！先事后得，非崇德与？攻其恶，无攻人之恶，非修慝与？一朝之忿，忘其身以及其亲，非惑与？"

【疏】

参读"爱之欲其生"章（【12.10】），夫子"不惑"者，不惑于情欲明矣。人不自明，皆因情欲。所谓"嗜欲深者，天机浅"，反之，嗜欲浅者天机深。人能不随欲迁，则正气凛然、明白四达，是为成贤成圣、成佛作祖之入手处，原不在木鱼、顽坐，口称"弥陀"也。

【钞】

《论语》是对年轻弟子的开示，就像对小学生讲话一样。说崇德，就说“先事后得”，老子像是对中学生说话，就说“建德若偷”。我颇为惊讶，我在国内许多地方演讲，提出“建德若偷”，大家竟然都不知道是什么意思。在这儿就当作一个功课，不知道的同学去查查注解，看是什么意思。

【12.22】樊迟问仁。子曰：“爱人。”问知。子曰：“知人。”樊迟未达。子曰：“举直错诸枉，能使枉者直。”樊迟退，见子夏曰：“乡也，吾见于夫子而问知，子曰：‘举直错诸枉，能使枉者直’，何谓也？”子夏曰：“富哉言乎！舜有天下，选于众，举皋陶，不仁者远矣；汤有天下，选于众，举伊尹，不仁者远矣。”

【疏】

《资治通鉴》中，唐太宗与魏征论人才：“上谓魏征曰：‘为官择人，不可造次。用一君子，则君子皆至；用一小人，则小人竞进矣。’对曰：‘然。天下未定，则专取其才，不考其行；丧乱既平，则非才行兼备不可用也。’”

人才之论，我以为魏征之言最善：治世须取德，乱世则有才即用。然，有才无德，须能驾驭。有才无德偶一用之，然切不可以其君人。

毓老曰：“不识其人，则识其友。”《易》曰：“方以类聚，物以群分”、“同声相应，同气相求”。举直则诸枉自去，为人君，不在能，在明。

【钞】

不但是“举直错诸枉，能使枉者直”，而且“举直错诸枉，能使直者进”，像唐太宗所说。孔子在《论语》里面“仲弓为季氏宰”章说过：“举尔所知，尔所不知，人其舍诸！”(【13.2】)用了一个人才，其他类似的人才都会跟着来的。

【12.23】子贡问友。子曰：“忠告而善道之，不可则止，毋自辱焉。”

【疏】

应病与药，不在药方珍贵，在病者受用也。“不可与之言而与之言，失言。”(【15.8】)未能时然后言，则试觅时忠告而善道之，尽其在我。

孔子曰：“未见颜色而言，谓之‘瞽’。”(【16.6】)

【钞】

很多年轻人，非常爽直、可爱，见到朋友走错路，常常不顾一切地去谏止，认为只要是对朋友好，即使伤害感情也在所不惜。问题是，对朋友好，就必须他能听得进去才有用。他听不进去还一直喋喋不休，那就只是满足自己认定的价值而已。说得轻一点，是没有智慧；说得重一点，还是自私，自我满足而已。

【12.24】曾子曰：“君子以文会友，以友辅仁。”

【疏】

未能辅仁、辅志、日趋上流者，皆非友、亦皆不当友也。

【钞】

独学而无友，不但是孤陋寡闻，而且是固陋自是。人，总要有几个能说真话的朋友。没有几个说真话的朋友，自己绝对有问题。

子路第十三

【13.1】子路问政。子曰："先之，劳之。"请益。曰："无倦。"

【疏】

参照"子张问政"章（【20.2】）。

有谓"细节决定成败"、"细节决定品质"。《冰鉴》云："不了处看其脱略，做了处看其针线。小心者，从其不了处看之，疏节阔目，若不经意，所谓脱略也。大胆者，从其做了处看之，慎重周密，无有苟且，所谓针线也。"

【钞】

每个人的个性不同，有人喜欢看大处，有人注重细节。一个团队，一定要有人盯着细节，也要有人看形势。但是，最后事情的成败，还是需要有精致的细节打造而成。对于不喜欢细节的人，需要特别注意去找能处理细节的伙伴，在必要的时候，也能静下心来，处理细节。

【13.2】仲弓为季氏宰，问政。子曰："先有司，赦小过，

举贤才。”曰：“焉知贤才而举之？”曰：“举尔所知，尔所不知，人其舍诸！”

【疏】

“同声相应，同气相求”，“方以类聚，物以群分。”我有量，人自来；我不明，来者皆为魑魅魍魉。

【钞】

春秋时代，燕昭王想争夺天下，想得到天下人才，丞相郭隗跟燕昭王讲了一个五百金买千里马骨的故事。所谓“良禽择木而栖，贤臣择主而事”是也。人才是要努力、耐性寻找的，但是能把现有的人用好，人才才会真正来。孔子这“举尔所知，尔所不知，人其舍诸”真是又简单、又实用的方法。《论语》处处充满智慧，实在耐人寻味。

【13.3】子路曰：“卫君待子而为政，子将奚先？”子曰：“必也正名乎！”子路曰：“有是哉？子之迂也！奚其正？”子曰：“野哉，由也！君子于其所不知，盖阙如也。名不正，则言不顺；言不顺，则事不成；事不成，则礼乐不兴；礼乐不兴，则刑罚不中；刑罚不中，则民无所措手足。故君子名之必可言也，言之必可行也。君子于其言，无所苟而已矣！”

【疏】

子路言语造次，无小大，夫子虽亦恼，然不废教。此圣人修养、圣人心胸。夫子于无师道之日建立师道，今日师道荡然，亦须以夫子之行，重建师道也。

当日中山先生推翻清朝，共产党推翻国民党政权，之所以能以弱胜强、以小博大者，名正言顺也。所谓民心向背，名不正、言不顺，无得而导民心也。

【钞】

名不正，虽可苟且一时，难以长治久安。就看今日许多社会“二奶”的事情，并不是女人心窄，爱面子、要名分，而是真的名不正的苟且关系，到最后总是一团混乱。

不敢正名，任何人都知道是在苟且偷安。虽然有事实的难处，但绝对是要面对与解决的问题。

【13.4】樊迟请学稼，子曰：“吾不如老农。”请学为圃，曰：“吾不如老圃。”樊迟出，子曰：“小人哉，樊须也！上好礼，则民莫敢不敬；上好义，则民莫敢不服；上好信，则民莫敢不用情。夫如是，则四方之民，襁负其子而至矣，焉用稼！”

【疏】

春秋时，九家十流，樊迟所问，农家之事也。于夫子之前，儒家亦为学艺之所，是故子曰：“三年学，不至于谷，不易得也。”（【8.12】）至夫子始由技入道，故子谓子夏曰：“女为君子儒，无为小人儒。”（【6.13】）樊迟不悟，犹问他家技艺之事，失夫子之旨远矣。

凡事有因果，如响应声，圣人见之细微，知礼、义、信如斯之易用，乃吾人懵然无知。吾人未读无知，读亦不知，知不能信，信不能行，大道正于脚下，犹四望以求道，不可解！不可解！

【钞】

王道与霸道的不同，在于是否顺应人心。人心虽有惑乱的时候，但总无法长久。希特勒时代的疯狂，“文化大革命”时代的疯狂，人性都扭曲了，但是总无法长久。有些疯狂不是那么明显，但本质上还是扭曲，譬如功利的念头与想法。罗马帝国毁灭以前，也是功利、暴力当道。但是，在一阵疯狂之后，人还是会回到人性的原点。或者说，扭曲的人性社会一定会崩溃，崩溃以后再回到原点。虽然说，人性本善，但是“性相近，习相远”(【17.2】)，社会风气还是会影响人、改变人的。于是，持久的道德教育是当政者应有的高远智慧。以中国传统文化思想为基础的教育，是最好的文化教育、道德教育。能让人心趋向本性，让人心醇厚，也让社会和谐。

王道政治就是从人性最根本处下功夫，把人心导向原本最自然的地方。越是接近本性，越是让人向往。《易经·乾卦·文言传》：子曰：“同声相应，同气相求；水流湿，火就燥；云从龙，风从虎。”人心、人性是有自然的趋向的。所以，上好礼、上好义、上好信，则老百姓像镜子一样，也反映出尊敬、心服、用情，这些都是让人愉快、舒服的素质，当然“四方之民，襁负其子而至矣！”

世风日下不是问题，没有圣君、圣人出世以引导老百姓才是问题。

【13.5】子曰：“诵《诗》三百；授之以政，不达；使于四方，不能专对；虽多，亦奚以为？”

【疏】

读万卷书，行万里路。《诗》也者，万里江山人情。不知人情，难以为政；不知人心，难以应对。味不在多，在入；书不在多，在入。

【钞】

毓老师经常说，书，只要读通一本，能用就够了，不在多。但是，如果要当老师，引经据典，就需要多读书。我认为读书最实际的，一是左宗棠，他就喜欢经世济民、有用的书，不喜欢八股科举的文字。另外，就是毛泽东。我相信，毛泽东完全不耐于写些学术性的文字，但是，有谁能比毛泽东读的书更有用，更能够拿来就有用？

有。有一个，应该就是孔子。

读书，不在考据，不在学术，在智慧，在实用。

【13.6】子曰："其身正，不令而行；其身不正，虽令不从。"

【疏】

身正，则民知途，不令而行；身不正，民不知所措，则虽令不从。是所谓"名正、言顺、事成、礼乐兴、刑法中、民之所措手足"（【13.3】）也。

子曰："苟正其身矣，于从政乎何有？不能正其身，如正人何？"（【13.13】）意同。

【钞】

身教绝对是重于言教的。以小孩子教育为例，他们听不懂大道理，但是他们就是学样子。父母抽烟、打牌，孩子就认为抽烟、打牌正常。温州人家家户户做生意，孩子们自小就认为做生意是当然。孟母三迁，因为聪慧的孟子，是跟着别人的动作学习，而不是跟着大道理学习。等到大了，学了道理了。若是一个人说的跟做的不一样，别人就产生怀疑了，大家还是以当事人的行动为依归，不是以他说的道理为依归。

道理说多了，只骗了自己，别人是骗不了的。

【13.7】子曰："鲁、卫之政，兄弟也。"

【疏】

鲁有圣人不能用。非世无人，在君上不明也。

【钞】

鲁、卫都是圣人的封地，但是子孙不肖，未能传承祖先的德行、典章、制度，以至于衰弱、混乱，终至灭亡。如今，中国传统文化思想传承至今，也有断层之虞，这是我们这一代子孙，尤其是当政者不可不慎重而努力的题目。

春秋时，有孔子、墨子等圣人出世，但不得重用。由此可以知道，圣君更重于圣人。

【13.8】子谓卫公子荆："善居屋。始有，曰：'苟合矣。'少有，曰：'苟完矣。'富有，曰：'苟美矣。'"

【疏】

老子曰："知足者富。"未若"感恩者乐"。

【钞】

在形式与实质之间，实质更重要。所以在《论语》里有许多章句，像子曰：“礼，与其奢也，宁俭；丧，与其易也，宁戚。”（【3.3】）像子曰：“礼云礼云，玉帛云乎哉！乐云乐云，钟鼓云乎哉！”（【17.11】）像子曰：“麻冕，礼也；今也纯，俭，吾从众。拜下，礼也；今拜乎上，泰也。虽违众，吾从下。”（【9.3】）都是这个意思。

不能抓紧本质，形式会把人越带越远，最后把人给搅乱了。所以《中庸》上说：“道不远人，人之为道而远人。”

【13.9】子适卫，冉有仆。子曰：“庶矣哉！”冉有曰：“既庶矣，又何加焉？”曰：“富之。”曰：“既富矣，又何加焉？”曰：“教之。”

【疏】

今日政府、企业之教仅止于“宣导”，学校之教重在“应试”，非夫子之所谓教也。当思何以树立书院于今日？

【钞】

孔子这一章非常适合今日中国国情。自从邓小平改革开放以来，国家富了。现在不应该还是以经济指标作为政府官员的追求目标，需要重视“素质教育”。依我看，政府也不是不知道道德教育、素质教育的重要，提出“八荣八耻”、提出“去三俗”，也开始在传统节日像清明节、端午节放假，也开始祭孔、祭黄帝。先把形式恢复，这是无可厚非的。只是要尽快加紧实质的恢复。实质的恢复的确比形式恢复要难，但是可以先把框架搭起来。框架搭了起来，然后当政者虚心请教民间有些风骨的学者，担任领头职位，事情会有机会的。譬如说，国家需要设立“礼部”、“乐部”，开始订定今日学校的礼节、政府开会的礼节等；开始研究乐教，创作清新的音乐，渐渐取代时下庸俗的音乐。可以设立书院，由私人讲学。尤其是，企业可以用中国传统文化作为企业文化的基石。方法是有的，就看当政者是否重视这些事情，在这些事情上下功夫。

子曰：“君子之德风，小人之德草；草上之风，必偃。”（【12.19】）为政者的引导太重要了。

【13.10】子曰：“苟有用我者，期月而已可也，三年有成。”

【疏】

须君上用人不疑方可。

【钞】

就像商鞅变法，一旦言出令行，以身作则，社会习惯马上改变。当初“文化大革命”，不也几乎就是一夜之间变了天色的？一年就看出效果是可能的。但是要让老百姓了解为什么，要把风气从老百姓的心里建立起来，三年算是非常快的了。

【13.11】子曰：“‘善人为邦百年，亦可以胜残去杀矣。’诚哉是言也！”

【疏】

须是善人，亦为能人，方可为政，其化人以自身之善推而广之，久亦可去刑杀。文景之治是为善例。若为政者有学、有智，能以礼教、乐教、德教化人，亦不需百年也。

【钞】

最高层的领导是建立起团队的价值观。一旦团队价值观建立好了，能做到“自天子以至于庶人，壹是皆以修身为本”，做到“人人皆有士君子之行”，那就接近“群龙无首，吉”了。不需要用严酷的刑罚来规范人民。这需要为政者自己修身好，以身作则，推己及人。若是当政者有智慧、学习过古人的智慧，能借古人的智慧来教化老百姓，那就不需要百年了。像下一章所说，三十年就可以做得到了。

【13.12】子曰：“如有王者，必世而后仁。”

【疏】

期月可也，谓仓廪足、知刑法；三年可成，谓知荣辱；必世而能胜残去杀，为能仁也。法度、规矩，期月、三年可成；礼乐、教化，非十年不为功。能仁，则非新一代难醇也。

此以王者而言，非善人而已。

【钞】

请参考前一章“善人为邦百年”的“钞”。

【13.13】子曰：“苟正其身矣，于从政乎何有？不能正其身，如正人何？”

【疏】

是故，“自天子以至于庶人，壹是皆以修身为本。”

【钞】

请参考“其身正，不令而行”（【13.6】）的“钞”。

【13.14】冉子退朝，子曰：“何晏也？”对曰：“有政。”子曰：“其事也！如有政，虽不吾以，吾其与闻之！”

【疏】

家事，国政。冉有为虎作伥而不自知，夫子点化之。若冉有知大义之分，则无其后“鸣鼓攻之”（【11.17】）之失。

【钞】

孔子在的春秋时代，君不君、臣不臣，一切以权力为依归。孔子一辈子就想把当时的政治上下关系厘清，但是没有给他一个施展抱负的机会。也不能说没有，孔子出仕的前四年在鲁国做到大司寇，尝试“堕三都”，都是没成功。于是周游列国，想再找到一个平台，十四年来，都没找到。

在当时的现实环境之下，孔子要权臣交出权力，几乎是“与虎谋皮”。孔子在当时就是希望能像管仲一样，找到像齐桓公一样的君主，能够让孔子发挥。管仲得到这么好一个平台，却只打造了一个霸王，而且是身死霸业亦随之而灭，太可惜了，所以孔子感叹“管仲之器小哉”（【3.21】）。如果是孔子得到管仲的平台，那中国几千年来的发展会完全不一样，说不定大同社会就建立起来了。

冉求作为季氏的家臣，应该就是管理季氏的家事。但是季氏是权臣，把鲁君的国事在家里讨论，大家也都习以为常，但是孔子知道这是所有混乱之源。孔子轻轻地讲一句话，是对冉有的教育，我看也是感叹。我个人认为冉有不能真正了解老师的理想，否则就不会有后来“求也，非吾徒也，小子鸣鼓而攻之可也”(【11.17】)。

【13.15】定公问：“一言而可以兴邦，有诸？”孔子对曰：“言不可以若是其几也！人之言曰：‘为君难，为臣不易。’如知为君之难也，不几乎一言而兴邦乎？”曰：“一言而丧邦，有诸？”孔子对曰：“言不可以若是，其几也！人之言曰：‘予无乐乎为君，唯其言而莫予违也。’如其善而莫之违也，不亦善乎？如不善而莫之违也，不几乎一言而丧邦乎？”

【疏】

不在言，在人。人愿服药，药方有效。对症之药，方为良药。定公之问非善问，夫子借势使力，为善答。

【钞】

周幽王的臣子建议烽火戏诸侯，以博取褒姒一笑。是周幽王臣子“一言丧邦”吗？管仲建议齐桓公“尊王攘夷”，成为五霸之首，是管仲“一言兴邦”吗？

好意见、坏意见都太多了，是意见兴邦、丧邦吗？

【13.15】叶公问政。子曰：“近者说，远者来。”

【疏】

一则说上好礼、上好义、上好信，“夫如是，则四方之民，襁负其子而至矣！”(【13.4】)再说则“故远人不服，则修文德以来之。既来之，则安之。”(【16.1】) 为政之道无他，近悦远来，安民是也。

【钞】

作为国君，要治理国家能做到“近悦远来”。作为一个有志向的人，要能招纳天下人才，不也是应该一样做到“近悦远来”吗？

只有“和而不同”(【13.22】) 才能做到“近悦远来”；“同而不和”是拉帮结派，无法长久的。

【13.16】子夏为莒父宰，问政。子曰：“无欲速，无见小利。欲速则不达；见小利则大事不成。”

【疏】

善人为邦百年，方可胜残去杀 (【13.11】)。王者，亦须“世而后仁”(【13.12】)。欲速成，非求益者也 (【14.46】)。欲速达、见小利，自弃者也。

【钞】

要做大事，不能只看眼前小利，要把平台先搭好，把人脉先捋顺，把结构先弄对，后面的结果就自然会来。否则，猛抓小利，路会越走越窄。

【13.17】叶公语孔子曰：“吾党有直躬者，其父攘羊，而子证之。”孔子曰：“吾党之直者异于是：父为子隐，子为父隐。直在其中矣。”

【疏】

人无担当，虚度此生。于生我、养我、有大恩于我如父母者，有与生俱来不可推卸之承担。离此承担，则无立足于天地间之资格矣。有较“直”更重要之承担，焉可轻忽售此基石？子曰：“父为子隐、子为父隐。”斯乃圣人之深刻，人性自然与权力方便之辨，不可不重视之。

《孟子·尽心上》云：桃应问曰：“舜为天子，皋陶为士，瞽瞍杀人，则如之何？”孟子曰：“执之而已矣。”“然则舜不禁与？”曰：“夫舜恶得而禁之？夫有所受之也。”“然则舜如之何？”曰：“舜视弃天下，犹弃敝屣也。窃负而逃，遵海滨而处，终身欣然，乐而忘天下。”孰谓中国人不重法？法正为情、理而设，有较法之条文更重要之事，是乃圣人在人情深处纤细之辨。我等中国人何其有幸，能有此深刻祖宗智慧。我等中国人何其可悲，祖先丰富遗产，今将挥霍殆尽。可不戮力学习祖宗智慧乎？

又，担当者，非生而致之，学以致之者。《中庸》谓“博学、审问、慎思、明辨、笃行”为学问之道，又云：“人一能之，己百之；人十能之，己千之”，“果能此道矣，虽愚必明，虽柔必强。”此“强”者，担当也。博、审、慎、明、笃苦学以致之也。

人需读书，需读圣贤古书！

【钞】

有人认为“法、理、情”的社会比“情、理、法”的社会好。这些人，真是身在福中不知福。大家愿意活在一个冷冰冰、没有感情的社会里吗？一个以法为重的社会，是一个霸道社会。历史上，已经证明了以法律为重的组织是无法长久的。中国战国时代的秦国，还有欧洲历史上的斯巴达都已经证明无法长存。法，不是不重要，但是有比法更重要的事，就是情、就是理。中国“文化大革命”时代的红卫兵告发父母，这有多可怕？这完全灼伤了人与人之间的信任。叶公还洋洋得意于他们国家的“直躬”，他哪知道那正是埋葬他的国家命脉的愚蠢。

孔子说“父为子隐，子为父隐，直在其中矣”，最好的注解就是《孟子》桃应问的那一段文字。

中国学问，必须以经解经，因为中国传统文化思想是一个统一而协调的价值观，只有以经解经，整个思想脉络才能抓得出来。

【13.18】樊迟问仁。子曰：“居处恭，执事敬，与人忠；虽之夷狄，不可弃也。”

【疏】

恭、敬、忠，非仁，学仁之入手处。正应我等学子之机，正授我等学子之教。

夷狄，亦人也。夫子之教，非一时、一地之教，乃通人心、通人性、超越时代之教。是故，今日西方人亦深有意于孔子。

【钞】

的确，孔子回答弟子的问题，是看对象的。这“居处恭，执事敬，与人忠”只是个人修身，哪能说就是“仁”了呢？但是，弟子若是还不到程度，孔子就从最简单之处让弟子去做。

【13.19】子贡问曰：“何如斯可谓之士矣？”子曰：“行己有耻，使于四方，不辱君命，可谓士矣。”曰：“敢问其次？”曰：“宗族称孝焉，乡党称弟焉。”曰：“敢问其次？”曰：“言必信，

行必果，硁硁然小人哉！抑亦可以为次矣。”曰：“今之从政者何如？”子曰：“噫！斗筲之人，何足算也？”

【疏】

士者，须能任事，非仅唯诺、细琐只见自我修身而已，故曰“行己有耻，使于四方，不辱君命”。然或年纪尚轻，或时机不至，然修身不已。修身之德稍有所充，宗族、乡党必能于日用平常行事间见之，故曰：“宗族称孝焉，乡党称弟焉。”德业不充，未能光辉于外，言必实之，行必果之，亦为自修之标的，故又其次。

言必信、行必果非有所失，然若不学，格局褊狭，则硁硁然小人哉，有所闭滞矣。故子曰：“好‘信’不好学，其蔽也‘贼’”、“好‘勇’不好学，其蔽也‘乱’。”（【17.8】）

子曰：“学，则不固。”（【1.8】）

学问，知书达理，是为道济天下。未能立人、达人，己立、己达亦失其旨矣。

【钞】

《论语》是孔子对弟子的问答录，所以讲了不少修身的话，因为修身是所有事情的基础。但不是修身好了，就圆满了，孔子是希望每个人都能做事，都能成就，都能博施济众。所以回答子贡的问题，有三个层次：第一个层次是能做事；第二个层次是德行能充满，人家感觉得到了；第三个层次就是自己努力修身而已。

为什么“言必信，行必果”不好？孔子讲过“好‘信’不好学，其蔽也‘贼’；好‘勇’不好学，其蔽也‘乱’”。要有智慧，能够通权达变，这信、行才有力量。否则，死抓着信、行，只是“硁硁然，小人哉”。

【13.20】子曰："不得中行而与之，必也狂狷乎？狂者进取，狷者有所不为也。"

【疏】

得中行者，所谓"得天下英才而教育之，一乐也"。不得中行，次取狂者；狂者不得，则取狷者。

狂狷皆不得其正，须师父斧之、正之。故子曰："吾党之小子狂简，斐然成章，不知所以裁之。"（【5.22】）人生进退有时，修养进退亦有时，然人心、学习则仅可进、不可退。同是斧正，与其进也，不与其退也。

孟子以为不得中行，则取狂者，狂者不得则取狷者。亦有理。若夫人身，气虚者，培之；气旺者，泄之。泄之似较易于培之。人能进取，可自发而行，较易斧正。学子未能中庸，当自思进取。

【钞】

就是因为我们不圆满，所以要学。功夫不在凡事都做到恰到好处，只能讲出圆圆满满的道理很容易，要能从不圆满的地方，教出学生知道如何去做，这才是功夫。

能得到有智慧、肯用功、重实践的优秀学生，那是修来的缘分，可遇不可求。遇到了，还担心自己没这个功夫去教他。于是大部分都是有些不足的学生。就是不足，才需要学习啊。在不足之处，选取什么样的学生，这就是眼光、功夫了。

孔子这段文，没有提到狂者与狷者，哪一种先取。《孟子》中，有明显提到先选狂者，再选狷者（獧者）。我认为是对的，我认为孔子也会是这个意思。狂者进取，进取的人，进步得快，成就也快。狷者有所不为，属于守成型的人物，虽不犯大错，但是进步慢，能成就事情也难些。

进取的人，虽然现在不行，但是希望无穷。这跟“苟志于仁矣，无恶也”(【4.4】)，有类似的思想、逻辑脉络。

【13.21】子曰：“南人有言曰：‘人而无恒，不可以作巫医。’善夫！‘不恒其德，或承之羞。’”子曰：“不占而已矣。”

【疏】

人而无恒，未有可成之事也。譬若人而无气，虽神药不治。人而无气，只可补气；有气方论其他。人而无恒，只可令其有恒，未有他方可教。

为善不卒，有不如不为之者，故“不恒其德，或承之羞”。

人若无恒，无事可成，不占亦知其果，何以占为？

【钞】

学问、技艺要学得好，要出类拔萃，必得有三个条件：有根器，有好师父，个人非常认真。根器已经是先天就决定了，自己无法改变。能否遇到名师，固然要努力追寻，但是时机成熟与否、什么时候遇见名师，自己无法决定，自己唯一能决定的就是认真。

任何事情，会，不难；精，就不容易了。要精于一件事情，必得数十年如一日地做同样一件事情，否则难出师。

学技术况且如此，修身，成圣，成贤，找到一辈子的生命意义与目的，圆满自己一生的天命，岂不是更应如此？

达·芬奇虽然多才多艺，绘画、科技、医学等都有高人一等的领会与成就，但是他那辈子就这么晃荡晃荡，东摸摸、西碰碰，我认为他浪费了他的才气，浪费了他的生命，他没有完成他那一世的使命。

【13.22】子曰："君子和而不同，小人同而不和。"

【疏】

于己而言，无不敬，原不求人同于我。欲置人于己下，方求人同于我也。

于众而言，须有统一之价值观方可和。

同赖纪律。无律之群，不能成事；然无一致并和谐价值观之群，亦不可久也。

【钞】

一群人都是一个意见，这的确很可怕。当初，赵高"指鹿为马"，岂非朝中上下，都只有一个意见吗？做菜，需要不同的调味品，才能做出有风味的菜肴。只有一种调味品，总就是盐跟酱油，怎么能做出好菜？

看关于清初孝庄皇后的电视剧，康熙年幼，鳌拜专权，辅政四大臣鳌拜、索尼、苏克萨哈、遏必隆又不同心辅政，康熙很不以为然。孝庄皇后对康熙说，正因为四大臣不同心，他们祖孙才有些机会。若是那四位大臣都同心，那就没有他们祖孙生存的空间了。

辅政四大臣是不可能和的，因为都是私利作祟。只怕他们被鳌拜收编，同一个鼻孔出气，那就麻烦了。孝庄皇后也就在四个人中间，用不同的利益维持互相的不和，保持平衡。这是当时不得已的做法，但也是"同"的很好注解。

清朝末年，湘军跟太平天国军连年作战。当时，太平天国的口号是响亮的，是得人心的。太平天国的失败有他们自己的问题，但是湘军将领之间以大局为重，互相支援，屡败屡战，终能清剿太平天国，这是“和”与“恒”最好的注解。

【13.23】子贡问曰：“乡人皆好之，何如？”子曰：“未可也。”“乡人皆恶之，何如？”子曰：“未可也。不如乡人之善者好之，其不善者恶之。”

【疏】

“方以类聚，物以群分。”人有不同，本自当然。若众口一词，必有诈也。

【钞】

所谓“曲高和寡”。不是喜欢的人多、支持的人多，就一定是好的。“哗众取宠”，正是设法迎合、吸引支持的人。于是，要看是哪些人喜欢、哪些人支援。人若是有了深度，即使全天下的人不支持，“虽千万人吾往矣”(《孟子》)。能够长久打动人心的东西，才是真正的好东西。现在放在书店书架上的书，五年以后还可以留在书架上，就算是好书了。中国传统文化思想经典，在书架上留存了几千年，若不能打动几千年来的人心，是做不到的。现在，不但打动中国人的人心，还打动了外国人的人心。没有最基本的打动人心深处的东西，是不可能做到的。

【13.24】子曰：“君子易事而难说也。说之不以道，不说也；及其使人也，器之。小人难事而易说也。说之虽不以道，说也；及其使人也，求备焉。”

【疏】

君子求之在我，不待人悦，故难悦；君子严于律己，宽以责人，故易事；能器使人，则由修身而应世，由德行而入智慧，渐入高明矣。小人求成于外，好逸恶劳，故求备于人、故难事，小人好高，故易悦。

【钞】

问大家一个问题：君子是否也应该悦之？

【13.25】子曰："君子泰而不骄；小人骄而不泰。"

【疏】

不知有何可骄？

未发心、未应世之初，自以为是，犹自视傲步。父母兄弟且无法度，妻子儿女且未能教，何敢骄人？

子曰："如有周公之才之美，使骄且吝，其余不足观也已。"（【8.11】）

君子无求于人，故泰。小人反是。

【钞】

请参考"子之燕居，申申如也，夭夭如也"章（【7.4】）的"钞"。

要能够舒泰，可不是钱多、权重、位高就得了。事实上，许多位高权重财多的人，反而镇日揪心，难得舒泰。为什么？

孟子曰："万物皆备于我。"六祖曰："一切福田，不离方寸，从心而觅，感无不通。"能找到自己，无求于人，当然能够舒泰。

舒泰是不是就是快乐？

【13.26】子曰："刚、毅、木、讷，近仁。"

【疏】

笛亢箫沉，材性使然；山静水动，物性使然。笛乐而跃，由其音亢；箫沉而戚，其音呜呜。山崇仰视，由其静谧；水波汹涌，不旋而止。孔子喟然，言不尽而读不尽；孟子好辩，气虽盛而意不长。所谓得失，不过顺性，顺人之性，顺才之性，顺事之性，顺因缘之性。性本如此，何谓得失？尽性而已。

【钞】

问个问题：如果刚毅木讷的人，才接近仁，那有人天生软弱、天生气力不足，难于坚持，是否就是有人天生不仁？那为什么说"性相近，习相远"（【17.2】）？为什么又说"我欲仁，斯仁至矣"（【7.30】）？

再问个问题：刚毅木讷是否可以锻炼？如果可以，要怎样锻炼？

【13.27】子路问曰："何如斯可谓之士矣？"子曰："切切、偲偲、怡怡如也，可谓士矣。朋友切切、偲偲，兄弟怡怡。"

【疏】

朋友亦须怡怡，但须切切、偲偲，以至于怡，因朋友以"义"合也。兄弟亦须切切、偲偲，但以怡怡为要，因兄弟以"血缘"合也。

【钞】

关系不同、身份不同，“位”就不同。位不同，对待不同，态度、行为也就不同。所以说：“君子思不出其位。”(【14.27】)位定对了，其余跟着自然发展，位没定对，则“名不正、言不顺、事不成”(【13.3】)。

以“义”合的关系，义不存，则关系也不存在。以“血缘”合的关系，义不存，血缘仍在，对待当然不一样。

【13.28】子曰：“善人教民七年，亦可以即戎矣。”

【疏】

善人不以智论，故化之也缓。若智德兼备，则不待七年矣。

【钞】

前面说“善人为邦百年”，这里说“善人教民七年”。善人为政当然好，也一定需要，但也必须有一定的智慧、毅力，才能成事。智慧更高，效果也就越大、越快。

让人愿意为之生、为之死，没有真诚动人的力量，是不可能的。

【13.29】子曰：“以不教民战，是谓弃之。”

【疏】

以不教民战，是谓霸道。教民战，则是王道。战争胜负，不在武力、枪炮、军队，在主义、思想、民心。以不教民战，非仅弃民，亦弃己之政权也。

王道在“教”。

【钞】

孔子提倡王道思想，孔子本身就是王道的实践。王道最明显、最突出的表征，就是“教育”，德行教育、素质教育、人心教育。越是重要的人物，无论是接班人、自己看重的人、对自己很重要的人，对他的教育就越是重要。孔子一生最明显的表征，就是教育弟子的无穷耐心。老子一部《道德经》何尝不是谆谆切切的教育？佛菩萨舍己为众生，不就是教化众生的心？

可以温柔、可以严格，这都是方法，只有无穷的耐心，愿意教育众生，愿意等待众生，这就是佛菩萨！

宪问第十四

【14.1】宪问耻。子曰："邦有道，谷；邦无道，谷，耻也。""克、伐、怨、欲，不行焉，可以为仁矣？"子曰："可以为难矣，仁则吾不知也。"

【疏】

君子爱财，取之有道。不论道，只论财，耻也。

兼善天下，亦需财。有财非恶，取财非恶，取之无道，斯为下矣。

质实言之，清高固不易，浊中能清，清之上也。不爱财固清，能聚财、能用财、不为财缚，斯为上矣！

【钞】

以我个人的私意，回答原宪"邦有道，贫且贱焉，耻也，邦无道，富且贵焉，耻也"会更恰当，因为原宪太过守约。

【14.2】子曰："士而怀居，不足以为士矣！"

【疏】

子曰："君子怀德，小人怀土；君子怀刑，小人怀惠。"（【4.11】）

怀居则自安、自是，乏上进之心。是故子曰："君子食无求饱，居无求安，敏于事而慎于言，就有道而正焉，可谓好学也已。"（【1.14】）

人之心，不进则退。老子"无为则无不为"，其无为，正为其无不为。《金刚经》中，说"菩萨摩诃萨，发阿耨多罗三藐三菩提心，应无所住，行于布施"。不著者，尽行六度，方言不着。禅宗言平常心，若老子之无为、《金刚经》之无住，心实向上，无一日或怠也。

【钞】

年轻人，当然要考虑成家、买房。但若是一门子心思就只是升官、加薪、买房，存在也实在没什么价值了。

年纪大、退休的人，当然不能做太重的体力活。但若就是休息、游山玩水、唱歌、闲聊，存在也实在太没什么价值了。

人生非常珍贵，哪容如此浪费？

【14.3】子曰："邦有道，危言，危行；邦无道，危行，言孙。"

【疏】

据闻季羡林夫子曾有言："吾不定事皆有言，然吾言之者必真。"

【钞】

季羡林老师这句话，我觉得很好。不一定什么事情都发言，有不适合发言的时候，有不能讲真话的时候。可以不讲话，但讲出来的话，都是真话。

【14.4】子曰："有德者，必有言；有言者，不必有德。仁者，必有勇；勇者，不必有仁。"

【疏】

有德者，行于道，称述其行必有可思、可得者。有言不同于有智。行于"经"者，未必知经。行于"经"，与能行"权"不同。

仁者能忘身为众，若母为子舍生，乃其自然之勇，亦不必有智。是故子曰："好仁不好学，其蔽也愚。"（【17.8】）

【钞】

知、仁、勇三"达德"必须是不断地学习，不断地提升，必须要有其深度，才能纯粹，才能圆融。否则，光凭天生气质、一点体会、一时感触是无法真正做到的。

【14.5】南宫适问于孔子曰："羿善射，奡荡舟，俱不得其死然。禹稷躬稼而有天下。"夫子不答。南宫适出，子曰："君子哉若人，尚德哉若人！"

【疏】

天下，有德者居之。天下神器不可以力争，若夫袁世凯不谋帝位，或可掌权。谋取神器，百日即亡。老子曰："将欲取天下而为之，吾见其不得已。天下神器，不可为也，不可执也。为者败之，执者失之。"

【钞】

霸道，虽然让人不敢言，但是终究不会有好结果，终究也不能长久。历史上已经证明，罗马帝国的霸道、蒙古帝国的霸道无法长存，斯大林、希特勒、日本军国主义的强权霸道，也都证明无法长存。不仅仅是他们个人的霸权不能长存，他们所代表的方式、制度、文化都无法长存。许多人说中国儒家思想太弱，但是延绵两千多年，一直存在着。反而是当今这一代，因为民国初年的放弃、混乱，一直到今天还没恢复，虽然外国人也注意到中国传统文化的优美，在中国这一代，反有断层之虞。现今中国学西方，经济发展虽然神速，但是道德沦丧也一样神速。文化建设，是有智慧的当政者最大的题目，是今天中国当政者最大的挑战。

中国经济发展已经上路了，已经不需要再加强调了。人心、文化是当今重要的课题！

【14.6】子曰："君子而不仁者有矣夫，未有小人而仁者也！"

【疏】

此"仁"以德言，不以心论。

【钞】

《论语》有些字眼，用处不同，意义有时不同，有时深浅不一。譬如说，"君子"与"小人"有的时候是说用心，有的时候是说职位高低。"仁"，有时候是说用心，有时候是说做出来的行为。这一章的"仁"就是以是否有造福人们的行为而论。

【14.7】子曰："爱之，能勿劳乎？忠焉，能勿诲乎？"

【疏】

不经磨炼，难成伟器。后生晚辈，不磨炼砥砺之，失我父母、师长之责也。

观"忠焉，能勿诲乎"可知，忠，非仅事上也。

【钞】

真正爱护下面的人，就要磨炼他们。

一方面，爱护后生晚辈，就不能不磨炼他们；另一方面，不能随意把自己放在为人师的角色。一方面，后生晚辈不信服自己，不能随意自取其辱；另一方面，自己没有程度、没有把握，也不能胡乱就磨人。这中间的取舍、定位，都是智慧，需要深刻体悟。

一般人认为"忠"就是对长官。从孔子"忠焉，能勿诲乎"这一段话看来，"忠"的范畴不只是对上，对平行、对下，都需要忠。

参考"子以四教"（【7.25】）的"疏"、"钞"。

【14.8】子曰："为命，裨谌草创之，世叔讨论之，行人子羽修饰之，东里子产润色之。"

【疏】

《曲礼》曰："毋不敬。"邦交辞命，国之大事，礼之始，焉可不慎。

【钞】

人与团队的资源都是有限的。资源必须用在重要的事情。国家政令、邦交辞命影响甚大，都需要谨慎从事。否则，亡羊补牢，所花的工夫会更多。

【14.9】或问子产。子曰："惠人也。"问子西。曰："彼哉彼哉！"问管仲。曰："人也，夺伯氏骈邑三百，饭疏食，没齿无怨言。"

【疏】

管仲专齐国之政五十年，虽于礼有所僭越、虽过奢，然不启桓公之疑，不遭臣下之嫉，五十年宠眷不衰，必守位甚谨，事桓公至忠，执法甚公方能致此。位高权重如是之久，而能持盈保泰如此之平顺，岂易哉?

【钞】

管仲其他治国平天下的智慧先不说，就说他能专齐国之政五十年，齐桓公宠信不衰，就非常人了。这五十年，难道就没有小人到齐桓公面前打管仲的报告？齐桓公可不是一般平庸之辈，看他当年赶进临淄，遭管仲射中衣扣而假装中箭的机智，就知道不是一般人。越是机智、聪明的人，越容易怀疑人。管仲能做到不让齐桓公生疑，能做到下面人没话说，被处罚了还毫无怨言，不只是靠自己的聪明才智而已，必然有其让人佩服的过人之处。

另外，从鲍叔牙描述的管仲看起来，管仲是自私、胆小的一个人。但是管仲的自私、胆小，却让鲍叔牙了解、开脱，管仲也必然有他对朋友的忠诚才能这样。

这些，都不只是靠脑筋好、有智慧就行，需要管仲的性格结构恰当，让人信任，敢全然地托付。

孔子说“管仲之器小哉”(【3.21】)，是有孔子的另一个想法，这在后面会谈到。但是，孔子称赞管仲的“如其仁、如其仁”(【14.16】)，不是单纯的运气好，遇见齐桓公而已，也不是单纯的能干而已。

【14.10】子曰：“贫而无怨，难；富而无骄，易。”

【疏】

贫困乃修行之沃土，学子之良师也。

【钞】

若以“觉心”而论，贫而无怨容易，富而无骄难。因为贫，随时有压力、有提醒；而富是顺路修行，一不小心，就容易飘飘然，因为外面的压力跟提醒比较少的缘故。

无论如何，贫也是修，富也是修。修行要在境界上修，在家里打坐、看经，就是为了到境界里修。为了多打坐、多读经，而不多做事，在修行上，似乎是本末倒置了。

【14.11】子曰：“孟公绰，为赵魏老则优，不可以为滕薛大夫。”

【疏】

优于游击之战，未必能战阵之师。能滑稽之言，少能国政于大堂之上。战阵诡计百出，未必有治国方略。

【钞】

最近听了一则笑话：台湾的经营之神王永庆先生过世了。公司里的职工在祭祀的时候，帮他烧了两个工厂的纸草。结果王先生托梦给他的弟弟，说："下面的人真不会办事，给了我工厂，不给我几个高级经理，那我怎么管得来？"

也就是说，让王先生管几个小工厂有点浪费，管整个企业才适合。让管仲管个餐馆，也浪费了，管整个齐国正适合。曾国藩带兵打仗不行，做大帅，带领整个湘军正适合。

人的器度、格局固然有其天生气质，但是只有经过学习，才能越来越宽广。

【14.12】子路问成人。子曰："若臧武仲之知，公绰之不欲，卞庄子之勇，冉求之艺，文之以礼乐，亦可以为成人矣！"曰："今之成人者，何必然？见利思义，见危授命，久要不忘平生之言，亦可以为成人矣！"

【疏】

有智、有节、有勇、有才、有学，方为完人。才不才，得自天生；其余人格培养，不在聪慧。人格培养，须长时雕琢，然不有师父，仅赖自修，亦难入堂奥、难以高广。今之成人者，有质无文，实难称成人。

【钞】

孔子的回答"成人"，前后的不同，在于前面的回答，成人需要有知、有勇、有守、有能，能成就事业，能造福人群。后面降低要求，能不自私就行。

【14.13】子问公叔文子于公明贾，曰："信乎？夫子不言不笑不取乎？"公明贾对曰："以告者过也！夫子时然后言，人不厌其言；乐然后笑，人不厌其笑；义然后取，人不厌其取。"子曰："其然！岂其然乎？"

【疏】

倘以公明贾之言，公叔文子必成圣矣，岂有人圣而不光，既不藏于世，亦不用于世者乎？夫子不以为然，仅含蓄对之。

【钞】

公明贾这一段形容虽然言过其实，却是很好的一句话：任何事情都要"恰如其分"，时间对、身份对、场合对、对方又能接受。

要怎样才能恰如其分呢？

这不就是我们一直在学习的智慧吗？就是要用心学习。

【14.14】子曰："臧武仲以防，求为后于鲁，虽曰不要君，吾不信也。"

【疏】

卑言可媚世，然无可障圣人之法眼。

【钞】

前面"子路问成人"章提到臧武仲多智，但是他的智慧邪而不正，所以才会有要挟鲁君的故事。他说的话无论多谦卑，本质就是要挟，这逃不过圣人法眼。这也是为什么"子路问成人"章说要"文之以礼乐"的道理了。子孙虽愚，经书不可不读。慧黠多智的人，更需要读书。只有“文之以礼乐”，才能导人入正。

【14.15】子曰：“晋文公谲而不正，齐桓公正而不谲。”

【疏】

由齐桓公尊王与晋文公召王践土之盟可知。

【钞】

同是春秋五霸之一，齐桓公做的就大气，有王者的风度；晋文公做的就邪气，一副黑社会老大的姿态。齐桓公成为春秋五霸之首，在“尊王攘夷”的口号与行动，虽然齐桓公也有武备实力，但却能够以“名号”、行动让人服气。晋文公成为春秋五霸之一，就是欺负人，靠胳臂粗、拳头大，把个周天子当下人使，所以“谲而不正”。

曹操学了管仲“尊王攘夷”这一手，却变成了“挟天子以令诸侯”，又变得小里小器、邪里邪气的。

【14.16】子路曰：“桓公杀公子纠，召忽死之，管仲不死。”曰：“未仁乎？”子曰：“桓公九合诸侯，不以兵车，管仲之力也。如其仁！如其仁！”

【疏】

子贡问“博施济众”(【6.30】)，夫子谓“何事于仁，必也圣乎”(【6.30】)。“能以美利利天下”，即是大功、即是仁，何在乎个人出身得失？“大德不踰闲，小德出入可也。”(【19.11】)

人之心，确乎有大小。须读书、读圣贤书，方能日趋高明。

【钞】

什么是仁？不要连年征战，能造福老百姓，就是仁！

参考下章“钞”。

【14.17】子贡曰：“管仲非仁者与？桓公杀公子纠，不能死，又相之。”子曰：“管仲相桓公，霸诸侯，一匡天下，民到于今受其赐。微管仲，吾其被发左衽矣！岂若匹夫匹妇之为谅也，自经于沟渎而莫之知也！”

【疏】

管仲相公子纠时，忠于公子纠；相桓公时，忠于桓公。忠于事也、忠于职也，非人也。君臣以义合。非义或缘尽，离之可也。是乃夫子所谓“忠”，忠于事，忠于大义，忠于大仁，忠于天命。岂若后世御用文人之以“忠君”为“忠”也。

匹夫匹妇，能经，不能权，所谓“守死善道”，故夫子仅允为三流之“士”。

知此，则稍可体公山弗扰、佛肸召，子欲往之心境矣。

【钞】

子路在上一章，子贡在这一章，都怀疑管仲不能“从一而终”，有不忠的嫌疑。在这里，就可以看出人的格局、气度了。子路、子贡看的就小，孔子看到的就大。子路、子贡看到的是对个人的忠诚，而孔子看的是对职务的负责，对老百姓的利益。管仲跟随公子纠的时候，对公子纠是绝对忠诚的，为了抢先进入临淄，管仲还尝试射杀齐桓公。后来，齐桓公做了国君，请管仲做丞相，管仲就忠于齐桓公，想方设法让齐桓公作为春秋的霸主。前面也讨论过，管仲对齐桓公绝对忠诚，以至于五十年来，互相尊重，而齐桓公给予管仲绝对的权力，从不怀疑管仲的忠诚，终于让齐桓公做了春秋时代的霸主，维持了一个时代的稳定局面。

人为什么要信？人为什么要存在于天地之间？就是为了造福人群。能造福人群，就是义，就是信。君死，臣就该陪葬？这叫什么信义？

谁说孔子是为封建政权说话的工具？

【14.18】公叔文子之臣大夫撰，与文子同升诸公。子闻之曰："可以为文矣！"

【疏】

一流明主，在能用人。一流臣子，在能荐人。湘军之战太平军，其主义、号召，实不若太平军。然卒能荡平之，因有数端，曾国藩、胡林翼荐贤满天下，乃为主因之一。

当是时也，天下英雄半出曾府之门，何以致之？在曾国藩能荐贤，非但荐之同升诸公，同为总督，且甚有荐之己上如李鸿章者。

荐人与己同升诸公，非易者也。

【钞】

在企业里，看过不少主管。有种主管，就怕下面人超过自己，只能自己得意，不能让下面人出头。这种主管，在他下面的人、包括他自己，都是没有发展潜力的。

项羽就是个自我陶醉的人，只容自己一个人发挥，什么人都不能用。韩信曾经在项羽下面任过职，提过许多次的建议，都得不到采纳与信任，最后项羽也只能自刎乌江。

【14.19】子言卫灵公之无道也，康子曰：“夫如是，奚而不丧？”孔子曰：“仲叔圉治宾客，祝鮀治宗庙，王孙贾治军旅；夫如是，奚其丧？”

【疏】

“纵观千百兴亡局，尽在朝中用佞贤。”

【钞】

这一章很有意思。孔子说卫灵公胡搞。有人就反驳了，那为什么没有灭亡呢？一般人的回答，大概也就是松松散散地说，以后一定会灭亡的。孔子真是言不轻发，说任何话都有他的依据、论点。孔子的回答则是虽然卫灵公个人无道，但还能用几个能人。只要还有能人，组织就能够撑得住。

长治久安与暂时偏安，的确需要有深刻的哲学体系、历史观，才能体会得到。

【14.20】子曰：“其言之不怍，则为之也难！”

【疏】

因惧言不能践，故“先行其言，而后从之。”（【2.13】）践言之不易，唯重其言者能知之。言之不怍，不以其言为贵也。是故老子曰：“轻言寡诺。”

【钞】

凡是大言不惭的人，都应该会为自己的大言脸红过。为什么还是不改旧习呢？一是放弃了自己，一是没有师父鞭策。

【14.21】陈成子弑简公。孔子沐浴而朝，告于哀公曰："陈恒弑其君，请讨之。"公曰："告夫三子。"孔子曰："以吾从大夫之后，不敢不告也！君曰：'告夫三子'者！"之三子告，不可。孔子曰："以吾从大夫之后，不敢不告也！"

【疏】

哀公虽不为窃位者，然其行若窃位者然。夫子行其所当行。之三子告，则非其所当行也。人而不知止，虽位高、权重、身富，枉为人矣！

讨之，可兵讨，可声讨，可伐交，可伐谋，可使人不敢小觑，不敢为恶。知大节之失而不讨，可谓共其罪也。夫子彼时虽不在位，然大夫谋国，不可坐视，恰若诸侯不可坐视陈成子弑简公也。不如是，则如冉有、子路为具臣矣。

【钞】

超过时代的人，很多时候的确孤单。知其不可而为之，尽其天命，是无奈，是勉强，是充实，还是笑赴道场？但不觉得孔子是游戏人间。

同是等觉菩萨，就觉得地藏严肃，弥勒开心，观音沉静。说是他们都已经没有人我是非、喜怒哀乐，但是仍然有这么一点脉动不同。济公罗汉游戏人间，是他不见得想成菩萨，还是菩萨不菩萨不是他心中问题？

就是这么一点勉强，牵动着众生悲心？

他年再看此文，必将傻哑失笑。预留一段公案，作为日后续缘。

【14.22】子路问事君。子曰："勿欺也，而犯之。"

【疏】

勇于私斗者，必怯于公战。在家任性，在外必怯。子路看似好义，然于“季氏将有事于颛臾”章（【16.1】）与其死于孔悝之难，可知子路乃意气之小勇小义，仅为具臣也。此章，子路问事君，夫子之答，亦可见诸夫子提携子路深意，惜乎子路根器稍差，虽跟随夫子数十年，仍未开悟也。

【钞】

子路总跟老师顶嘴、抬杠，但是这一段文，可见出子路并不是真勇者。平常跟老师没大没小，但是遇到对他不客气的人、面对掌赏罚的君上，就噤若寒蝉，不敢直言。意气用事的“勿欺也，而犯之”容易，像魏徵那样耿直，无私心、非意气，就不是一般人能做到的了。对于像子路这样直爽的人，就是要学习能真正有勇、有谋、有深度，能真正耿直。这就是师父提携、雕琢的功夫。

【14.23】子曰：“君子上达，小人下达。”

【疏】

君子之道，不进则退。不上达，即下达。上达者，苟日新、日日新、又日新也。

不在达，在上。

【钞】

一个人只要是进步，再慢，都希望无穷。不努力，目前再好，也都靠不住。

凡夫，佩服别人的成就；上了台阶的人，佩服别人的毅力。

有毅力的人，希望无穷。

【14.24】子曰："古之学者为己；今之学者为人。"

【疏】

人生在世，各有天命，各有所当行之事，在己、不在人。学者，所为何事？为成天命也，是为己，非为人。为人情、称誉而学，贱己从人，浪费生命，枉为人矣！

【钞】

为什么要读书？绝对不是为了赚钱。人生，如果只是为了有饭吃、有衣穿、有房子住、能休假，这样的人生，不过也罢。读书明理，是为了找到自己生命的意义和目的，是为了完成自己的天命。在整个过程中，快快乐乐是当然的。能有这么珍贵的机会实践自己、超脱自己、圆满自己，这不是最快乐的事吗？登山的路，总有气喘费力的时候，但那不就是快乐的基础吗？

【14.25】蘧伯玉使人于孔子。孔子与之坐而问焉，曰："夫子何为？"对曰："夫子欲寡其过而未能也。"使者出。子曰："使乎！使乎！"

【疏】

使者所对者，乃蘧伯玉缺失未能之处，何夫子赞之不断"使乎！使乎"？

使者应对进退须合度。此看若自曝主人之短，实乃反托主人之德，非高明人不能知之、言之。故夫子赞之。

犹有进者，此乃应对圣人如夫子者，乃恰如其分。若应对他人，则言必不同，观人、观时、观地而言，乃使者之职。故夫子又赞之。

此亦可见蘧伯玉改过用力之勤，家人皆知之而道之自然也。

【钞】

子曰："君子喻于义，小人喻于利。"(【4.16】)人各不同，作为使者，应对进退，要恰如其分。蘧伯玉的使者，能跟孔子谈进德修业的事，是尊重孔子，也是尊重他主人。这位使者，的确有他的深度，所以孔子称赞不已。

【14.26】子曰："不在其位，不谋其政。"

【疏】

此章重出。

【14.27】曾子曰："君子思不出其位。"

【疏】

曾子之言乃艮卦(䷳)象辞(《象》曰：兼山，艮。君子以思不出其位)。艮卦《彖传》称："艮，止也。时止则止，时行则行，动静不失其时，其道光明。艮其止，止其所也。上下敌应，不相与也。是以不获其身，行其庭，不见其人，无咎也。"可知此"思不出其位"非消极之不为，乃积极之定位也。须深明己之所当止，方知位之出与不出。知止、定位乃人生首要之事。

【钞】

曾子是个守得很紧的人，从这句话也可以看得出来。

这不就是《易经》艮卦的象辞吗？但是为什么《论语》记下这句话？必然是曾子经常对他的弟子提到这句话，他的弟子才会屡次记下来。如果曾子只是偶尔提过一两次艮卦的象辞，是没有理由列入《论语》的。从曾子经常念叨这句话，大家可以感觉出曾子的个性吗？

【14.28】子曰："君子耻其言而过其行。"

【疏】

岂敢"言之不怍"（【14.20】）？

言过其行，则誉过其德，亦自伤身也已。老子于此道理说之甚详。

【钞】

人有两种，一种是发散型的，所谓"狂者"；另外一种是收敛型的，所谓"狷者"。发散若是进取，那就好，但若是言夸就伤身。要能行动进取，言语紧约，这就进步得快。要做到这一点，能有师父在身旁督促、鞭策，事半功倍。

这就是所谓"雕琢"。

【14.29】子曰："君子道者三，我无能焉：仁者不忧，知者不惑，勇者不惧。"子贡曰："夫子自道也！"

【疏】

圣人必不矫情。矫情者，凡夫也。夫子实言自述，子贡则以为夫子自谦。辱师父者，皆弟子也！

【钞】

子贡说“夫子自道也”不是矫情，是真的佩服老师，真的认为老师做到了“仁者不忧，知者不惑，勇者不惧”。怎么知道子贡是真心如此认为呢？从子贡在孔子过世后，庐墓六年可以看得出来。但是，孔子说他自己“我无能焉”，绝对是真话。只是境界不同，弟子认为老师已经够好了，是老师谦虚而已。这么一想、一做，其实就把老师的境界拉成跟自己一样了。就像孔子认为厚葬颜回不恰当，那是对颜回好，但是弟子们认为厚葬颜回是让颜回风光点，以为是对颜回好，其实是伤了颜回。用自己俗气的想法套在有德的人身上，结果让有德的人也俗了，这才是真正的不敬。

【14.30】子贡方人。子曰：“赐也，贤乎哉？夫我则不暇！”

【疏】

天命在己，实之且不暇，何暇以论人短长？

【钞】

大部分的人都会退休、准备退休、也真的退休。退休以后轻轻松松，说起来是随意自在，我总觉得是浪费生命。经常不经意地听到退休的人说：“没关系，我没什么事情，时间多得很。”怎么会这样呢？退休的人快接近终点了，时间只有越来越少，怎么会多得很？生命就这么浪费了吗？看看那些大师们，不论是学术上的大师、宗教上的大师，还是有使命感的人，越到后来，越忙碌，觉得有太多事情该做。这才是生命！不在大不大师，在实践自己的天命。一旦找到了自己的天命，知道自己的使命，知道自己可干、能干、该干的事情这么多，还有闲情去谈论别人是非吗？

孔子没空，真正珍惜自己的人，都没空。

【14.31】子曰："不患人之不己知，患其不能也。"

【疏】

与"不患人之不己知，患不知人也"（【1.16】）相较，其间差异若何？孰义较深？孰义较丰？

【钞】

子曰："天之生物，必因其材而笃焉。故栽者培之，倾者覆之。"（《中庸》）有什么样的能力，就有什么样的机会来。只怕机会来了，自己没有能力抓得住。于是能抓住的机会，只是自己能力所及的事情。怨不得人，只能要求自己。

【14.32】子曰："不逆诈，不亿不信。抑亦先觉者，是贤乎！"

【疏】

万物皆有其则，是所谓"道"也。知其则、行其道，自然而然；越距、非道不待言而自知之矣。譬若游戏竞赛皆有其则，久之，不待思而知越距否。此章亦同"耳顺"（【2.4】）之言，听音自知，不待思也。是亦《中庸》所谓"诚者，不勉而中，不思而得"是也。

【钞】

我们常说，人要保护自己。但是，就因为保护自己，自己越变越窄，世界越变越冷。但是不保护自己，可能自己还没长大就夭折了。我想，问题的关键在“保护”的认定与概念。我很喜欢佛法里面的一个说法：“以智慧为铠甲，以慈悲为铠甲。”因为慈悲，不逆诈，不亿不信，因为智慧，被人骗了以后，可以觉悟到自己的幼稚与不纯洁。久而久之，可以像镜子一样，什么人来，一过来，就可以“先觉”。

受点骗、上点当，没关系，正是成长、学习智慧的机会，希望能一直保持对人的慈悲。

【14.33】微生亩谓孔子曰：“丘何为是栖栖者与？无乃为佞乎？”孔子曰：“非敢为佞也，疾固也。”

【疏】

夫子亦难矣哉。自沽于市，必自贱其价，虽曰：“夫子之求之也，其诸异乎人之求之与！”（【1.10】）然仍不失求之质，是故多有人谓夫子为“栖栖者”、为“何德之衰”（【18.5】）、为“佞乎”、为“是知其不可而为之者”（【14.39】），为“是知津矣”（【18.6】）。夫子出仕前授徒二十载，竟无弟子如子贡者为其前导，必夫子出仕前，未此之备也。莫若墨子，弟子虽寡，人人才德兼备，可担天下重任。夫子“非敢为佞也，疾固也”，乃尽其天命之努力，夫子亦难矣！

【钞】

人要做事，就不能怕流言。不但是孔子，在佛陀、耶稣的当时就有不少人会怀疑他们的用心，嫉妒他们的威望，甚至尝试杀害他们。

被人误会，流言蜚语都不是问题，重要的是在接受这些之后，仍然保持慈悲与爱心。

要不，怎么叫圣人？

【14.34】子曰："骥不称其力，称其德也。"

【疏】

品茗不在牛饮，美食不在量多，"闻者"多非"达者"。在人知止、定位也。

"射不主皮，为力不同科也。"（【3.15】）学子善自择之。

【钞】

现在的游乐场，就是考验心脏、冲击感官，除了刺激，实在没有别的趣味。迪斯尼乐园没那么多云霄飞车、高空降落伞、三百六十度旋转等游戏机器，只有白雪公主、海盗国、大人国、小人国、森林世界等，但是颇有趣味。霸道，就是力，就是侵夺，就是油腻；王道，是智，是趣味，是清爽。

任何蛮族侵略中国，到最后都被中国传统文化同化，因为中国传统文化优雅、有味，让人自然愉悦。倒是自清末、民国，以至于今日，传统文化遭到废弃，没能好好学习，反而有断层之虞。这是这一代的中国人不可逃避的历史使命，尤其是当政者，断断不可忘失了作为中国人的历史传承使命。

【14.35】或曰："以德报怨，何如？"子曰："何以报德？以直报怨，以德报德。"

【疏】

以直报怨，社会乃有正义。

“以直报怨，以德报德”者，相对世界。“以德报怨”者，绝对世界，此非凡夫境界。若人以德报怨，他人仍以怨报德而仍自在、不动心若无事者，可也；否则，应以直报怨方不自欺。实则，若人入绝对境界，得“后得智”，则必怜后生，必以直报怨以其防后过也。

【钞】

以德报怨，须是内心这么用，但是在行为上，应该是以直报怨。否则，世上没了公理，犯错误的人也永远得不到教训，无法学习与进步。

【14.36】子曰：“莫我知也夫！”子贡曰：“何为其莫知子也？”子曰：“不怨天，不尤人，下学而上达。知我者，其天乎！”

【疏】

“可与立，未可与权。”（【9.30】）有知夫子者，然天命不同、行权不同，故夫子“虽千万人吾往矣”。

【钞】

自古圣贤多寂寞。寂寞是寂寞，但是圣贤心里都有一股祥和、安乐、愉悦之气。下学而上达，生命一天比一天充实，一天比一天有力量，所以能越往后，越认真，越不能自已。像孔子自己说的：“发愤忘食，乐以忘忧，不知老之将至”。（【7.19】）这是多么充实而愉快的生命！退休？只有越来越认真，哪有所谓退休？退休以后好好学习？那在退休以前都是浪费生命？人不能自欺，必须时时刻刻学习，时时刻刻进步，时时刻刻修行，在人世间工作岗位退休，正是贡献的时候，只应该会越来越忙，哪会退休？

在工作岗位上没事做，那是工作没做好。在生命里，退休没事做，那是生命没活对。这些话，辛辣了一点，但是希望可以让人警惕。

【14.37】公伯寮愬子路于季孙，子服景伯以告，曰："夫子固有惑志于公伯寮，吾力犹能肆诸市朝。"子曰："道之将行也与？命也；道之将废也与？命也。公伯寮其如命何！"

【疏】

子服景伯所谓卖弄、市恩之人。当为则为，何须告诸夫子？夫子不欲与之同流故言"命也"。子服景伯不知夫子所以，后人亦不知夫子所以。夫子"莫我知也夫"亦是也。

【钞】

该做的事情，根本不需要让人知道。子服景伯还没做，就先跑到孔子那儿打了报告，还说，他可以替孔子出头，这是个十足小人买卖。所以孔子就用"命矣夫"一句话轻轻带过，孔子是不愿跟这种小人做买卖的。

【14.38】子曰："贤者辟世，其次辟地，其次辟色，其次辟言。"子曰："作者七人矣！"

【疏】

夫子自知贤者辟世，何其不自辟？学子试参之。

【钞】

大家试着想想为什么孔子自己不避世？同样都是贤者，但是价值观不同，有人避世，有人不避世？是避世高明？还是不避世高明？若无所谓高明不高明之分，那中间的差别是什么？

譬如说，老子是不是避世了？老子又怎样实践他的天命呢？

【14.39】子路宿于石门。晨门曰："奚自？"子路曰："自孔氏。"曰："是知其不可而为之者与？"

【疏】

夫子必以为可方为之，晨门以为不可。晨门"知其不可"乃贤者，夫子"而为之"乃圣者。

【钞】

孔子必然是认为有可能才会去做，尤其他周游了列国十四年。如果孔子真认为不可能有机会，他不会年纪这么大，还风尘仆仆在外面跑这么久。以孔子对冉有的教导而言，"力不足者，中道而废"（【6.12】），孔子不是到完全绝望，是不会回鲁国的。

人有价值，就在他有价值观，依照他相信的价值观去努力。要不然，没有价值观，就没有理想，何谈努力，真是枉为人一遭了。

【14.40】子击磬于卫。有荷蒉而过孔氏之门者，曰："有心

哉，击磬乎！”既而曰：“鄙哉，硁硁乎？莫己知也，斯已而已矣！‘深则厉，浅则揭。’”子曰：“果哉！末之难矣。”

【疏】

荷蒉者听磬知音，可谓非常人也。

人之一生，始皆若一净布，由己日复一日、年复一年渐渐勾勒、着色。无论他人赞叹毁誉，执笔者，己也，他人无由代笔；最终图成，无论美丑，亦由己负责，他人无由置喙。总须谨慎、尽力、努力画己生命之图。夫子完成旷世巨作，原不为人，然千秋万代后人凭吊、欣赏、学习不已。

荷蒉者辟世之贤者，岂能较诸圣人夫子？“天不生仲尼，万古如长夜”，可谓至赞、至叹！

【钞】

“深则厉，浅则揭”，什么事情都挑容易的走，都顺着形势走，不能说错，那看是对谁说。所谓中流砥柱，力挽狂澜，虽天下人吾往矣，才是英雄事业，人生价值。荷蒉者岂知鸿鹄之志哉？“果哉！末之难矣。”

【14.41】子张曰：“《书》云：‘高宗谅阴，三年不言。’何谓也？”子曰：“何必高宗？古之人皆然。君薨，百官总己以听于冢宰，三年。”

【疏】

父母丧守制之礼，行至清末，难乎用之今日。孝思不存，亦缘礼之废也。

【钞】

别以为一些行礼如仪的形式没用，其中功用可大着呢。譬如对着佛菩萨跪拜、行礼。当初不信，跪不下去。对某些法师，当初不信，也跪不下去。一旦跪下去了，整个虔诚的心都借着这个形式表达出来了。朋友到家里来，刚开始，到了礼佛的时候，当着朋友的面跪拜，也有点不习惯，一旦跪拜下去了，我对佛菩萨的认定就出来了，朋友也就知道佛菩萨在我心中的地位。这不都是经由一个简单的礼节呈现所有的心理状况吗？

若是现在还维持着为父母守丧的制度，对孝顺父母的重要，还需要任何的说明与解释吗？

【14.42】子曰："上好礼，则民易使也。"

【疏】

"上好礼，则民莫敢不敬。"（【13.4】）夫如是，尚需鞭策、叮咛所交代之事乎？复礼为今之从政者大事。

【钞】

低层主管，需要教导下属做事方法、做事态度。中层主管，需要教导下属策略，与其他团队协同做事。高层主管，要会用人、因人设事、让人发挥，要能抓得住下属的心。最高层领导，就是建立起团队价值观，建立起和谐的"礼制"，整个团队就能自动有效地运转。

【14.43】子路问君子。子曰："修己以敬。"曰："如斯而已乎？"曰："修己以安人。"曰："如斯而已乎？"曰："修己以

安百姓。修己以安百姓，尧舜其犹病诸。”

【疏】

《论语》之文简练，情貌毕现。子路“如斯而已乎”之不以为足之情貌，宛然目前。夫子二述“修己以安百姓”结之以“尧舜其犹病诸”，不欲子路复问之不耐，亦跃然纸上。子路无小大，夫子时有气结，然仍耐心教之之情状，屡见诸《论语》章句，端赖学子琢磨之。

“修己以敬”，立己，“明明德”；“修己以安人”，立人，“新民”；修己以安天下，“止于至善”。此乃夫子教学之本。

【钞】

孔子教人做人，是为了做事。能力越大，帮助人也就越多。不管能力大小，都是要有做人的基础，都不能离开“修己”，所以“自天子以至于庶人，壹是皆以修身为本”（《大学》）。

【14.44】原壤夷俟。子曰：“幼而不孙弟，长而无述焉，老而不死，是为贼。”以杖叩其胫。

【疏】

原壤，道家者流，放任自然，不问世事，夫子不以为然。夫子之异于人者，在尽其天命。故“非敢为佞也，疾固也。”（【14.33】）故“果哉！末之难矣。”（【14.40】）故“以杖叩其胫”。

【钞】

这“夷俟”很多人不懂什么意思。就是坐在地上，两只脚掌着地，膝盖冲着天，人的双臂就绕过膝盖扣着，这样坐着等，就是“夷俟”。这种坐姿非常随意、不庄重。原壤是孔子老朋友，是属于道家者流，放任自然。孔子跟老朋友开玩笑，就说他老不死，而且用他的拐杖碰碰原壤竖在那里的小腿骨。

说是开玩笑，也不是。这就是孔子的价值观跟放任自然的道家者流不一样之处。是因为老朋友，所以孔子说话比较不遮掩，有点戏谑说“老不死”这种玩笑话。

春秋时代，百家争鸣，大家依据自己的价值观过日子，也互相辩论、讨论，思想非常丰富、非常充实。

【14.45】阙党童子将命。或问之曰：“益者与？”子曰：“吾见其居于位也，见其与先生并行也。非求益者也，欲速成者也。”

【疏】

心有所求，言有所露，行有所发，自然而然，难逃智者法眼。所谓法眼，即道也。知道则天地无所遁形。夫子六十而耳顺，知其悟道、心与道合矣。

欲速则不达，非夫子不教，弟子虚心不足、潜沉不深，难受大道也。

【钞】

自己认为自己聪明，能够隐藏自己的意图。在高人看来，昭然若揭，清清楚楚，是藏不住的。

做人、做事，要深沉，深沉才能扎根。弟子不能深沉，教些拳脚，也就只能变成了花拳绣腿，没什么意思。所以，有些高明的师父，先磨炼弟子，就是要让弟子沉潜。一旦弟子能够沉潜下来了，后面教的东西才能接受、吸收。

那天，有个年轻人看我打拳，过来想学。问了问我一些问题，然后就问我学这套拳需要多久。我说，这跟每个人的根器有关，不一定的。但是，真要打拳，就一辈子打下去，快一点、慢一点，又有什么关系？我自己不经意地讲了这话，事后想想，年轻人，能接受吗？一般人做事，就是买卖，讲究成本与效益。生命中，有许多不是能以买卖而论的重要命题。读书、学问、做人、锻炼身体等都是人生重要的命题。

卫灵公第十五

【15.1】卫灵公问陈于孔子。孔子对曰："俎豆之事，则尝闻之矣；军旅之事，未之学也。"明日遂行。

【疏】

道不同，不相为谋。夫子明日遂行，非如此，不成夫子。

【钞】

有这么一个故事：当初商鞅设法见秦孝公，第一次跟他谈"帝道"，秦孝公一下子就打瞌睡了。第二次，商鞅跟秦孝公谈"王道"，刚开始还听了一下，不久，又打起瞌睡了。第三次，谈"霸道"，秦孝公兴趣盎然，谈了三天三夜。于是商鞅就帮秦孝公变法。

从这段故事看来，商鞅没什么理想，只是想有个地方发挥自己。商鞅是无法跟孔子相比的，光看这一章、看商鞅说秦孝公，就可以知道他们之间差得非常远。

另外，我不相信商鞅真能"帝道"、"王道"。这么刻薄寡恩的人，我不认为他能。"帝道"、"王道"可不是演出来的。

【15.2】在陈绝粮。从者病，莫能兴。子路愠见曰："君子亦有穷乎？"子曰："君子固穷，小人穷斯滥矣。"

【疏】

了路学道，以为君子有穷，是无天理。穷，亦道。在道，不在穷。非固穷，固道也。

此理言之也易，听之亦顺，及身临之，方是学问。真有志于道者，必有穷时，不穷不能真入道。故孟子有"天降大任于斯人也"之章。

【钞】

子路的问话，其实是很有问题的。子路气呼呼地问老师，君子怎么也会有穷困的时候？但是，为什么君子就没有穷困的时候？事实上，正因为穷困的时候，才看得出是不是君子。正如文天祥《正气歌》所云："时穷节乃见。"

【15.3】子曰："赐也，女以予为多学而识之者与？"对曰："然，非与？"曰："非也，予一以贯之。"

【疏】

知识非学问，学问非智慧，聪明亦非智慧。子贡以为颜渊"闻一知十"胜彼，是聪明，非智慧。此又以为知识为智慧，后颜渊远矣。

【钞】

聪明、知识、智慧、能力是不同的概念和修为，许多人对这些差异模模糊糊，因此要学习智慧与能力，就难于得力。子贡以为老师的功夫就是看得多、记得多、知道得多。但是孔子自己的功夫是花在融会贯通。要怎样才能融会贯通呢？我认为《中庸》讲的“博学、审问、慎思、明辨、笃行”是最好的方法。

【15.4】子曰：“由，知德者鲜矣！”

【疏】

朱注谓此章盖为愠见发也。或是。

【钞】

这句话，用在今天特别真实。让我惊讶的是，为政者在这方面下的功夫与力度都不够大。道德的重要，还需要特别说明与解释的吗？

【15.5】子曰：“无为而治者，其舜也与！夫何为哉？恭己正南面而已矣。”

【疏】

人谓夫子积极，老子消极。读《论语》与《道德经》入味愈深，则愈以为孔老互为表里，《道德经》之言有较夫子尤为积极之处。例若“建德若偷”，为善不欲人知，所谓“积阴德”是也。岂不较诸夫子“宗族称孝焉，乡党称弟焉”（【13.19】）更积极？老子曰无为，夫子亦曰无为，如此章，如“为政以德”章（【2.1】），如“远人不服，则修文德以来之”章（【16.1】），如“予欲无言”章（【17.19】）。夫子正而言理，老子反以发之。注老子最善者，莫若孔子，而注孔子最善者，亦莫若老子。所谓一鼻孔出气是也。

【钞】

太多的人对孔子的认识是错误的，同样，太多人对老子的认识似乎更离谱。依我看，老子非常积极，老子说“无为”，是为了“无不为”。就像佛家讲“空”一样，是要度尽天下苍生，而毫不觉得自己做了什么大事。“无为”是要在“有为”中体现。“空”是要在“有”里面体现。

《论语》是孔子跟弟子之间的对答，因此很浅。偶尔透出几章含义深邃的来。像这一章，舜就这么恭恭敬敬地坐在天子之位，什么也没做，这岂不是无为？说舜什么也没做，他努力修身，他任命有能力的人像皋陶等做事，等等，舜真就什么事都没做吗？

如果是这样，为什么孔子还说舜是无为呢？

【15.6】子张问行。子曰：“言忠信，行笃敬，虽蛮貊之邦，行矣。言不忠信，行不笃敬，虽州里，行乎哉？立，则见其参于前也；在舆，则见其倚于衡也；夫然后行！”子张书诸绅。

【疏】

《论语》传之两千余年不绝，其间，甚有欲毁之而不得者，不有贯穿两千余年人心共处、深处者，无以至此。而今，西人亦学孔子之道，非有贯穿中外人心共处、深处者，无以至此。斯乃是道，“虽蛮貊之邦，行矣”。

【钞】

可见“忠信笃敬”是通古今中外的人心的。“子以四教：文、行、忠、信。”(【7.25】)孔子的教导是一致的、是有脉络的。这就是“以经解经”的重要。

【15.7】子曰:“直哉史鱼!邦有道,如矢;邦无道,如矢。君子哉蘧伯玉!邦有道,则仕;邦无道,则可卷而怀之。”

【疏】

先有气节,然后智慧。未有气节,难言智慧。史鱼有如矢之质,须进而求知时之文,方能文质彬彬,知所进退也。

【钞】

这一章,从章句本身来看,没有评判史鱼和蘧伯玉高下的意思。但是从孔子对智慧、对天时、对知所进退的强调而言,史鱼固然难得,但是,孔子是更赞许蘧伯玉的。子谓颜渊曰:“用之则行,舍之则藏,唯我与尔有是夫!”(【7.11】)这更是一个证明孔子对知所进退的赞许。

后面还有一章:柳下惠为士师,三黜。人曰:“子未可以去乎?”曰:“直道而事人,焉往而不三黜!枉道而事人,何必去父母之邦!”(【18.2】)

史鱼和柳下惠直道事人,是要完成他们自己对生命、对价值的认定,他们是不会在意别人的想法,也会用自己的生命去实践、去完成、去保护自己所认定的价值的。

一个人有价值,就在于他有他的价值观,生死以之。

【15.8】子曰:“可与言,而不与之言,失人;不可与言,而与之言,失言。知者不失人,亦不失言。”

【疏】

药无贵贱、良窳，在能愈人。所谓善言，在人能受、能用、能因此受益。是故“中人以上，可以语上也；中人以下，不可以语上也”(【6.21】)，是故“君子喻于义，小人喻于利”(【4.16】)，是故不论“法语之言、巽与之言”(【9.24】)、“小知、大受”(【15.34】)当视受者而言。至若“不言之教”，乃对言、对人、对己之尊重也。是所谓“敬慎”。

【钞】

对我个人而言，我无法做到恰到好处，在“过”与“不及”之间，我宁可冒点危险失言，也宁可不失人。人若不能受，赶紧打住，已经尝试了，不要自取其辱。

【15.9】子曰：“志士仁人，无求生以害仁，有杀身以成仁。”

【疏】

生命若无意义与目的，则巧取豪夺、无所不用其极以适己之欲。生命若有意义与目的，则人为此而生、为此而死。

更进一层：生命之意义与目的，与生俱来，得之于天？抑或仅因后天之教育？此乃人生于天地间须回答之首要题目，不可不重视之。

所谓师父之重要与伟大，亦在此关键题目之点拨与磨炼提升也。

【钞】

若是人为“仁”而生，害仁则没有活的理由和意义了。杀身成仁，正是为了成就自己的生命，那就会欣然赴之了。

当初谭嗣同有机会、有时间逃离北京，但是，他说：“革命必流血，中国革命自我流血起。”谭嗣同要维新变法，是为了中国的强盛、为了中国人不受欺负。谭嗣同不论逃不逃离开北京，必然都会为革命而死，这就是杀身以成仁！

【15.10】子贡问为仁。子曰：“工欲善其事，必先利其器。居是邦也，事其大夫之贤者，友其士之仁者。”

【疏】

是故曾子曰：“以友辅仁。”（【12.24】）进德修业，在师父、在同学、在谦虚、在磨炼。故知夫子谓“无友不如己者”（【1.8】）之友，必为动词。人谋道，倾终身之力未必能得，谤人且无暇，岂有闲暇呼朋唤友宴乐？

【钞】

这一章，很明显地教导我们，“大夫之贤者、士之仁者”都是“为仁”的工具。“无友不如己者”，就是教导我们要主动跟比我们高明的人去学习。所以，“有朋自远方来”也必然是专程来请教、切磋琢磨的。

亲师、取友是人生两件最重要的事。但现代，这似乎都变成了无人问津、不以为意的观念和行动。是我们脱离了时代？还是时代放弃了生命？这也是我们所有学习中国传统文化的人的天命：若没有这个天命，学不到；既然学到了，就一定要传承下去。

【15.11】颜渊问为邦。子曰："行夏之时，乘殷之辂，服周之冕。乐则《韶》《舞》。放郑声，远佞人。郑声淫，佞人殆。"

【疏】

他人问为邦、问为政、问仁，夫子皆轻答，唯颜渊之问则慎重其答。此乃夫子政治体会之精华，惜乎如今礼乐丧尽，仅留无限哀思。

【钞】

夏时、殷辂、周冕、韶舞，我们丢失了多少传统文化的精华？

有人对现在弘扬中国传统文化，一味称赞所有的古文化不以为然，说："难道中国传统文化就没有糟粕？"

首先，我想表达的是，现在留存下来，虽然不都是糟粕，但是许多精华的好东西，已经丢失了。光是这些留下来的二流教导，已经就不得了了。是的，任何事情都会有好、有坏，一定有糟粕，就希望你能站出来指出来哪些是糟粕，哪些需要改进。对于那些不分粗细一味称赞的教导，可以请教他们，可以挑战他们，可以要求他们更细致一点地教导，这样正是提升中国传统文化的教导和素质。

【15.12】子曰："人无远虑，必有近忧。"

【疏】

孙子曰："是故胜兵先胜而后求战，败兵先战而后求胜。"又曰："未战而庙算不胜者，得算少也。多算胜少算，而况于无算乎！吾以此观之，胜负见矣。"

首要虑之当远者：生命之意义与目的。是所谓“天命”也！

【钞】

远近，是相对的。有战术上的远近，有战略上的远近，有定位上的远近。战术上的胜利，不代表战略上的胜利；战略上的胜利，也不代表定位上的优胜。中国古代圣人谈的，许多都是定位上的远近，非常重要，但并不是每个人都能够了解，能够珍视，能够下功夫的。

【15.13】子曰：“已矣乎！吾未见好德如好色者也。”

【疏】

依报随正报。有文、有质，自然彬彬，“德润身”，有德自然色怡人悦。惜乎众生短浅，见外不见内，逐外而失内。

【钞】

色无罪，一好就出了问题。德虽善，好也是初学如此，一旦上了路，那是很自然的事情。

人生、人世间，有许多事情看来习惯自然，却需要特别注意，稍不注意，习惯的自然事情，会变成坏事。这男欢女爱，原应该是很自然的事情，但是不注意，伤身、伤关系、伤德、伤生命，会拖得整个人陷入泥沼里。这一夫一妻，是一时一地的社会规范，还是人类的当然？问题不在社会规范，在个人掌控，要不然婚外情、未婚同居、未婚生子等不都是社会规范掌控不了的吗？人若无欲，就不会是人了，但人若是就顺着欲走而不调节，就真的成为野兽，也不会是人了。《中庸》云：“喜怒哀乐之未发，谓之中；

发而皆中节，谓之和。中也者，天下之大本也；和也者，天下之达道也。”问题是什么是“节”，怎么才叫“中节”？这就有点像吃饭，只要在自己允许的范围之内，吃得不饿就停下来最健康，吃多了、贪吃都不健康。什么叫自己允许的范围内？总不能去偷、去抢不是自己盘子里的东西吧？也就像吃饭，能吃得少、吃得清淡比较健康。讲起来，这色欲比食欲还要容易些，因为不吃饭会饿死人，另外一个不会死人。这属于欲的事情，不能顺着它想要就要，能越淡些，就越健康。反过来，属于德行、智慧的事情，越深入、越精神、也越有力量。

子曰：“性相近也，习相远也。”（【17.2】）什么是性？什么是习？这要好好学习与体会，能有师父的带领会是最好的。而佛法说的“无始劫来的习气”是最难的。

【15.14】子曰：“臧文仲，其窃位者与？知柳下惠之贤，而不与立也。”

【疏】

未能荐人已是窃位，何况惧人胜己而压抑者。庞涓、周瑜终成历史笑谈。

【钞】

最高明的领导是能够用人的主。最该受奖赏的下属也应该是能够推荐能人的人。知贤不荐，应该受到训斥。这才是高明的领导力。这是孔子尝试教给我们的教导。

【15.15】子曰：“躬自厚而薄责于人，则远怨矣！”

【疏】

是处下位时而言。崭露头角时，躬自厚，仍不免人怨。所谓不招人嫉是庸才，躬自厚在己，人怨不怨原非所计，置之而已。

【钞】

一个生命没有根的人，任何事情都可以让他烦恼操心。一个生命没有方向的人，任何事情他都可以停下来跟人议论、跟人较劲。若是生命有方向，知道自己要做什么，有做不完的事情，哪有闲工夫跟人较劲？哪有闲工夫管人家闲事？厚己薄人，只是因为不认识自己、不看重自己、徒费自己光阴而已。

【15.16】子曰："不曰'如之何，如之何'者，吾末如之何也已矣？"

【疏】

"不愤不启，不悱不发"（【17.8】），心不求悟，不曰"如之何，如之何"者，置之可也。

【钞】

生命是自己的。没有人可以帮你画生命的蓝图。自己不想办法找出答案，没有人可以给你答案。师父的作用只是给弟子痛苦，但是给正确方向的痛苦，要自己熬过那些痛苦才能见青天。师父无法给弟子答案，只有弟子自己去找答案，循着师父给的痛苦方向去找到解决之道，那就是答案。

【15.17】子曰："群居终日，言不及义，好行小慧；难矣哉！"

【疏】

生命无主，不知所止，不求上进，何处下针？

【钞】

像是这种人，只有痛苦可能让他们想想到底自己在干什么。像是这种人，毫无方向、不进取，也一定会碰到痛苦。事情就是这么自然。痛苦是对自己最好的药方，我们只是要好好地、高高兴兴地吃这些药。

【15.18】子曰："君子义以为质，礼以行之，孙以出之，信以成之。君子哉！"

【疏】

此仅言君子，尚不及大人之道。须知天命，己立立人，方成大人也。

【钞】

礼义谦信。

子曰："言忠信，行笃敬，虽蛮貊之邦，行矣，言不忠信，行不笃敬，虽州里，行乎哉？"（【15.6】）这是说有这些品质的人，什么地方都去得，但并不因此就成德、成为君子。要学习，要有礼、有义，有智慧、有深度，才能成为君子。

【15.19】子曰："君子病无能焉，不病人之不己知也。"

【疏】

"不患无位，患所以立；不患莫己知，求为可知也。"（【4.14】）

若毛遂自荐故事，"锥处囊中，其末立见"。若非刻意隐晦，有能者，人必知之。人不知己，因无可与人知之处也。

【钞】

从"子路、曾皙、冉有、公西华侍坐"章（【11.26】）可看得出来，孔子就说："居则曰：'不吾知也！'如或知尔，则何以哉？"从弟子的回答就可以看得出来，每个人能够成就的，就跟他想得到的格局大小有关，跟他的能力有关。于是，我们平常多开拓自己的视野，多开阔自己的胸襟，多增加自己的能力，总是会有机会来的。

【15.20】子曰："君子疾没世而名不称焉。"

【疏】

名者，质之表。君子疾没世而无可称名者，一生一虚浪矣。

【钞】

不是怕一辈子不出名，因为君子不一定要出名，而是怕名实不副。

名实不副有什么可怕的？若不从三世而论，很难令人服气。

【15.21】子曰："君子求诸己，小人求诸人。"

【疏】

孙子曰："昔之善战者，先为不可胜，以待敌之可胜。不可胜在己，可胜在敌。"有诸己，然后待诸人。

人欲成事，焉有不需外援、外缘者？所谓不求诸人者，有数端，有以心态言，有以求之道言，端赖学者细阐之。

【钞】

人生在世，除非不做事，要做事，就没有可以一手撑天，不需要外面帮助、外面机缘的时候。怎能说不求人呢？但是，这求，就很有意思了。到底，求，是对还是不对？对于学佛的朋友而言，试想想，佛也要等有机缘才能做成事。佛会求吗？菩萨会求吗？有求这个念头，到底对还是不对？我们还不是佛菩萨，是不是该求佛菩萨加庇呢？

我个人认为，佛菩萨会等待因缘，会培养因缘，会制造因缘。我不认为他们会求。

我们还只是学生，还是在学习的时候，在心态上，不能有依靠佛菩萨，不能有取巧的心态，但同时，也得知道自己什么都不是，需要佛菩萨加庇，同时祈求佛菩萨加庇。但是真正去做事的时候，就全靠自己，完全不能有依赖佛菩萨的意思。这是自己学功夫、练功夫，事情成了，必然是佛菩萨加庇。事情不成，是功夫还没到，或许不成更好，自己不知道而已。

自己只负责做事情、只负责努力、只负责学习，成与不成，不是自己应该忧心之处。

佛菩萨是不会去帮助一个懒汉的。

【15.22】子曰："君子矜而不争，群而不党。"

【疏】

君子不群，何能成事？然，君子以主义、目标、价值而群，非护私利而党。君子不争私利，故矜。然君子亦争，争德业进步，故“必也射乎”(【3.6】)，争群体安乐。然君子之争，争尊天“道”、争畏“天”命、争多“地”利，夫如是，“将”、“法”斯为后矣。(《孙子兵法》云：“兵者，国之大事，死生之地，存亡之道，不可不察也。故经之以五，校之以计，而索其情：一曰道，二曰天，三曰地，四曰将，五曰法。”)

【钞】

以我个人的想法，若是要成事，就需要聚集一群人。光靠一个人是难成大事的。要聚集一群人，就不能不有组织；有组织，就要有规定、有纪律，这就是“党”。要达到目的，就需要定时间表、要求效率，就会要争。

但是，以个人而言，君子是不拉帮结派，因此不党。跟每个人都能互相尊重、互相学习，因此不会争的。

有句话：“勇于私斗者，必怯于公战。”反之，君子与人相处，矜而不争，群而不党。

【15.23】子曰：“君子不以言举人，不以人废言。”

【疏】

能不惑，方能如是。

【钞】

这才叫作服膺真理。

【15.24】子贡问曰："有一言而可以终身行之者乎？"子曰："其恕乎！己所不欲，勿施于人。"

【疏】

此言非仅子贡可终身行之，今已行诸天下数千年矣！

【钞】

前面有一章：

子贡曰："我不欲人之加诸我也，吾亦欲无加诸人。"子曰："赐也，非尔所及也。"（【5.12】）

这"我不欲人之加诸我也，吾亦欲无加诸人"跟"己所不欲，勿施于人"是不是同一个意思？有没有程度上的不同？如果不细细看，这两章似乎一样，其实是有它程度上的不同，否则，孔子不会说："赐也，非尔所及也。"

"己所不欲，勿施于人。"是说自己不喜欢的，自己就不对别人做同样的事。

"我不欲人之加诸我也，吾亦欲无加诸人。"是说凡是我不愿意别人在我身上做的事情，我也希望这些事情不会发生在别人身上。

差别在哪儿？如果"吾亦欲无加诸人"只是自己的行为，那这两句话的意思就没差太多。但是，更进一层的意思是我也希望别人不会把这些事情加在其他人身上，这就不只是管好自己而已了，这就必须要有这个德行和能力，让其他人也能够警觉到那不对、不好，能够自律、能够不再在其他人身上做同样的事情。这就不是子贡可以做得到的事了。

【15.25】子曰："吾之于人也，谁毁谁誉？如有所誉者，其有所试矣。斯民也，三代之所以直道而行也。"

【疏】

固然"用人不疑，疑人不用"。然用人之先，先有所试矣。仅以直觉，未试而用之不疑，非愚而何？

【钞】

这一章难于理解的是为什么孔子在后面加了一句"斯民也，三代之所以直道而行也"？也因为有了这一句，让孔子讲的"毁誉"有一层更高的意思。

孔子从来不会毁谤人，但也不轻易称赞人。孔子若是称赞某个人，必然先审查过，审查属实，才会谨慎地称赞某个人。为什么？因为人人都应该用非常朴素、非常直白的方式对待，也只有这样，人才能保持朴素与直白。这就是三代圣君对待人民的方式。现在的人民，还是三代时候同样的人民，只是我们没能好好对待他们。

【15.26】子曰："吾犹及史之阙文也。有马者借人乘之，今亡矣夫！"

【疏】

"知之为知之，不知为不知"，故阙文。为尊者讳、为亲者讳，故阙文。

"有马者借人乘之"，原无彼此，四海之内皆兄弟也。

一言以蔽之，朴质。

【钞】

孔子和老子教育的重点都是希望能保持人们的朴质，他们所有的教化，也在保持人们的朴质。就像菜，配料是根据菜的素质来调配的，是为了让菜更能发挥菜的味道。老子跟孔子不太一样的地方，就在对配料的理念。老子，配料用得少；孔子认为配料会增加菜的风味。但是他们都同意，菜的本质是最重要的，要好好保持菜的本色，否则都没意义。

【15.27】子曰："巧言乱德。小不忍则乱大谋。"

【疏】

不得中道而与之，取大、取远、取厚。未能时然后言，取讷，避巧而伤德也。

【钞】

现代社会注重推销、注重侵略，认为木讷是个缺点。这的确是时代的肤浅，斲伤人性深重而不知。做事情，我们希望找到扎实能做事，而不是会说话的人。武林高手、中医高手等各种技艺高手想找个传人，都想找到有根器、能吃苦、肯学艺的人，而不是会说不会做的人。为什么现代社会反而弥漫着不会说话就吃亏了的概念呢？这是时代的肤浅，也是时代将来必然会要付出代价。这也是任何学习传统文化的人，必须自己身体力行，好好努力拨乱反治的地方。

另一个问题是：能不能又会说、又能做呢？

首先，会不会说，得自天生。其次，如果从心态上往外走，内化的功夫就必然弱化。也就是说，想学着会说话，就必然伤害了内化扎实功夫的重点。

学习，尤其是年轻学生学习，重点应该是放在内化的扎实上。

【15.28】子曰："众恶之，必察焉；众好之，必察焉。"

【疏】

参看"乡人皆好之"章。(【13.23】)

【钞】

也可参看"君子和而不同"章（【13.22】）"钞"。

【15.29】子曰："人能弘道，非道弘人。"

【疏】

人在道中。是故，有"无求生以害仁，有杀身以成仁。"(【15.9】) 是故，"守死善道"(【8.13】)。

【钞】

子曰："三年学，不至于谷，不易得也。"(【8.12】) 学了东西，就是要能用，但不是能卖。不能贩卖祖宗、贩卖佛法。再上一层了，学了些东西，就当大师了，弄些弟子、媒体一起哄，也就真似乎有点大师的味道，四方粉丝，长随左右。讲些话，也变得是"嘉言录"了。教些道理、方法，也都有些门槛、身价了。这时候，就变成了是"以道弘人"了。所以《中庸》上说："道不远人，人之为道而远人。"

也许有一天，我也需要被我自己这一段话来检验的。

【15.30】子曰："过而不改，是谓过矣！"

【疏】

过而能改，有无穷机会、无限希望。所谓"苟志于仁矣，无恶也"（【4.4】）即此意。

过而不改，听之任之，无上进之念，斯亦无望矣。

【钞】

对于一些人，包括我自己在内，知过能改，也许还做得到，问题是，经常不知道自己犯了过失。想想，那些过而不改的人，当初不也曾经努力过或努力改过，为什么后来变了呢？大多是成长的过程没有好老师教导，越走越偏，以至于自暴自弃了。这不也是不知道自己犯了过失吗？

因此，我最佩服曾子的一句话就是："孟氏使阳肤为士师，问于曾子。曾子曰：'上失其道，民散久矣！如得其情，则哀矜而勿喜。'"（【19.19】）这才是有担当的话。在《圆觉经》里也说，众生所以有种种不同的根器，所以不能开悟，是因为遇见的老师不同的缘故。不是众生的过咎，是菩萨们的责任。这是多大的胸襟？

在《地藏经》里，释迦牟尼佛殷殷切切地交代地藏菩萨，要好好照顾众生，只要有丝毫之善，都要拔济他，勿令堕入恶道。不论学不学佛，面对这种心量，哪能不感动、不佩服？

我们都是一无是处的人。能帮人一分，就帮一分吧。就算是赎罪，就算是消消自己的业障吧。

【15.31】子曰："吾尝终日不食，终夜不寝，以思；无益，不如学也。"

【疏】

夫子好学之尤者，此其用功心得，弥足珍贵。

“学而不思则罔，思而不学则殆。”（【2.15】）“终日不食，终夜不寝，以思”，非但无益，且有害焉。

【钞】

人的学习，两件事情最重要：一是思考问题的方式，也就是逻辑。二是思考问题的依据，也就是价值观。所谓哲学体系，就是根据最基本的价值观，根据逻辑再往上推论与应用到事事物物的整个模式。到最后，再往上走，会有精神与相信的层面。也就是说，道理如此，但还无法用人类经验与仪器来证明的部分。

这逻辑，是所有科学与交流的基础，我们从小就被教育着。但价值观，目前的学校体制除了政府政令宣传以外，教的就少了。但又恰恰是这些价值观让人存活得有价值、有意义。问题是，学什么样的价值观呢？宗教的学习暂时放在一边，中国传统文化思想是个最好的基础。有了一个四平八稳的价值观框架以后，可以进一步再充实、修改、提升，让自己更能够“下学而上达”（【14.36】）。

没有一个基本的价值观框架，只有逻辑，想东西是一片混乱的。也就是说，有许许多多的资料跟想法，但是没有一个根本的原则贯通起来，这些资料、知识虽然好，但是没用的。

电脑永远无法取代人脑的原因就在价值观与精神上的提升。人若不学习，没有一个统一的价值观，那是连电脑都比不上的。

【15.32】子曰：“君子谋道不谋食。耕也，馁在其中矣；学也，禄在其中矣。君子忧道不忧贫。”

【疏】

事之成，善根、福德、因缘，缺一不可。善根在己之培；福德不积之厚，难有功也；因缘则非人力所能知、所能左右。故凡事尽其在我，功成与否则委之于天。依道培善根、积福德、修因缘且不定成事，遑论不依道而行，不成事必矣。即令侥幸而得，既得之，必失之，所失必大于所得者。故夫子曰“求乎己”，曰“不患人之不己知”（【14.31】），曰“富而可求也，虽执鞭之士吾亦为之，如其不可，从吾所好”（【7.12】），曰：“忧道不忧贫”，曰“仁者不忧”（【14.29】），无可忧也。

《孙子兵法》云：“故善战者，能为不可胜，不能使敌必可胜。故曰：胜可知，而不可为。”

【钞】

这一章非常有意思，年轻的时候，囫囵吞枣，就这么认定，这么解释了：只要耕作，自然有食物；只要学道，自然有饭吃。

如果这样，应该是说：“耕也，食在其中矣。”而不是“馁”在其中矣。细细再品味这一章，我想孔子的意思应该是这样的：“君子谋道不谋食。努力为食物拼命，还是一样不免饿馁。若是努力学习、一心求道，自然有你应得的食禄。但是，虽然道理如此，却不能为了食禄而学习，君子应该忧道不忧贫。”这样子来悟这一章，孔子前面说谋道不谋食，跟后面的忧道不忧贫，跟其中用“馁”字的整个意思就很顺畅，也很完整了。

于是，关键就是为什么“学也，禄在其中矣”？孔子在《中庸》里说过这么一句话：“故大德必得其位，必得其禄，必得其名，必得其寿。故天之生物，必因其材而笃焉。故栽者培之，倾者覆之。”

人生天地间，有每个人该做的事情，也有每个人该得的报答条件。但这该做的事情不是只为了活着有口气、有饭吃、有爱情、有点闲钱可以玩耍。如果只为了有口饭吃，天天出去找食物，还不免冻饿，但只要努力找到自己生命的意义和价值，努力实践自己的天命，自自然然可以活得不错。虽然可以活得不错，但是一旦为了活得不错这个理由学习，又整个错误了。天地之间有个道，循着道走，不会出错。这个道，自自然然会照顾到我们的衣食，但我们不是为衣食而活着的。君子忧道不忧贫。得道则亦得禄、亦得名、亦得寿。天之生物，必因其材而笃焉。

【15.33】子曰："知及之，仁不能守之；虽得之，必失之。知及之，仁能守之，不庄以莅之，则民不敬。知及之，仁能守之，庄以莅之，动之不以礼；未善也。"

【疏】

观"民不敬"之语，可知此章言为政。

若此仁、知以成德而言，则必忠恕敬慎，焉有不庄者？可知此仁者，心慈、心善、无私而已；知，亦聪慧巧黠之意。

聪慧巧黠或能一时成事，然须有善、无私，方能凝聚不散。

譬若明镜，君人者，临之以庄，则民报之以敬。"使民敬忠以劝"章（【2.20】），亦述此意。

譬若诗词，不合格律，虽美亦野，未善也。动之不以礼，或有进退失据，未能优雅自如，未善也。

【钞】

这一章也是从政治上表达"文质彬彬"的意思。有能力治国，还是需要学习，要庄重、要有礼，才能上下优雅和谐。

【15.34】子曰："君子不可小知，而可大受也；小人不可大受，而可小知也。"

【疏】

"君子喻于义，小人喻于利"（【4.16】）亦此章之补注。

凤雏委以耒阳县令，亦"小知、大受"之变例。

春秋善相马者九方皋，见千里马荐于秦穆公，竟不知彼为牝牡。九方皋者，可大受而不可小知也。

谭嗣同夜见袁世凯，谋以大事。惜乎，袁不可大受，只可小知，谭竟不能见此。

【钞】

这小知、大受的例子还真不少。诸葛亮不轻易出山，就等刘备，是个例子。姜子牙不轻易出山，宁可等到八十岁，等到文王才出来。商鞅说秦孝公，孝公听帝道、王道都打瞌睡，就听霸道非常带劲。孝公也就是那种境界和程度。这卫灵公问阵于孔子，孔子明日即行，不就是看出卫灵公不可大受吗？

好计划、好想法，也要遇见明君、对的人、能承受的人才能实施。任何事情，皆有其位，的确如此。

【15.35】子曰："民之于仁也，甚于水火。水火，吾见蹈而死者矣，未见蹈仁而死者也。"

【疏】

此夫子谓仁之性，意谓人而不仁，不知其可也；意谓人而不仁，则非人矣，不知其生世间所余为何？

若谓仁之质，“好仁不好学，其蔽也愚。”（【17.8】）无知，亦有蹈仁而死者也。

【钞】

静心看看这一章，圣人的想法真的跟我们不一样，尤其跟现在的人更不一样。一天没水、没火都难活了，孔子却认为人若不仁，半天都活不下去。孔子认为，人需要仁，超过需要水火。这是不是强调得太过头了？我们会这么想，可是孔子讲他那句话时，他也是真的那么想。也就是说，孔子认为若没有了仁，人就不成为人，就没什么活的意义和价值了。

仁有那么重要吗？

是的，孔子的意思是说，如果不能做人，只是像生物一样地活着，他是宁可不活的。

起码，我们可以静心体会体会，这就是圣人跟凡夫的不同。

【15.36】子曰：“当仁，不让于师。”

【疏】

有事，弟子且服其劳，当仁，焉有谦让之理？此章，非但不谦让，且与师争先，方为夫子真意。

至此，知君子有所争，“射乎”而外，则“为仁”也。

【钞】

对师父，就像对父母一样，什么事都该谦让。父母年纪大了，子女能赚钱了，会抢着跟父母付账，或是根本就不让父母付账。“有事弟子服其劳”（【2.8】），做事，也要抢着做，不让父母动手。

最重要的，遇见善事、仁事，弟子是不让父母、不让师父的。

【15.37】子曰："君子贞而不谅。"

【疏】

"可与立，未可与权。"（【9.30】）须有所立，方可谓权；须贞，而后能守大信，非"硁硁然，小人哉"（【13.19】）之守死不变也。

【钞】

参考"硁硁然，小人哉"章（【13.19】）的"疏"、"钞"。

【15.38】子曰："事君，敬其事而后其食。"

【疏】

敬事后食，凡事皆然，非仅事君也。

【钞】

"敬事而后食"是最基本的"忠"的定义。

【15.39】子曰："有教无类。"

【疏】

是乃夫子发心。

墨子则教而有类。墨子之徒，虽寡，能救世。夫子之徒，虽众，而鲜成于当世。然夫子之教，传诸千秋，亦与其发心相应。

人之成，成于其所发之心，因果相应，事理自然。

【钞】

要成事，需要有所针对，需要有重点，需要有人才。行善，虽然是面对所有该帮助的人，但是，要能够长久地帮助所有该帮助的人，就需要有针对、有方法、有组织、有人才，否则，再多的资源，也经不起没有方向、没有重点的挥洒。有了方向、策略与重点以后，门面就越宽越好。历代贤君，广纳人才，就不问出身，有纳无类。

【15.40】子曰："道不同，不相为谋。"

【疏】

道不同而谋，失其正鹄，是何居心？若非权谋，即为权利熏心。前者乃所有间谍之行，后者所有好利之徒，如商鞅之说秦孝公，汪精卫之傀儡政权是也。夫子"明日遂行"（【15.1】）光明磊落、见机事前，为此章之善例。

【钞】

常常听人因为跟上司、朋友不和，引用这句话。但是，大部分的时候是引喻失当。首先，要自己有道、有清晰的价值观、有明确的方向、有坚定不移的使命。没这些，自己也没道，谈什么"道"不同？其次，很多事情只是意见不同。意见不同跟价值观不同是两回事。要不然，任何事情都是"道不同"了。

人要深刻点。人越深刻，越不容易发脾气，也越有资格发脾气。在《孟子》与齐宣王论勇一章就有这个例子：

王曰："大哉言矣！寡人有疾，寡人好勇。"对曰："王请无好小勇。夫抚剑疾视曰：'彼恶敢当我哉！'此匹夫之勇，敌一人者也。王请大之。《诗》云：‘王赫斯怒，爰整其旅，以遏徂莒。以笃于周祜，以对于天下。’此文王之勇也。文王一怒而安天下之民。《书》曰：‘天降下民，作之君，作之师，惟曰其助上帝宠之。四方有罪无罪惟我在，天下曷敢有越厥志？’一人衡行于天下，武王耻之；此武王之勇也。而武王亦一怒而安天下之民。今王亦一怒而安天下之民，民惟恐王之不好勇也。”

这是孟子鼓励、教诲齐宣王这么说的。要有像文王、武王这样的胸襟、气度、深度，才有发怒的资格。

【15.41】子曰：“辞达而已矣！”

【疏】

辞达，仅为初步，进则愿能达而雅。

【钞】

文章，固然有文笔的不同，但是好文章必然是有内涵，只要真真实实地把内涵表达出来就是好文章。否则，就是堆砌与雕琢。

【15.42】师冕见，及阶，子曰：“阶也。”及席，子曰：“席也。”皆坐，子告之曰：“某在斯，某在斯。”师冕出。子张问曰：“与师言之道与？”子曰：“然，固相师之道也。”

【疏】

此非与师言之道，仅相师之道而已。言以载道，图有以益人，岂在指陈方位而已。

【钞】

这才是孔子真实的一面。见到该帮助的人，就顺理、顺情地帮助。弟子旁边看了，以为这是某种不得了的大道理、大学问。这不就是随手、随分地帮忙吗？

“道不远人，人之为道而远人”，“中庸之为德也，其至矣乎！民鲜久矣。”（【6.29】）

岂不怪哉？

季氏第十六

【16.1】季氏将伐颛臾。冉有、季路见于孔子曰："季氏将有事于颛臾。"孔子曰："求，无乃尔是过与？夫颛臾，昔者先王以为东蒙主，且在邦域之中矣，是社稷之臣也。何以伐为？"冉有曰："夫子欲之，吾二臣者皆不欲也。"孔子曰："求！周任有言曰：'陈力就列，不能者止。'危而不持，颠而不扶，则将焉用彼相矣？且尔言过矣！虎兕出于柙，龟玉毁于椟中，是谁之过与？"冉有曰："今夫颛臾，固而近于费。今不取，后世必为子孙忧。"孔子曰："求！君子疾夫舍曰'欲之'而必为之辞。丘也闻有国有家者，不患寡而患不均，不患贫而患不安。盖均无贫，和无寡，安无倾。夫如是，故远人不服，则修文德以来之。既来之，则安之。今由与求也，相夫子，远人不服，而不能来也；邦分崩离析，而不能守也；而谋动干戈于邦内。吾恐季孙之忧，不在颛臾，而在萧墙之内也。"

【疏】

《论语》凡有子路章句，皆率先回答，唯此章子路不语。固冉有入季氏府居先，然亦因子路不知所对，不妄言搪塞也。又，夫子知子路才具，无所期待，故直呼冉有名而问之。

夫子谓子路、冉有为“具臣”，正在此关键大是大非大节处，未能明辨。曰“敬其事而后其食”（【15.38】），事者，君国之事。虽曰“率天之下，莫非王土”（《诗经·小雅·北山》），君即国，然“民为贵，社稷次之，君为轻”（《孟子·尽心下》）。不可事事皆以民为贵言之，然大节之处，不可不挺身而出。虽曰中国自古书生不知变通，然书生可贵，正在守此等大节处。此等大节为“经”，变通为“权”。我等学子，当学“经”知“权”，是真智慧、真学问也。

【钞】

子路对孔子没大没小，讲话没有分寸，孔子从不介意，对弟子总是劝勉教诲，温而不厉，《论语》中孔子严厉的训斥，除了这一章以外，其他就是对季康子说过几次。都是在大节之处，会影响很多人，孔子才这么严厉。

这一章，又很清楚地表达出孔子的“忠”的概念，是要真正对对方有深远影响的好事上努力，才是忠，而不是所谓的听话。要能够分清大节，事非关大节处，忠实地执行长官的意图，事关大节，则据理力争，这才是忠。所以孔子说过：“忠焉，能无诲乎？”（【14.7】）也对子路说过：“勿欺也，而犯之。”（【14.22】）

这冉有，绝对是比不上宰我的。平常会算计，虽然不会跟老师顶撞，但真是不听话。从“子华使于齐”（【6.4】）章就看出端倪。这一章更是明显。所以到最后，孔子只有对大家说：“非吾徒也，小子鸣鼓而攻之可也！”（【11.17】）孔子年老，不能一展抱负，儿子死了，心爱的学生颜渊、子路死了，学生还不听话，真是打击连连，他还是努力地删《诗》《书》、定《礼》《乐》、赞《周易》、修《春秋》，这种精神，若不是有个“天命”的驱使，有使命感，真难做到。

这一章，有非常丰富的内容。从政治上来说，“有国有家者，不患寡而患不均，不患贫而患不安。盖均无贫，和无寡，安无倾。”是非常值得现在当政者慎重考虑的。现在，是个重商的社会，是讲究重赏、重罚的差异化的社会。但我们知道，任何国家社会，需要有一个稳定的中产阶级，才能稳定。贫富不均，永远是国家社会不稳的重要原因。以个人而言，我们知道，财富并不是快乐的泉源。国家不应该盲目地追求财富，而应该是追求“均富”。今天中国提倡“和谐社会”，不应该只是文化、教育、观念的宣导，而应该落实到经济上的平衡。只有“均富”的基础，才有和谐的可能。国家重商是不好的。这一点，牵涉太多，需要另外专门讨论。但是，孔子的经济思想，从这简短的几句话，就可以给予我们许多的深思。到底，经济是生命思想、生命哲学的一部分。从和谐的生命思想、生命哲学出发考虑所有的事情，经济也需要是和谐的。

从这个思想脉络走下来，“远人不服，则修文德以来之。”因为前面说了，“和无寡、安无倾。”从季氏看来，似乎考虑得很远，“今夫颛臾，固而近于费；今不取，后世必为子孙忧。”其实是动乱国本。治国，就是王道、霸道、或是无道。现在不可能有全然的王道，但总是要往那个方向走。越往王道走，国家就越稳定；越往霸道或是无道走，国家就越不稳。季氏的根本想法、方向就错了。孔子的“远人不服，则修文德以来之”才是王道的长治久安之道。

中国领导人在国际会议提出“永不称霸”，不是因为怕美国或是因其他国家的戒心，而是中国传统思想根本就没有霸权的概念，根本就不认为霸权是好的，根本就不会往霸权的方向走。只有真正了解中国传统文化思想的人，才理解中国领导人为什么说“永不称霸”。

【16.2】孔子曰：“天下有道，则礼乐征伐自天子出；天下无道，则礼乐征伐自诸侯出。自诸侯出，盖十世希不失矣；自大夫出，五世希不失矣；陪臣执国命，三世希不失矣。天下有道，则政不在大夫；天下有道，则庶人不议。”

【疏】

人心如水，自然而流、自然而平。虽有阻挠，终汇一处。“名不正、言不顺、事不成”(【13.3】)，本末倒置，未可久也。故夫子终身以正名、正本末为职志，故有堕三都之行，故修春秋。千年来，虽不能尽行夫子之道，然仅用其十一功夫，已立千年根基而不断、不坠。夫子之言、夫子之道、夫子之教可谓深矣。

【钞】

礼乐征伐自天子出，名正言顺；自诸侯出，就从王道转为霸道了；自大夫出，那就是霸道到毫无公理、完全只有权力了。想想，美国刚开始的时候，也是所谓顺天应人，争取独立、自由，抗拒暴虐统治。美国宪法，民有、民治、民享是一个以民为重的王道文化。就在一百多年前，林肯还会为生而为人不公平的黑奴制度而战。二战之后，美国如日中天，但是真是缺乏文化，一旦作为世界领袖，就没有足够的深度来带领世界了，于是渐渐就成为霸权国家，没有真正为全世界人民谋福利，却只为美国利益而搞权力平衡，不论韩朝、南北越、东西德、阿拉伯以色列等，让全世界权力平衡，谋夺美国最大化的利益。但是这种霸权思想，终究让美国自食恶果，全世界很多国家不再相信美国，国内也被权力政客把持，不过五十年，如日中天的霸权就往下坠落。三十年为一世，从 1945 年到今天，六十九年，三世还没走完就不行了。

这王道、霸道的讨论，许多人也许觉得太过理想、太过理论。从历史上看来，静心体会体会，绝对是真实的，只看有没有从这样的深度去理解，有没有这个能力去实践而已。

【16.3】孔子曰："禄之去公室五世矣，政逮于大夫四世矣，故夫三桓之子孙微矣。"

【疏】

非分之责、非分之禄、非分之福，未有受而不倾者。亿万富翁自有其天命、天责，引为私享、私用，灭顶速矣。

【钞】

人的心，不上即下。要不就为人，要不就自私。许多人会说，我们也不太自私，也没那么伟大、高明，有为全人类的心，就在中间，为什么说一定不上就下？为什么不能在中间？

以个人而言，还感觉不那么明显。一旦作为执政者，在所有利益的焦点下，所谓"动见观瞻"，一举一动，结果不但影响大，而且很快就会反映出结果的方向。在这时候，不是上，就是下，很难维持原点不动。

我个人认为政治就是寻求利益的平衡不是高明的想法，是低劣的政治。我认为政治也就和人一样，需要下学而上达，永远追求进步、高明、和谐。不这样，就一定退步、低劣、动乱。

【16.4】孔子曰："益者三友。损者三友；友直，友谅，友多闻，益矣。友便辟，友善柔，友便佞，损矣。"

【疏】

益友、损友常在，端视人之取舍。择益友，则益友群至；就损友，则损友日集。观"工欲善其事"章（【15.10】），知友为为仁之具。观"以友辅仁"章（【12.24】），更知友为成德利器。无友、不择友，事倍功半可知，用力不猛亦可知。

益友不饰己媚人，存其本色；损友失其所守，媚人骄人。

【钞】

益者三友跟损者三友的"直、谅、多闻"跟"便辟、善柔、便佞"所讲的三个品质看起来很像，但实质不一样。在根本上，益友不讨好人，自己做自己该做的，用对待自己的品质对待朋友，所以正直、诚实、博学多闻。损友则有惺惺作态的意思、有讨好对方的意思，所以看起来直，并不真直；看起来对人好，但不真实；听起来头头是道，但只是耍嘴皮子。基本上，还是君子、小人之分。

【16.5】孔子曰："益者三乐，损者三乐。乐节礼乐，乐道人之善，乐多贤友，益矣。乐骄乐，乐佚游，乐宴乐，损矣。"

【疏】

益者，纪律、进步。损者，懈怠。

【钞】

人不是机器，需要有休息的时候。但是，休息，也还是有休息的程度。有人以“诗文下酒”，有人休息的时候，读读《左传》。有人休息的时候，找比自己高明的朋友聊聊、学习。乐与游也没什么罪恶，只是骄、佚、宴，又乐，就懈怠了。

【16.6】孔子曰：“侍于君子有三愆：言未及之而言，谓之躁；言及之而不言，谓之隐；未见颜色而言，谓之瞽。”

【疏】

《易·系辞传》云：“将叛者其辞惭，中心疑者其辞枝。吉人之辞寡，躁人之辞多。诬善之人其辞游，失其守者其辞屈。”

以求教之心侍于君子，庶几不差。

【钞】

不只是侍于君子应该这样，对任何人都应该这样。总是要察言观色，讲话适人、适时、适事。这可不是那么容易的事。

【16.7】孔子曰：“君子有三戒：少之时，血气未定，戒之在色；及其壮也，血气方刚，戒之在斗；及其老也，血气既衰，戒之在得。”

【疏】

虽有戒，有师父、门庭较能得力。年少无师、无门庭，可谓不幸。

【钞】

释迦牟尼佛在灭度之前，弟子心里很慌。佛的侍者阿难请问佛，佛不在的时候，要依止谁作为师父。释迦牟尼佛说，要“以戒为师”。孔子也说了，要“克己复礼”（【12.1】），接着对颜渊阐释“非礼勿视、非礼勿听、非礼勿言、非礼勿动。”孔子更说了：“好仁不好学，其蔽也愚；好知不好学，其蔽也荡。”（【17.8】）。要有“戒”的功夫，所有的事情才有个基础，才稳得住。否则，样样通，样样松，什么都知道，什么都不扎实。就像蓄水池有个漏洞，不管装进多少水进来，都慢慢漏掉了。只有扎扎实实的纪律或戒律，才能有用。

【16.8】孔子曰：“君子有三畏：畏天命，畏大人，畏圣人之言。小人不知天命而不畏也，狎大人，侮圣人之言。”

【疏】

天命，乃人之所以生、所以存也，可不“颠沛必于是、造次必于是”乎？不畏天命，一生浪费矣。《易·乾卦·文言传》有谓：“夫大人者，与天地合其德，与日月合其明，与四时合其序，与鬼神合其吉凶。先天而天弗违，后天而奉天时。天且弗违，而况于人乎？况于鬼神乎？”能遇大人乃累世之福，能不敬慎、敬畏乎？未遇之时须敬慎以求之，敢不敬畏？圣人之言，乃由以知天命、行天命、实天命，能不慎以思之、绎之，可不畏之？不知天命，则不知何以生而为人，晃荡一生，不知敬、不知畏、不戮力，是所谓可怜悯者。

【钞】

畏天命、畏大人、畏圣人之言，是因为小心谨慎，怕这一辈子空过了、走错路了、浪费了。如果不是对自己生命的珍惜与看重，那各人都有各人的看法，你说你的，我做我的，哪有什么可怕的？很多人笑话圣人之言，把圣人之言当作一般的看法来评论，那是因为不知道自己为什么活着，他把自己的生命也当成一个笑话在过着，他自己还不知道。所以，老子也说：“上士闻道，勤而行之；中士闻道，若存若亡；下士闻道，大笑之。不笑不足以为道。”

真的，谈道的人多，求道的人少，觉悟的人更少，觉悟以后能够实践、完成自己生命的意义和目的的，更是如凤毛麟角。

【16.9】孔子曰：“生而知之者，上也；学而知之者，次也；困而学之，又其次也；困而不学，民斯为下矣！”

【疏】

生而知之，亦须困而真知。学而知之，及其知之，一也。困而不学，冤枉受罪，亦可怜矣。

【钞】

这“知”，有各式各样的知。有知道方向，有知道理论，有知道方法，有知道人心的向背，有知道个人的心思……的确有所谓根器，一点就透，或者天生就知道。但是，不论天生、后学，都需要经过磨炼，才能真知、真有用。上天非常慈悲，人若走得不对，就会遭到困苦，困苦是上天指导人往对的方向走的方式。走得不对，就一直困苦，一直到走对为止。走对了，一切顺顺当当。一个人遭受困苦，怨天尤人，还不反躬自省，努力学习，那不是冤枉受了苦，也冤枉了上天一片美意。不是吗？

【16.10】孔子曰：“君子有九思：视思明，听思聪，色思温，

貌思恭，言思忠，事思敬，疑思问，忿思难，见得思义。”

【疏】

九思，无不觉也。

【钞】

每件事情都有它的意义和目的，不是毫无理由的。就是要从每一件事情上去学习。所以“予欲无言”(【17.19】)，弟子又慌了。孔子说：“天何言哉，四时行焉，百物生焉。”上天随时随地在教导我们，只是我们不会听消息。

不只九思，无不思也。

【16.11】孔子曰：“见善如不及，见不善如探汤。吾见其人矣，吾闻其语矣。隐居以求其志，行义以达其道。吾闻其语矣，未见其人也。”

【疏】

隐居，正为行义。夫子五十前，不用世，亦可谓隐居矣。夫子五十而知天命，其志已得，故出而用事，求行义以达其道也。

【钞】

所以，出家人在庙里修，那只是暂时的，只是隐居以求其志。学了以后，就像学生从学校毕业，就需要服务大众，这才是释迦牟尼佛收弟子出家的意义，即“行义以达其道”。

在家学佛的朋友，也是一样。闭了门在家里学，是为了以后出来度众。很多学佛的朋友说，只想退休以后在家里好好修，这有几个心理死角：难道退休以前就不好好修？难道退休以前的时间大部分都浪费了？在最能够贡献自己的成熟年纪，不出来做事，反而关了门在家里修，这菩提心难道只是用来想的？只是口号？另外，度众会耽误修行吗？

【16.12】“齐景公有马千驷，死之日，民无德而称焉；伯夷、叔齐饿于首阳之下，民到于今称之。其斯之谓与？”

【疏】

上下阙文。即令“诚不以富，亦祗以异”（【12.10】）之错简置此，亦不见经意真旨。

人之生、之存、之死，在实天命。以此言之，伯夷、叔齐之天命其在以“清”示人乎？

【钞】

伯夷、叔齐所谓“圣之清者也”。清则清矣，总嫌格局小了些。

【16.13】陈亢问于伯鱼曰：“子亦有异闻乎？”对曰：“未也。尝独立，鲤趋而过庭。曰：‘学诗乎？’对曰：‘未也。’‘不学诗，无以言！’鲤退而学诗。他日，又独立，鲤趋而过庭。曰：‘学礼乎？’对曰：‘未也。’‘不学礼，无以立！’鲤退而学礼。闻斯二者。”陈亢退而喜曰：“问一得三：闻诗，闻礼，又闻君子远其子也。”

【疏】

伯鱼虽未有异闻，然侍圣人之侧，潜移熏陶之功，甚于言语。

陈亢见之亦细矣。

【钞】

陈亢看到的就是些表面糟糠。跟圣人在一起，重要的不是道理，而是潜移默化的行为，以及观机而教、应病与药的对治。否则，今天我们可以读到所有圣人的教训，我们岂不应该超过了他们？

从某个角度来看这个道理，我们是应该比古人进步快些才对。

【16.14】邦君子之妻，君称之曰“夫人”；夫人自称“小童”；邦人称之曰“君夫人”，称诸异邦曰“寡小君”；异邦人称之，亦曰“君夫人”。

【疏】

惜乎，今礼之不存，其纤细优雅亦失。

【钞】

据说，北极的爱斯基摩人对“雪”有一百多个不同的字去形容、描述。他们对雪有他们的熟悉与感情。任何深刻的感情或美丽，都有它们非常细腻的地方。称谓的细腻，自有其当年的细致与分寸，只可惜我们现在失掉了当年的优雅。

阳货第十七

【17.1】阳货欲见孔子，孔子不见，归孔子豚。孔子时其亡也，而往拜之。遇诸涂。谓孔子曰："来！予与尔言。"曰："怀其宝而迷其邦，可谓仁乎？"曰："不可。""好从事而亟失时，可谓知乎？"曰："不可。""日月逝矣！岁不我与！"孔子曰："诺，吾将仕矣！"

【疏】

所谓善巧，斯之谓也。

【钞】

阳货说的话都没错，也就是孔子想的，孔子做的。但是，不在道理对不对，在怎么做，做的心态、气度、格局、做法。固然不可以人废言，但是道理是一回事，用人、合作又是另一回事。会讲，不代表就真做到所说的道理。太会讲了，其实是有伤害的，所以孔子不喜欢太会讲话的人。

【17.2】子曰："性相近也，习相远也。"子曰："唯上知与

下愚，不移。”

【疏】

人性必本善。

人性若本不善，所谓教育导人以正者，仅为做作。十恶不赦之徒，见人一善，心怦然动者，触其本善之弦也。我人见陌生人之苦，不自觉泪流者，性本善也。否则，所有诸善，皆戏作、令人作呕而已。

人性必本善，乃所谓“明德”也。方能“明”遭尘覆、本有之“明德”也。否则“明德”之词不可解。

人性本善，一念无明令人迷途。自是则愈行愈远，终至不知所之，生生世世流转无穷也。此积习难返者，“习相远”也。

上知不移其反本溯源之志行。下愚积重不知亦不返，不移其宿世轮转轨迹也。

佛曰：“人人皆有佛性。”又曰：“众生本来成佛。”

若人性非善、无佛性，所有认真、努力，皆成戏论。人生亦毫无意义矣。

去积习，不有师父痛下针砭，难以有力。

【钞】

人性必然是性本善。若是人性本恶，那我们看到别人有善行、做好事，绝不可能流泪，只会认为那个人戏演得比较好，要学习他怎么赚取人的眼泪。如果人性不是本善，哪有什么感动可言？人会被感动，就已经证明了人性本善。

许多人说，人从小就是自私的，这怎么说？那所有的婴儿对待所有的事情都非常真实，对人都敞开胸怀，拥抱所有的人，又怎么说？于是，有人会说，孩子的纯洁是无知，自私才是天生的，我认为有这些想法的人，才是真正的无知。即使看来有私心的孩子，在他更小的时候，也是纯洁灿烂像个天使。每个人原来都是一个天使，只是后天遭到污染。虽然有孩子在比较小的时候，就露出自私的现象，这也是过去世的“习气”造成的。

不用三世看事情，许多事情看不透。有人不相信三世也没问题，许多矛盾、不可解的事情，就暂时存疑，放在那里，慢慢悟去，到了年纪大些了，总会体会到人性的天生跟习气的后天是有差别的。

习惯虽不是本性，但是以佛家的说法，是生生世世的习气，因此有它的惯性，要不，怎么叫“习惯”？习惯，尤其是从过去世到现在的习气，是不容易改的，因为连我们的思考都有一个惯性思考模式，所以才有许多盲点。连自己的思考模式都是习惯，要自己改正自己的习气，非常不容易。因此，有自己非常信服、高明的师父给予严格的训练，才有可能改正一些根处的坏习惯，尤其是那种看起来也还可以，其实不好的坏习惯。

【17.3】子之武城，闻弦歌之声，夫子莞尔而笑曰：“割鸡焉用牛刀？”子游对曰：“昔者，偃也闻诸夫子曰：‘君子学道则爱人，小人学道则易使也。’”子曰：“二三子！偃之言是也。前言戏之耳！”

【疏】

今日言弦歌之声，似即朗朗书声。然子之武城，所闻弦歌之声，则非诵读声也。必行礼、作乐真弦声与歌声，此宗庙祭祀等礼乐之事，乃治国平天下之大教，故夫子方不自觉而言：“割鸡焉用牛刀？”如今礼坏乐崩百千年，真明君圣主，当于政府设“礼部”、“乐部”，参古以立今之礼乐，方为千秋万代大事。

【钞】

人人皆有善心，人人都会爱人，但是，一般人说爱人，就是平常随手随分去做的事情，只有学了道以后，才会知道，这根本就是人生而为人的大事。也只有学了道以后，才知道怎样才能真正对人有好处，怎样才真正是爱人。否则，连自己的孩子都不知道如何教好，爱之适足以害之，更多的时候，是不知道如何爱人。连自己的孩子都不知道如何教好，能有效地爱人，是那么容易的吗？

【17.4】公山弗扰以费畔，召，子欲往。子路不说，曰："末之也已，何必公山氏之之也？"子曰："夫召我者，而岂徒哉？如有用我者，吾其为东周乎？"

【疏】

夫子苦于无伸展之平台。若能施展，不论季氏、公山弗扰、佛肸，亦不避立新朝。此包天之志。

【钞】

智慧在"经"、"权"。一般人只学到个原则，这是经，也就是所谓"子孙虽愚，经书不可不读"的意思，因为学了"经"，知道什么事该做，什么事不该做。但是，只有深刻的智慧，才能让我们知道，什么事怎么权变，怎样转看似不对、不好的事情，为对的、好的事情。子路，以及其他弟子，都学到了经，但这权，孔子就很难跟弟子说明了，这是人的深度，只能印证，无法多说。

【17.5】子张问仁于孔子。孔子曰："能行五者于天下，为仁矣。""请问之？"曰："恭、宽、信、敏、惠。恭则不侮，宽则得众，信则人任焉，敏则有功，惠则足以使人。"

【疏】

此五者，为政、任事、处世之道也。能如此，方能得众，方能行仁也。

【钞】

这里面，"信"就包括了纪律，所谓令出必行、赏罚分明，这是信的一部分。以霸道而论，纪律是最重要的。孔子前前后后、来来去去讲的，都是王道。只有王道，才能长治久安。

【17.6】佛肸召，子欲往。子路曰："昔者由也闻诸夫子曰：'亲于其身为不善者，君子不入也。'佛肸以中牟畔，子之往也如之何？"子曰："然，有是言也。不曰坚乎，磨而不磷；不曰白乎，涅而不缁。吾岂匏瓜也哉？焉能系而不食！"

【疏】

人生世间，不知天命，不尽天命，不有作为，皆匏瓜也，冤枉为瓜，冤枉为人。夫子尽力其天命，千辛万苦"沽之哉"而不得，退鲁不失其志，终成千秋万代功业，羞煞我等平顺而碌碌之人。

小修修于山，大修修于市。是为楞严大定，无时无处不定也。

【钞】

人的一生，就是要有用，要能贡献，要能完成生命的意义和目的。只有努力追寻、实践、完善生命的意义和目的，生命才精彩。人，要修。但是，是在生命里修，离群索居，关了门修，几乎就离开了生命，很难修出来的。在佛、道里面，是有闭门修行开悟的，但是开悟了，只是第一步，还需要继续往下修才能证果。罗汉证果，还要往上修，要走菩萨道。阿罗汉证到四果，到了无学的地位，从《华严经》上看来，反而因为未发菩提心，要往菩萨道上走，还更困难些。先不论这些，假设一个人修啊修的，修了十辈子、一百辈子终于开悟了，开悟以后做什么呢？不还是走菩萨道，还是度众吗？为什么不提早十辈子、一百辈子前就先走菩萨道？走菩萨道不妨碍修行，甚至是会帮助修行的。

孔子的生命真精彩！

【17.8】子曰："由也，女闻六言六蔽矣乎？"对曰："未也。""居！吾语女：好仁不好学，其蔽也愚；好知不好学，其蔽也荡；好信不好学，其蔽也贼；好直不好学，其蔽也绞；好勇不好学，其蔽也乱；好刚不好学，其蔽也狂。"

【疏】

是故，"文质彬彬，然后君子"（【6.18】）；是故，"学而知之"（【16.9】）；是故，"学则不固"（【1.8】）；是故，无天生圣人，有学以至圣。

夫子最终理想与境界，窃以为，乃为"下学上达"（【14.36】），"修智弘仁"。

【钞】

什么是孔子认为的最高境界？"仁"吗？仁性，人人本具，所以孔子说“我欲仁，斯仁至矣。”(【7.30】) 这怎会最高境界？是“智”吗？不知道生命的意义和目的的智慧，能看到人的内心、能预测未来等的智慧，是狂慧，经常惹火烧身。是“学习”吗？学习什么？可以学习的东西太多了，学不完。没有目标的学习是没有意义的。

纵观《四书》，参看《老子》，再参看佛理，我认为，所有圣人都是要我们最后帮助所有的人。孟子说：“人之初，性本善。”孟子师承孔子，言必称孔子，因此孟子的思想，也就是孔子的脉络。佛家说：“人人皆有佛性。”老子说：“如婴儿之未孩。”都说人本来就有一颗“仁心”的，只是后来的“习气”蒙蔽了这个纯洁的本性。所以孔子说：“性相近，习相远。”佛家说：“无始劫来的习气。”老子说：“大道废，有仁义；智慧出，有大伪。”又说：“绝圣弃智。”所以，我们要慢慢学习，渐渐去掉自己不好的习气，然后原来的本性、仁性才会再显露出来。就像孟子所说的“恻隐之心、羞恶之心、恭敬之心、是非之心”本来就有，到时候就都发露出来了。一旦显露出来了，就自自然然会救助天下的人。

这一切的一切，讲得都很好，该怎么做呢？

就在一个“学习”上。孔子至圣，是学出来的。人要发现自己，找到自己生命的意义和目的，也是学习出来的。人要完成自己，更是学习出来的。学习了以后，才有智慧，才能真正帮助别人，也才能真正完成自己！

【17.9】子曰：“小子何莫学夫诗？诗，可以兴，可以观，可以群，可以怨。迩之事父，远之事君；多识于鸟兽草木之名。”

【疏】

迩时以《诗经》入民间，学习人情世故也。

【钞】

很明显，孔子非常实际，所以他讲的道理都是生命、生活。教导弟子学习，也从生活中学。孔子要弟子从《诗经》中学习生活、人情世故、悲欢离合等等，有点像是今天有人把流行歌曲编辑起来，从平常老百姓的歌曲中了解老百姓的心思。当然，今天的流行歌曲，跟当时的歌谣是不同的。因为当时，人们工作都是唱着歌在做的。毛泽东要广大年轻人下乡，生活实践；孔子更善巧，要弟子多读《诗经》，从《诗经》中学习、了解生活与民间疾苦。

【17.10】子谓伯鱼曰："女为《周南》、《召南》矣乎？人而不为《周南》、《召南》，其犹正墙面而立也与？"

【疏】

今已不知《周南》、《召南》为何，然，"终日不食，终夜不寝，以思，无益"（【15.31】），不读书以入世，动则失宜，亦若正墙面立。

【钞】

正墙面而立，朱熹的解释很好："言即其至近之地，而一物无所见，一步不可行。"《周南》、《召南》，是《诗经》里的两篇，讲到修身齐家的事。一个人不能修身，可以说得头头是道，但是路会越走越窄，终至无人相信，寸步难行。年轻人都想升官。底层主管，看能力；中层主管，看协调；高层主管，看做人。做人不行，会把自己的路走绝了。有些错误是不能犯的，犯了，就很难扳回来。譬如说，对人不忠，以后要再让人相信，非常难。反过来说，对人忠诚、实在，路会越走越宽，任何人都喜欢这样忠诚、实在的人，不是吗？如果相信有上帝、天神的话，上帝、天神、佛、菩萨，特别保佑这些忠诚实在的人。

投机取巧，只是伤了自己的未来而已。

【17.11】子曰："礼云礼云，玉帛云乎哉？乐云乐云，钟鼓云乎哉？"

【疏】

"工欲善其事，必先利其器。"（【15.10】）然器终非工也。

参禅、打坐无专家。是专家者，必不开悟。

【钞】

中国的事物都有三个层次：技、艺、道。茶技、茶艺、茶道；花技、花艺、花道；武技、武艺、武道；医技、医艺、医道……没有技的基础，是入不了道的。没有技，而论道，那是糊弄人。但是，只有技的层面，那就是所谓的"匠"，必须要入了道的层面，才是所谓"大师"。中国人谈道，但绝对都是能够实用的，不会只是什么形而上的理论，毫无实用。许多人听说古代圣人的道，觉得没用，只是些说法、理论、高空。道沦落到这地步，有两个原因：一是碰上了骗子，糊弄人；一是自己不懂、不会、不够深入。即令是孔子对弟子问答的《论语》，只能算是小学生的教材，哪一个不是拿出来都能有实用的？

【17.12】子曰："色厉而内荏，譬诸小人，其犹穿窬之盗也与！"

【疏】

欺弱怕强，无耻之尤，小人亦不齿也。

【钞】

强盗跟小偷都不好，但是很多人认为强盗比小偷更让人接受些，因为行不改名、坐不改姓，不像小偷，偷偷摸摸，是小人里的小人。可见，大部分的人，都讨厌"偷偷摸摸"。我也曾经问过很多人，在真小人跟伪君子之间，更不可取的是哪一个？几乎我问的回答，都是更看不起伪君子。这又可见，大部分的人，都讨厌"假"。

这就非常有意思了，我们扪心自问，我们自己够"真"吗？

【17.13】子曰："乡原，德之贼也！"

【疏】

似是而非，故为贼。所谓"博学、审问、慎思、明辨、笃行"之问、思、辨，即在似是而非处用功也。老子曰："为道日损。"亦在此似是而非处用力也。

【钞】

这乡愿所以为德之贼，是因为一般人还以为那些乡愿是好人。伤害更大的是，很多时候，那些乡愿本人也认为自己做的事不坏，这才是真正的贼，把自己的善根偷了，自己还不知道。

【17.14】子曰："道听而涂说，德之弃也！"

【疏】

此《孟子》"骄其妻妾"之意。道听途说，自弃者也。

【钞】

小孩子回家，跟任何人都说，我老师说什么什么，老是重复老师说的东西，对老师可佩服得不得了，这算不算"道听而涂说"？如果算，那些孩子是否能算是"德之弃"？如果不算，那怎样才是"道听而涂说"？

【17.15】子曰："鄙夫可与事君也与哉？其未得之也，患得之。既得之，患失之。苟患失之，无所不至矣！"

【疏】

"患得患失"因有我。老子曰："吾所以有大患者，为吾有身，及吾无身，吾有何患？"知天命、实天命，我亦非我，"乐以忘忧，不知老之将至"(【7.19】)。

【钞】

患得患失结果把自己给丢了，真划不来。

因为有我，所以才患得患失，但是患得患失却总是在忧虑我之外、外面的事情，那患得患失到底是有我还是没有我？

子曰："古之学者为己；今之学者为人。"(【14.24】)因为为人，所以患得患失。

接着的一个功课就是，那要怎样才不会患得患失？

【17.16】子曰："古者民有三疾，今也或是之亡也。古之狂也肆，今之狂也荡；古之矜也廉，今之矜也忿戾；古之愚也直，今之愚也诈而已矣。"

【疏】

子曰："斯民也，三代之所以直道而行也。"（【15.25】）三代之民，有质无文。今之民，失质作伪，日趋下流，私心自用之故。

【钞】

现在的人，连过去人的缺失都赶不上，我们还看不起圣人，以非为是，真的是是非不辨、善恶不分。这个时代当政者要拯救时弊，挽救人心，建立起最基本的是非善恶的道德标准与深度，是刻不容缓的事情。

【17.17】子曰："巧言令色，鲜矣仁。"

本章已见于【1.3】。

【17.18】子曰："恶紫之夺朱也，恶郑声之乱雅乐也，恶利口之覆邦家者。"

【疏】

即"乡原，德之贼也"（【17.13】）似是而非之意。亦"巧言乱德"（【15.27】）、巧而自伤竟不知之意。"郑声淫"（【15.11】），然人以为怡耳；利口伤，人以为能，日趋下流而不自知。

【钞】

所以说，君子要慎其独也。只有反省内照的功夫才能让自己不骗自己。反省内照的功夫不深，似是而非，朱紫不分，根基不正，虽然努力，越行越远，不可不知。

【17.19】子曰："予欲无言。"子贡曰："子如不言，则小子何述焉？"子曰："天何言哉？四时行焉，百物生焉，天何言哉？"

【疏】

"是以圣人处无为之事，行不言之教。万物作焉而不辞，生而不有，为而弗恃，功成而不居。夫唯弗居，是以不去。"(《道德经》)

【钞】

我们从小是跟老师学习，学校毕业以后，于工作中从领导、同事身上学习。过了三十五、四十岁，发现不能了解、不能解释的问题太多了，这时候，需要跟古圣先贤学习，要从经典中去学习。到最后，就从大自然、从生命的本身学习。说是跟自然、生命学习，其实就是倾听自己的内心，让自己的心跟自然融合，体会人在自然中的生命。亿万年以来，人是自然的一部分，自然也是人的延伸，人与自然是一个整体。从自然的运作，可以体会人最基本的意义和生命。

虽然需要用心去体会，但是没有学习的框架，就这么没有参考地冥想，一般说来是颇为危险的事。子曰："思而不学则殆。"(【2.15】) 不是没有天纵英才，生而知之者，但这是亿万分之一的机会，不会是你跟我，我们还是规规矩矩学习，然后再发明。

【17.20】孺悲欲见孔子，孔子辞以疾。将命者出户，取瑟而歌，使之闻之。

【疏】

言之功，在令人省。不言之教，令人省之深也。

【钞】

行不言之教，首先，已经是把自己放在教人的位置，这个暗藏的定位，需要很小心。不到功夫，不到可以教人的时候，不可以有行不言之教的心态。

但有很多时候，的确是无法讲的。年轻人不知分寸，不知礼数，不听劝导，只有不讲了。年轻人即使是无心，但是实际上是侮辱了自己，也是不讲的好。

有个徒弟跟着师父学拳，徒弟想看看师父到底功夫到了什么程度，有天突然之间，偷袭师父，结果还是被师父给制住了。但是，从此以后，师父再也不教这个弟子。虽然这个弟子苦苦哀求，然而师父认为弟子心态不纯，没有真正的求教之心，最终还是不为所动，不肯教这个弟子。这个师父的做法，对，还是不对？当然这会因人而异，但是有很多事情是不能犯错的。犯了错会永远不被人信任，或者非常难改变别人对自己的信任。譬如说，“忠诚”就属于这个范畴。

【17.21】宰我问：“三年之丧，期已久矣。君子三年不为礼，礼必坏；三年不为乐，乐必崩。旧谷既没，新谷既升；钻燧改

火，期可已矣。”子曰：“食夫稻，衣夫锦，于女安乎？”曰：“安！”“女安，则为之！夫君子之居丧，食旨不甘，闻乐不乐，居处不安，故不为也。今女安，则为之！”宰我出。子曰：“予之不仁也！子生三年，然后免于父母之怀。夫三年之丧，天下之通丧也，予也，有三年之爱于其父母乎？”

【疏】

拳术不在套路，然无套路难以入拳法之妙。恭敬不在形式，然无礼法难以合宜。感恩怀旧不以形式，然无礼节难以醇化人心。三年之丧，行之清末，虽时有夺情之权，然中华文化千年不坠，中华人心千年淳厚，其来有自。宰我见之小，夫子亦难以深言之。其中深奥，赖有识者鉴之，赖圣君鉴之，中国甚幸！天下甚幸！

【钞】

价值观必然要在法之上。礼也必然需要在法之上。譬如说，儿子告发父亲，跟邻居告发邻居处理的态度绝对不同。老师告发学生，跟公司主管告发员工也绝对不同。受理不同、判刑不同，必须以价值观为依归。儿子告父亲，是家产纷争，跟侵害公权又有绝大的不同。总统贪污，当然跟小员工贪污的判刑绝对不同。国家没有明确的价值体系，没有礼法，就凭法官援引法律条文判决，这是非常拙劣的政治制度。不能建立、维护价值观，到底还只是个循规蹈矩、没有作为的领导人。

【17.22】子曰：“饱食终日，无所用心，难矣哉！不有博弈者乎？为之，犹贤乎已！”

【疏】

孟子曰："学问之道无他，求其放心而已矣。"心无所守，四下游荡，难矣哉。如博弈者，所守者小，亦须用心，方有所成，然"致远恐泥"(【19.4】)，未能解人生大问：何以为人？天命若何？

【钞】

很多长辈告诫年轻人说，不要迷某些事情等。我常想，做件事，不迷，是进不去的。学围棋要学出个名堂，要迷好一阵子的时间。打拳要打好，不迷，是打不好的。做工程设计，不昏天黑地忙在里面几年也不可能成为好的设计师。学传统文化、学佛不迷，根本就没机会。

问题是，很多人迷进去，未必能走得出来，未必能学有所成。但是，不迷，根本门都没进，是不可能有成就的。学技艺，况且如此，何况学习生命真理的传统文化或是佛法？

问题是学什么，迷什么？一个人，还是要有人生的导师才会活得有效率，否则，一辈子经常也就浪费了。

【17.23】子路曰："君子尚勇乎？"子曰："君子义以为上，君子有勇而无义为乱，小人有勇而无义为盗。"

【疏】

"仁者不忧，知者不惑，勇者不惧。"(【14.29】)。先修"仁"、"知"，次及"勇"也。

"好勇不好学，其蔽也乱。"(【17.8】) 义不义，须学方真能利人。否则，小义小信，窒己伤人也。

【钞】

我认为，仁、智，到最后都是以勇的方式表达出来。有勇无谋、好勇不好学、有勇而无义等，都不入境界。人世间会有太多的事情需要“虽千万人吾往矣”的勇气，不能义无反顾的勇气，那所谓的仁、智也就不是真的仁、智。孔子五十岁以后的生命，不就是充满了勇气、毅力，轰轰烈烈的一生吗？

另外一个问题：既然是君子，怎么还会有勇而无义呢？不义的人怎会是君子呢？什么是“义”？孔子从来没说，朱熹注解得很好：“义者，宜也。”什么才是“适宜”呢？对你适宜，对他不见得适宜；昨天适宜，今天不见得适宜；我做适宜，你来做就不见得适宜。那这样不是无所适从了吗？这正是一个需要智慧与深度的事情。所以一个人的学习是永远不能停的，所以孔子也说：“毋意、毋必、毋固、毋我。”（【9.4】）君子，虽然有仁念，没有私心，但是没有智慧与深度，一样会做出不适宜、造成混乱的事情。

【17.24】子贡曰：“君子亦有恶乎？”子曰：“有恶。恶称人之恶者，恶居下流而讪上者，恶勇而无礼者，恶果敢而窒者。”曰：“赐也，亦有恶乎？”“恶徼以为知者，恶不孙以为勇者，恶讦以为直者。”

【疏】

“唯仁者，能好人，能恶人。”（【4.3】）子贡慎思、明辨，故审问，是乃善问。

称人之恶、下而讪上、勇而无礼、果敢而窒者，皆自以为是。自以为是则塞其上进之门，其余不足观也已。

徼以为知，不孙以为勇，讦以为直者，皆以非为是，恶之易见者。

【钞】

问个问题，佛菩萨会生气吗？

从这章看来，圣人也有厌恶的事情。圣人厌恶这些事情，是不是带有明显的感情或是情绪？

再问个问题：大地有和风煦日，潺潺流水，一切显得如此柔美。但是，忽然之间，又会变得雷电交织，鬼哭神嚎，是大地也有感情或是情绪吗？

如果人与大地是一体的，人有感情，大地不也应该有吗？佛菩萨不是无情草木，那佛菩萨不也有感情或是情绪吗？

是，抑或不是？

【17.25】子曰："唯女子与小人为难养也！近之则不孙，远之则怨。"

【疏】

古之女子，少有读书，多顺情欲而行，故亦多近之不逊，远之怨。读书方能变化气质。"子孙虽愚，经书不可不读。"

【钞】

假设佛菩萨也有情绪，他们的情绪绝不同于我们自我无法掌控的情绪。这是修行上的不同，但是男女之间也有天生的不同。女孩子在情绪上的波动或依恋似乎比男孩子要来得重。女孩子有月事，孩子是从她们的身体里产生下来的，对生命、对孩子的依恋当然与男孩子不同。情执重，又没有读书，缺乏机会变化自己的气质，“近之则不逊，远之则怨”是可以理解的。说孔子看不起女人是不正确的。

【17.26】子曰：“年四十而见恶焉，其终也已！”

【疏】

年四十而见恶，不可谓无得而回心向善。然，期其有大功于世，恐天不彼与。

【钞】

天下事永远有例外，像百里奚七十岁才得用世，姜子牙到了八十岁才得以发挥，这对其他人来说都已经是收山的时候，百里奚、姜子牙才刚开始，这就是很少的例子。一般而言，每个年纪都有该做的事，过了这个时间，不是没有例外，但就是例外。任何事情都需要时间。学习、修身、寻找天命都需要时间。前面该花的时间没花、没有成就，后面也就跟着落后，能够成事的机会也就相对少了。修行得趁早，说等退休以后好好修修，这是骗自己的。年轻该修行没好好修，说等到年老气衰以后才好好修，这真的只是骗自己。等到时间过了，一切后悔都来不及了。

微子第十八

【18.1】微子去之，箕子为之奴，比干谏而死。孔子曰："殷有三仁焉！"

【疏】

微子、箕子、比干三者，所行不同，然皆非私己。

"可与立，未可与权。"（【9.30】）

【钞】

一个人有价值，就因为他有他的价值观。每个人为了他的价值观而生，为了他的价值观而死，这才是生命。没有为之而生、为之而死的价值观，就赚钱，养孩子，吃好、穿好，生命就这么不值吗？微子、箕子、比干都活得痛快、活得扎实，都活出他们的价值。

人要有价值观，或在他的价值观里，生命才有价值。

【18.2】柳下惠为士师，三黜。人曰："子未可以去乎？"曰："直道而事人，焉往而不三黜？枉道而事人，何必去父母

之邦？”

【疏】

不有此念行，不可以为士师。柳下惠可谓知情达理，宠辱不惊，不枉食君禄，不枉为人矣。

【钞】

就挑容易的干，挑胳臂粗的傍，碰到事就推诿，活着有什么意思呢？

【18.3】齐景公待孔子，曰：“若季氏，则吾不能；以季、孟之间待之。”曰：“吾老矣，不能用也。”孔子行。

【疏】

窃谓夫子斯时，年轻气盛，且无意于仕途，故闻之即去。若待周游列国时，公山弗扰、佛肸召，且欲往，景公以季、孟之间待之，亦不薄，可为进阶矣。

【钞】

齐景公说这话的时候，孔子大约只有三十六岁。当时孔子从政之心不强。若是在周游列国的时候有类似的机会，我想孔子会接受的。人生际遇，就是圣人也无法掌控。因缘际会，连佛菩萨也只能等待与顺应。这一点，上苍是很公平的。我们不能期待外面，只能要求把自己做好。

【18.4】齐人归女乐，季桓子受之，三日不朝，孔子行。

【疏】

柳下惠则屹立不行。执掌不同，抱负不同，应世不同。

【钞】

到底，孔子还是圣之清者，不合则去。要能够混迹同尘、待时而动是非常不容易的。人有各种不同的机遇、角色与天命，为之生、为之死的坚持也是不一样的。但是，都得到了程度才能说这话。

【18.5】楚狂接舆，歌而过孔子，曰："凤兮凤兮！何德之衰？往者不可谏，来者犹可追。已而！已而！今之从政者殆而！"孔子下，欲与之言。趋而辟之，不得与之言。

【疏】

接舆误矣。离世而居，若为修行，无可厚非。仅为避世，何小器如此？

【钞】

人都有天命，人要应世，要用世。但是，也有许多圣人，像老子，像佛教里的开悟圣人密勒日巴等遁世而不见，那又怎么说？以密勒日巴而言，是他的师父要他这么做的。他这么做了以后，在整个当时的西藏，都知道山上有个修行的圣人，这也是度化众生的力量。尤其是，密勒日巴在山上度化许多非人的恶魔、鬼神，这就不是我们凡夫俗子可以看得见的，也不是我们凡夫俗子可以拟议的。凡夫俗子，就在凡间修，好好修，规规矩矩照人的方式修。找到好师父，师父怎么说，就怎么做。

一般而言，不发菩提心，是入不了境界的。发了菩提心，就要设法度众。就是“己立立人、己达达人”（【6.30】），就是“明明德、新民、止于至善”（《大学》）。

【18.6】长沮、桀溺耦而耕。孔子过之，使子路问津焉。长沮曰：“夫执舆者为谁？”子路曰：“为孔丘。”曰：“是鲁孔丘与？”曰：“是也。”曰：“是知津矣！”问于桀溺，桀溺曰：“子为谁？”曰：“为仲由。”曰：“是鲁孔丘之徒与？”对曰：“然。”曰：“滔滔者，天下皆是也，而谁以易之？且而与其从辟人之士也，岂若从辟世之士哉？”耰而不辍。子路行以告，夫子怃然曰：“鸟兽不可与同群！吾非斯人之徒与而谁与？天下有道，丘不与易也。”

【疏】

世可避，命可避乎？长沮、桀溺自以为知，实则生命软弱无力，存世仅若鸟兽，惜乎其人身也。

【钞】

孔子说：“隐居以求其志。”这只是个准备工夫，最后还是得“行义以达其道”。这才是真正的实践。

也有句话：“小隐隐于山，大隐隐于市。”关了门在家里修，只是个准备工夫，到尘世工作、度众才是真正在修。

问题都是说，我自己还没修好，怎么度众？是的，多少父母都是当了父母才发现自己没准备好。但是，就像《中庸》上所说的：“未有学养子而后嫁者也。”我们永远都会准备得不够好，但是：“心诚求之，虽不中，亦不远矣！”真正去做，知道自己不行，谦虚点，但是还是得去做，进步得还会更快些。

【18.7】子路从而后，遇丈人，以杖荷篠。子路问曰："子见夫子乎？"丈人曰："四体不勤，五谷不分，孰为夫子！"植其杖而耘。子路拱而立。止子路宿，杀鸡为黍而食之，见其二子焉。明日，子路行以告。子曰："隐者也。"使子路反见之。至，则行矣。子路曰："不仕无义。长幼之节，不可废也；君臣之义，如之何其废之？欲洁其身，而乱大伦。君子之仕也，行其义也。道之不行，已知之矣！"

【疏】

丈人知教子长幼之礼，却不知君臣之义。虽天下滔滔，难以拨乱反正，然"力不足者，中道而废"。夫子戮力不辍，即便失望归鲁，仍删《诗》《书》、定《礼》《乐》、赞《周易》、修《春秋》，终有益于千秋万代，乃至中国之外，岂如丈人揣冉有之浅薄，意味非不欲行，"力不足故也"。圣凡之间，在知天命、实天命，行而不辍。

【钞】

这丈人认为世道太乱，带着孩子隐居，无心世事，这或许只是没什么志气，气度不够大，或许无可要求过甚。但是，自己隐居，别人还在人世间努力，就按自己的程度、自己的意思认为别人的努力也是没意义的，这就太狭隘了。这一篇的几位隐者，我认为都犯了这样类似的过失。世间是要大家维护的，自己不能做、做不到，对于别人去做，要佩服、要称赞、要鼓励，这才是气度。

有不少学者对于丹有批评。于丹在《论语》上的程度、对孔子的认识的确可能不是最高明的。但是有谁敢说自己对孔子的认识又是最高明的呢？何况，于丹起码让全中国的人对《论语》和孔子有兴趣，这是好事。若是有不足之处，自己接着棒子，继续努力就是了，何必花那么多时间批评别人，逞自己口舌之利？批评于丹如此不堪，难道是中国没有于丹的《论语心得》会更好？我听过不少学者、名人批评时政等，但是大部分都是指出问题，没有实质上的建议，也没有具体的行动，也就是学者论政，这就是历史上说的，"百无一用是书生"。

我建议同学们在评论一件事情的时候，同时提出解决方案。这才是能力。逞口舌之快，最多最多只能做个二流教师。

【18.8】逸民：伯夷、叔齐、虞仲、夷逸、朱张、柳下惠、少连。子曰："不降其志，不辱其身，伯夷、叔齐与？"谓："柳下惠、少连，降志辱身矣；言中伦，行中虑，其斯而已矣！"谓："虞仲、夷逸，隐居放言，身中清，废中权。我则异于是，无可无不可。"

【疏】

伯夷、叔齐，不降其志，不辱其身，或亦难得其命。柳下惠，降志辱身，或尚得其命。隐居放言者，倘用力于天人鬼神之间，中清、中权，亦中其命。否则，自弃者也。

夫子无可无不可，圣之时者也，以其好学，以其百折不回，日趋高明，"见其进也，未见其止也。"

【钞】

孔子这段话若不是他锲而不舍地努力至最后一口气，同时成就了他千秋万代的功勋，真会令人觉得孔子口气太大，这些贤人、君子都不在他的眼下，都有点不如他的意思。从孔子评论这些贤人、君子，的确一方面可以让我们更清楚地了解孔子的志向，也让我们学习到虽然是贤人、君子，还有什么缺失。这些，可真是生命的深刻体会。不到孔子这程度，是讲不出这些深刻的看法的。

【18.9】大师挚适齐，亚饭干适楚，三饭缭适蔡，四饭缺适秦，鼓方叔入于河，播鼗武入于汉，少师阳、击磬襄入于海。

【疏】

子曰："故远人不服，则修文德以来之。"（【16.1】）反之，危邦远之，乱邦去之。圣人不论，贤人、君子离去，为政者当小心从事。所谓"履霜坚冰至"（《易》坤卦初爻），不可不慎。

【钞】

哀公问曰："何为则民服？"孔子对曰："举直错诸枉，则民服；举枉错诸直，则民不服。"（【2.19】）。《易、系辞传》："方以类聚，物以群分。"一个团队，用一个好人，好人都接着来。用一个坏人，坏人也越聚越多。用一个正人君子，正人君子也都拢过来。用一个小人，小人也会越来越多。所以，用人非常重要。同样地，一个好人离开，其他的好人也会渐渐都离开。一个坏人待不住，其他坏人也渐渐都待不住。因此，要很注重正人、君子、小人的流动。这是"履霜坚冰至"（《易》坤卦初爻）很重要的概念。

【18.10】周公谓鲁公曰："君子不施其亲，不使大臣怨乎不

以。故旧无大故，则不弃也。无求备于一人。”

【疏】

为政不过情、理、法。有谓不当以情居先，重乎情，则乱乎理与法。此乃似是而非之言。

参“父为子隐”章（【13.17】）引《孟子》“舜为天子”章。

孰谓重情则屈理、枉法？情、理、法非有此无彼，但有所轻重也。处人之世，汝欲处有情社会，抑或无情社会？处无情社会，是谓霸道，何乐而为人？世无情，亦无所谓天命也。

周公谓鲁公之语，何其温馨人情？亦长治久安之道也。是以，子曰：“三年无改于父之道，可谓孝矣。”（【4.20】）

【钞】

念旧、重情的人，不会是坏人。重情，不能就这么二分法地认为不重理、不重法。重法，而不重情理，那是霸道领导、霸道文化。在法之上，还有顾及情理，这才是温馨社会，这才是有价值的社会。

念旧的人，必然知恩。“慎终追远”是个非常重要的社会教育，就让每个人念旧、知恩，社会才能淳厚。中国的礼法几千年来树立在这个价值观上，有这些方法、制度可行，所以中国传统文化思想才能流传数千年，中华民族也所以能数千年稳定不变，就是因为有这些高明的方法。如今的当政者，需要努力设法恢复、建立起这些优秀的礼法、制度。

【18.11】周有八士：伯达、伯适、仲突、仲忽、叔夜、叔夏、季随、季騧。

【疏】

参见“唐虞之际，于斯为盛”章（【8.20】）。

【钞】

参见“唐虞之际，于斯为盛”章（【8.20】）。

子张第十九

【19.1】子张曰："士见危致命，见得思义，祭思敬，丧思哀，其可已矣。"

【疏】

凡事皆有其位。失位，则虽得亦失；得位，则虽失亦得。

【钞】

子曰："仁者不忧、知者不惑、勇者不惧。"（【14.29】）孔子在另一个地方说："知者不惑、仁者不忧、勇者不惧。"（【9.29】）。这"知、仁、勇"三达德是有顺序的。仁、智并行，一方面要长养自己的仁心，另一方面要学习智慧。在仁、智有所立以后，要勇以行之。这勇以行之，不是平常的练习行动，而是一辈子的志业。前面说了，在"虽千万人吾往矣"的勇气追求、实践之前，先要培养自己的仁、智。而这智慧之首，就在定位，《大学》中是称为"知止"。"知止"跟"定位"的意思虽然其中有纤细的不同，但还是颇为接近。一个人若是定位错误，即使做得非常完美，还是个完美的错误。一个人要把自己的位定好、要知止，否则一辈子会被浪费掉的。

【19.2】子张曰："执德不弘，通道不笃，焉能为有？焉能为亡？"

【疏】

子张之言无大谬失，然多取高远，无有阶梯，未必能行。未能行，言虽善，空言也。德自细聚，道自下悟。功夫在执德不弘、通道不笃之初，何以入手？

【钞】

子曰："道听而涂说，德之弃也。"(【17.14】)。不但道听途说不对，即使是规规矩矩地听到了、听懂了、去做了，但是"不弘、不笃"，也等于是没听到。学问，不是装饰品，不是赚钱的工具，是发现自我、实践自我、完成自我的必要过程。所以孔子说："古之学者为已，今之学者为人。"(【14.24】) 要好好学习，努力寻找自己的天命，好好替自己定位，这样才不辜负这一辈子来人世一遭。

【19.3】子夏之门人，问交于子张。子张曰："子夏云何？"对曰："子夏曰：'可者与之，其不可者拒之。'"子张曰："异乎吾所闻：君子尊贤而容众，嘉善而矜不能。我之大贤与，于人何所不容。我之不贤与，人将拒我，如之何其拒人也！"

【疏】

子张引夫子之言不错，然此为心量，非下手处。故子曰："毋友不如己者。"(【9.25】) 子曰："居是邦也，事其大夫之贤者，友其士之仁者。”(【15.10】)皆择友之教。子张言大而夸，难有实学，故子游、曾子于彼亦有微言。子张以此教人，华而不实，难有实益，误人子弟，过莫大焉。

然子夏亦见之小。夫子言择友，乃己就教于人。人来就我，焉可拒人千里？焉可不应？不主动与之相与，及拒人千里，其间差之毫厘，谬之千里。

夫子弟子若干，仅得一颜渊，且早死，可不悲夫？

【钞】

毛泽东是中国人里面少数书读得多的人。尤其是毛泽东读书绝对不是为了赚钱、吃饭、炫耀人。毛泽东读书绝对是为了有用。孔子说“古之学者为己”，我认为毛泽东做到这一点。如果容许我稍微不太谦虚的话，我认为我也做到这一点。读书就是要能够对自己有用，不是为了学术著作、发表论文、聊天有材料，也不是为了拿学位、找工作。有人读书，是为了增加自己的气质，这虽然浅，但是方向没什么大错。

读书要对自己有用，一要看大局，另外就要想怎么做。像颜渊问仁，孔子回答得高，颜渊接着马上问怎么做。这就有点像毛泽东说的，“在战略上要藐视敌人，在战术上要重视敌人”。在理论上要高远，在实践上要低下。子张犯的毛病就是眼界太高，没有实践的途径。子夏犯的毛病就是抓得太小，格局不大。

子张、子夏这一争论，是在孔子去世以后的事。没有师父的雕琢，于是弟子就失之过偏，都自以为是，都难成德。这时候，子张、子夏都已经做人家的老师了，能不警惕吗？

找到自己的师父难，找到明师更难。但是，难，还是要找。否则这一辈子很可能就会耽误掉了。

【19.4】子夏曰："虽小道，必有可观者焉；致远恐泥，是以君子不为也。"

【疏】

琴棋书画，皆小道，皆怡情之具。夫子以六艺教人，及于射御，彼且深爱音乐，焉有不为？不以为业而已。

【钞】

不见道，大也是小；如果见道，小也是大。

道再大，大不过天地，所以孔子说："天何言哉？四时行焉，百物生焉。"（【17.19】）但是，我们天天活在里面也看不出来、体会不到。这大道，虽然就在身边，等于没有。道再小，小不过心中念头，但是我们天天起心动念，却不知道在做什么。所以孔子说："中庸之为德也，其至矣乎，民鲜能久矣。"（【6.29】）又比喻说："人莫不饮食也，鲜能知味也。"（《中庸》）天天带着心走，却不知道心是什么。

子夏只能看到触摸得到的道理，对于"费而隐"（《中庸》语）的道理就难以把握了。

【19.5】子夏曰："日知其所亡，月无忘其所能，可谓好学也已矣！"

【疏】

夫子谓颜渊好学，则在"不迁怒、不贰过"（【6.3】），则在"退而省其私，亦足以发"（【2.9】）。子夏则以为"日知其所亡，月无忘其所能"，曾子则以为"传不习乎"（【1.4】）子夏、曾子且世以为夫子传道之人，能不太息乎？

【钞】

孔子说的学习绝对不是知识，但是到了弟子，像子夏就说“日知其所亡，月无忘其所能”，子贡就说“闻一知十”（【5.9】），曾子就说“以能问于不能，以多问于寡”（【8.5】）。这些都是孔子的大弟子，也是主要的传道人。难怪孔子的真思想隐晦几千年。要找到一个真正的好弟子，可能比找高明的师父更难。很多人感叹找不到好师父，我想重要的问题是，自己可是个能接受大道的好徒弟？

在佛经上说过，菩萨是众生不请之友。从这一句话的道理看来，哪有不主动教导众生的菩萨？问题是自己是不是法器，能不能接受这些教导？同时，自己是否谦虚？是否高明的师父就在身边，只是自己有眼无珠，不能谦虚就教？

【19.6】子夏曰：“博学而笃志，切问而近思；仁在其中矣。”

【疏】

人性虽本善，然以恶习覆盖，尤因无始劫来习气覆盖，不学亦难致其善。学须问、思、辨、行，然亦须有志。故夫子之知、之成，置基于其十五之志。志因学而渐广、因行而渐笃。终至明德大明，仁则自然发露矣。

【钞】

子夏这句话是有语病的。若以“人之初，性本善”而论，不论是否博学、切问，都是善，都有仁，仁不是学出来的。若以习气而论，孔子说过，“好仁不好学，其蔽也愚”（【17.8】），从这个脉络而言，仁也不是学出来的。

但是，一个人一旦向道，就必须努力学习。要不然，虽然人性本善，虽有善心，不好好努力，还是不能发露，也是做不了事，没用的。以这个脉络而言，博学笃志、切问近思，仁就更能发挥、更有智慧、更能做事情、更能助人了。

【19.7】子夏曰：“百工居肆以成其事，君子学以致其道。”

【疏】

学子之肆，文也。百工因师傅以成其事，学子亦因师父以致其道。

【钞】

子夏这句话是很不错的。只有天纵英才的人，可以“焉不学”、“无常师”，一般人，像我们还是要有个载体来学习才快、才有效率。

一个政府或是组织，想让团体里的成员更深刻、能进步，需要创造学习的平台与载体，要创造出学习的氛围，只要求成员们自己学习是不容易有效的。

【19.8】子夏曰：“小人之过也必文。”

【疏】

气不足、信不足，则文过饰非欺人。实则人不受其欺，仅自欺也。

【钞】

到底，这一辈子是为了什么而活着？就为了讨好几个人？为了面子？人要活得好，就是让自己、让父母、让子孙、让祖先有面子，不是吗？如果不是，是为什么？

如果暂时的掩饰，可以争取一点时间抢救自己的过失，有什么不好？

子曰："斯民也，三代之所以直道而行也。"（【15.25】）

子曰："中庸之为德也，其至矣乎，民鲜久矣。"（【6.29】）

《中庸》云："故曰苟不至德，至道不凝焉。"

不诚无物。

【19.9】子夏曰："君子有三变：望之俨然，即之也温，听其言也厉。"

【疏】

虽俨，必不峻。因其恭，因其深，故俨然。虽温，必不弱。因其慈、因其悲，故温。虽厉，必不苛，以其爱人。

君子岂有变？一以致之。应物而和也。

【钞】

人在四十岁前，先天的条件，决定了自己的气质、面相居多。四十以后，是猥琐、小气、忧苦，还是舒坦、大度、威仪等等，就都是自己努力的结果。

气质、面相如此，成就、财富不也如此？

【19.10】子夏曰："君子信而后劳其民；未信，则以为厉己

也。信而后谏；未信，则以为谤己也。”

【疏】

子夏曰“信而后劳其民”，夫子则曰“惠则足以使人”（【17.5】），而曰“信则人任焉”（【17.5】）。子夏之言，颇得夫子之旨，其“信而后谏”之言犹然。

【钞】

功夫学了就是要能用。子夏的优点就是抓得紧，扎扎实实地做。虽然子夏又抓得小了点，但是比大而空，要好多了。

【19.11】子夏曰：“大德不踰闲；小德出入可也。”

【疏】

以子夏守约之人能为此言，必夫子尝明言之，故子夏敢确而述之。

【钞】

这句话，听起来不像子夏的口气，必然是听说过老师这么讲，子夏转述。

有些素质，大小都一样，譬如待人、待事要真诚。有些素质，要看影响与着重点，大小不一样，譬如“言必信、行必果”（【13.19】）。哪些是不能变，哪些可以权，这就需要心里有个“道”了。

【19.12】子游曰：“子夏之门人小子，当洒扫，应对，进退，则可矣。抑末也；本之则无，如之何？”子夏闻之曰：“噫！言

游过矣！君子之道，孰先传焉？孰后倦焉？譬诸草木，区以别矣。君子之道，焉可诬也？有始有卒者，其惟圣人乎！”

【疏】

门人之间，互有批评，亦属正常。若颜渊假以天年，必不批评。

观“子之武城”章（【17.3】），可见子游之教，格局必大。弟子教以洒扫、应对、进退，原属正途，但不可止于此。师父乃学习重中之重，可知之矣。

【钞】

洒扫，应对，进退不是本，但是“本”不是离开洒扫、应对、进退而独存的。事实上，经过洒扫、应对、进退以达本是非常好的方法。子夏说的“君子之道，孰先传焉？孰后倦焉……有始有卒者，其惟圣人乎”是非常好的一句话。

赚钱，不是目的。但是经由赚钱，可以学习到许多本事。只止于赚钱就太浪费、太冤枉、太可惜了。

【19.13】子夏曰：“仕而优则学，学而优则仕。”

【疏】

学本在用，仕不仕不与焉。仕不优，尤须学。学然后知不足，无有优之时，无有不学时，可仕则仕，当仕则仕。

【钞】

做官的人没有智慧，就很容易伤了一群人，伤人，就是伤德，就是伤己。若是个人修养尚可，但是没智慧，即使谨小慎微，还是难于化育百姓，更难于长治久安。以责任而言，没做到责任上该做的事，仍然是伤德。智慧需要读书。要有德行、要有智慧，都需要好好读书。

【19.14】子游曰："丧致乎哀而止。"

【疏】

此章应与"丧，与其易也宁戚"(【3.3】) 参读。

【钞】

丧而不哀，无情而虚应故事，这是虚伪、作假，这没意思。但是，哀而伤就过头了。哀，发自内心，自然而然，功夫在能调，能不伤。

【19.15】子游曰："吾友张也，为难能也，然而未仁。"

【疏】

规过劝善，不可全然否定。子游此言亦嫌苛矣。

【钞】

说人"未仁"，这是颇为严厉的批评。如果真是未仁，还有什么难能的呢？本都没有了，其他都是枝节，还有什么难能的呢？把人从根本否定了，不是大关节处，不可轻易就这么评论。

【19.16】曾子曰："堂堂乎张也，难与并为仁矣。"

【疏】

《论语》全篇，唯子张问“干禄”，问从政。问诸夫子“何如斯可谓之达矣”，然意在“闻”，可见其心务外，功名利禄之心较重，少于夫子所教人心处用力。故门人有所微言。

【钞】

子游、曾子都是孔子不错的弟子，对子张都有类似严厉的批评。再从子张问孔子的章句看来，子张是比较务外。但是问题在如果子张真这么不堪，孔子应该会对他有所针对的教育。通篇《论语》并看不出来。因此，看子张的章句，尤其是他对子夏教导弟子的批评，可以判断，子张除了物外而外，大约也是不太跟同门师兄弟交往的。甚至，以他务高的个性，他还很可能有些看不上同门师兄弟，起码，是不太理会同学的。

【19.17】曾子曰：“吾闻诸夫子：‘人未有自致者也，必也，亲丧乎！’”

【疏】

孝者，人心至自然、至关键处。故以孝治天下，自人心至自然处入手，人受其化而不自知，国得其治而不费力。夫子亲丧之教，人间大智慧也。

【钞】

从人情最自然的地方入手，才可能顺流而下，才可能沛然莫乎能御，才可能真实，才可能长久。中国最高当局应该努力恢复与建设中国的礼乐教化，设立“礼部”、“乐部”，要不遗余力地以“孝”治天下。

【19.18】曾子曰：“吾闻诸夫子：‘孟庄子之孝也，其他可能也；其不改父之臣与父之政，是难能也。’”

【疏】

汉文景之治，萧规曹随，与民休息，卒至国富。看似无为，须有大智，有为于此无为，方能致之。孟庄子之父献子有贤德，庄子不改父之臣与父之政，非诺诺耳。

【钞】

用权于不用，没有深度的涵养是做不到的。

【19.19】孟氏使阳肤为士师，问于曾子。曾子曰：“上失其道，民散久矣！如得其情，则哀矜而勿喜。”

【疏】

此乃真担当、真仁心。能守此位，虽失亦得；不得此位，虽得亦失。师父之重，重在此也。

【钞】

所有曾子说的话里，我个人认为这一句话最能说出曾子的担当、功夫与气度。没有对老百姓的慈悲心，说不出这句话。没有对自我的期许与要求，也说不出这句话。

没有担当，是无法做领导的。读书人，没有心系天下的期许与气度，也都还没触碰到生命的本质。

【19.20】子贡曰："纣之不善，不如是之甚也。是以君子恶居下流，天下之恶皆归焉。"

【疏】

然，人不可好名，不可为名行事。夫子大圣，当代、后世亦有人非之。管仲有大功，仍需夫子反复为之开脱。

名器，利器也，若水之周流，沛然莫之能御，可治天下。然不可好名。好名，则失其大旨，定为凡夫。老子于此言之甚警。

【钞】

参考子贡问"乡人皆好之，何如"章（【13.23】），孔子对不可听大众之言有更深入的教导。于是，纣到底有多恶，要看是谁批评纣、怎么批评纣。要不然，子贡这句话，虽然说了，只能原则性地说别做坏人，其他就难应用了。

【19.21】子贡曰："君子之过也，如日月之食焉。过也，人皆见之；更也，人皆仰之。"

【疏】

此君子，当为在上位者。若以修德而言，君子慎独，改其过，非常人所知。

【钞】

在上位的人，动见观瞻，不可不慎。正因为动见观瞻，所以过失也是教育。文过饰非，民众知道。承认错误，老百姓其实是很容易接受与原谅的。

【19.22】卫公孙朝问于子贡曰："仲尼焉学？"子贡曰："文武之道，未坠于地，在人。贤者识其大者，不贤者识其小者，莫不有文武之道焉。夫子焉不学，而亦何常师之有？"

【疏】

窃谓此夫子吃力之处。

【钞】

孔子好学，历史上记载他向不同的人请教：问于郯子、跟齐国乐师请教、跟老子请教等。但是似乎孔子自己没有长期跟随的师父。我认为这是孔子吃力的地方。

师父跟师傅不一样，大家应该可以了解。一般人不知道的是，老师跟师父是不同的。任何人都可以是自己的老师，但是师父就只有一位，或非常少数的几位。让自己开悟得道的，应该就只有一位。对待老师，当然要尊敬，就像对待长者要尊敬。但是对师父，就像对待自己父母一样。父母是生身父母，师父是法身父母。对待师父就像对待父母一样，要尊敬、孝顺，尤其是努力实践师父教导的道理。

父母，自己无法选择。孩子一旦生了，父母也无法选择。血缘的关系，不因为法律规定而改变。父母、子女相互之间的责任，也不因为没有侵犯法律规定而减少。但是，师父与弟子是后天选择与承诺的。不是单方的认定，也不应该、不能轻易地承诺。一旦承诺了，也就应该像血缘的父母子女一样紧紧地绑在一起。弟子没有付出生命的完全承诺，师父无法真正地使上力根治隐微而深的大病根。师父也必须有不成功就一起下地狱的完全承诺，才对得起弟子付出生命的皈依。

师父不会轻易接受弟子，弟子也需要长期接触、尝试、考虑，然后才认定师父。找错了师父，一辈子不但浪费了，还可能跟着会做了许多恶事。这样的后果非常严重。因此，寻找师父要非常非常慎重。真正的师父，也不会轻易接收弟子的，要负这么大的责任，师父怎敢乱收弟子？很轻易就叫师父，就认定某位师父，也很容易就离开那位师父，更不可能把自己的生命都交给师父。很轻易就收徒弟，对弟子也就不会当回事，不可能是高明师父，更不可能是负责的师父。

我不能说，没有师父就不可能有成就。但是，像孔子一样没有师父而又有这样的成就，先不说他是否是某位高明人，这种没有师父而成就的人，亿万个人里面出不了一个。我们资质平庸，还是要靠师父成就。

我再说一遍：自己若是不认真、不努力，就别谈了。认真、努力是当然的。认真、努力之后，能否有成就，决定在师父！

我说这成就，包括见到自己的本性。

【19.23】叔孙武叔语大夫于朝曰："子贡贤于仲尼。"子服景伯以告子贡。子贡曰："譬之宫墙，赐之墙也及肩，窥见屋家之好。夫子之墙数仞，不得其门而入，不见宗庙之美，百官之富，得其门者或寡矣。夫子之云，不亦宜乎！"

【疏】

子贡言语科弟子，聪明多智，此章之喻极当。

【钞】

的确，高明人绝不轻露；露了，一般人也听不懂、看不出、不以为然。老子曰："上士闻道，勤而行之；中士闻道，若存若亡；下士闻道，大笑之。不笑不足以为道。"子贡浅，又喜欢露，一般人就以为他不得了。子贡有自知之明，又能对师父精诚以待，孔子过世后，一般弟子在老师墓边庐墓三年，子贡庐墓六年。因此，子贡多少还是从师父那儿学了点东西。

师父都是同样一位师父，能学多少，就看自己的根器、态度。能像子贡这样忠诚，就是根器。

【19.24】叔孙武叔毁仲尼。子贡曰："无以为也。仲尼不可毁也。他人之贤者丘陵也，犹可踰也；仲尼，日月也，无得而踰焉。人虽欲自绝，其何伤于日月乎？多见其不知量也。"

【疏】

惜乎子贡之年去夫子太远。否则，可助夫子施展抱负也。

【钞】

千年之后，没人知道叔孙武叔是何许人物，但古今中外的人都知道孔子，都仰望孔子。人家要毁谤，就让人毁谤，自己争气，谁能毁谤得了？自己不争气，人家毁谤自己还是看得起，否则毁谤都不值得。

不要跟凡夫争，要争，就像颜渊暗中跟师父在争。要争，就跟天争。要争，就跟命争，把自己的命给改过来、提上去！

【19.25】陈子禽谓子贡曰："子为恭也，仲尼岂贤于子乎？"子贡曰："君子一言以为知，一言以为不知，言不可不慎也。夫子之不可及也，犹天之不可阶而升也。夫子之得邦家者，所

谓立之斯立，道之期行，绥之期来，动之斯和。其生也荣，其死也哀，如之何其可及也？”

【疏】

子贡虽未得夫子真传，然乃识货者。见诸今日，夫子确乎“其生也荣，其死也哀”。彼赞“夫子之得邦家者。所谓立之斯立，道之期行，绥之期来，动之斯和”，亦非虚誉。惜乎子贡之年去夫子过远。否则，彼亦可助夫子而成大业也。

【钞】

中国传统文化之优美，几千年来礼教之扎实、动人，若非孔子，真不知道会是个什么样子。有人说，没有孔子，也会有张子、李子等，这是不对的。看看欧洲、非洲、美洲能说得出哪个“子”奠定他们优美文化的基础吗？“天不生仲尼，万古如长夜。”在外国不敢说，在中国，的确如此！

尧曰第二十

【20.1】尧曰："咨！尔舜！天之历数在尔躬，允执厥中，四海困穷，天禄永终。"舜亦以命禹。曰："予小子履，敢用玄牡，敢昭告于皇皇后帝：有罪不敢赦。帝臣不蔽，简在帝心。朕躬有罪，无以万方；万方有罪，罪在朕躬。"周有大赉，善人是富。"虽有周亲，不如仁人；百姓有过，在予一人。"谨权量，审法度，修废官，四方之政行焉。兴灭国，继绝世，举逸民，天下之民归心焉。所重：民、食、丧、祭。宽则得众，信则民任焉。敏则有功，公则说。

【疏】

此言师承也。

【钞】

读书，读圣贤书不是让自己有点气质，是要学智慧，要学习如何修养自己、助人、助天下人。圣人们，念念在天下，为什么我们念念是自己的名利爱欲？这一辈子，不至于饿死，要住、要睡，也不过一人大小的床，值得这么去争、去担心自己的利害吗？为什么就不能正眼看看自己的生命，想想自己的生命，让自己也能做些事情？“舜何？人也，予何？人也，有为者，亦若是。”凭什么自己就不可能做圣人？起码做个能利天下的人物？

尧、舜、汤、文王、孔子以后，为什么就不可能是自己？

【20.2】子张问于孔子曰：“何如，斯可以从政矣？”子曰：“尊五美，屏四恶，斯可以从政矣。”子张曰：“何谓五美？”子曰：“君子惠而不费；劳而不怨；欲而不贪；泰而不骄；威而不猛。”子张曰：“何谓惠而不费？”子曰：“因民之所利而利之，斯不亦惠而不费乎？择可劳而劳之，又谁怨？欲仁而得仁，又焉贪？君子无众寡，无小大，无敢慢，斯不亦泰而不骄乎？君子正其衣冠，尊其瞻视，俨然人望而畏之，斯不亦威而不猛乎？”子张曰：“何谓四恶？”子曰：“不教而杀谓之虐；不戒视成谓之暴；慢令致期谓之贼；犹之与人也，出纳之吝，谓之有司。”

【疏】

此言夫子抱负也。

【钞】

孔子一辈子的抱负是从政，但在当时，没能找到他自己的平台。六十八岁回鲁国以后，删《诗》《书》、定《礼》《乐》、赞《周易》、修《春秋》，教弟子，反而奠定孔子千秋万代的功业。我认为，没有孔子十四年周游列国的艰苦卓绝，无法衬托与奠定孔子千秋万代的深度与基础。孔子晚年生命的艰苦，正是他千秋万代功勋的背景与铺垫。

宇宙与生命是有其规则的。自强不息，厚德载物，下学而上达，正是寻找这规则的钥匙。

那些，也就是规则的本身！

【20.3】子曰："不知命，无以为君子也；不知礼，无以立也；不知言，无以知人也。"

【疏】

此言生命终始也。

【钞】

不知命，活着，等于没活。不知礼，就无法建立群众、团体，无法建立功勋事业。风声、雨声是大自然之言，厉声软语是人们之言，经典文物是圣人之言，入眼闻声，无不是言。知言则可以知人、知命、知天下！

爱智典藏·国学馆

《一代大儒爱新觉罗·毓鋆》

作者：许仁图

定价：45.00元

《刘君祖完全破解易经密码》

作者：刘君祖

定价：298.80元

《子曰论语》（上、下册）

作者：许仁图

定价：79.80元

《蒋勋说红楼梦》（1–8）

作者：蒋勋

定价：380.00元

《刘君祖易断全书》（上、下册）

作者：刘君祖

定价：188.00元

《说孟子》

作者：许仁图

定价：48.00元

《新解论语》（上、下册）

作者：刘君祖

定价：79.80元

《孙子兵法演义》

作者：刘君祖

定价：49.80元

《四书的第一堂课》

作者：刘君祖

定价：28.00元

《易经的第一堂课》

作者：刘君祖

定价：38.00元

《详解易经系辞传》

作者：刘君祖

定价：35.00元

洽询电话：13910103820

微信公众平台：止一国学馆